Dietmar Waterkamp

Pädagogische Charakteristik der Schulwesen in zehn Nationen

Bibliografische Information der Deutschen Nationalbibliothek
Die Deutsche Nationalbibliothek verzeichnet diese Publikation in der Deutschen Nationalbibliografie; detaillierte bibliografische Daten sind im Internet über http://dnb.d-nb.de abrufbar.

Bibliographic information published by the Deutsche Nationalbibliothek
The Deutsche Nationalbibliothek lists this publication in the Deutsche Nationalbibliografie; detailed bibliographic data are available in the Internet at http://dnb.d-nb.de.

ISBN 978-3-942710-88-6

Verlag der Wissenschaften GmbH
Bergstraße 70
01069 Dresden
Tel.: +49 (0351) 47 96 97 20
Fax: +49 (0351) 47 96 08 19
www.tudpress.de

Printed in Germany.
Gesetzt vom Autor.
Umschlagbild: Akseli Gallen-Kallela : The Defence of the Sampo, 1896, Turku Art Museum.

Dietmar Waterkamp

Pädagogische Charakteristik der Schulwesen in zehn Nationen

Dresdner Vorlesungen 2012

TUDpress

Inhalt

Vorwort des Autors

Im Folgenden wird der Text einer Vorlesung abgedruckt, die im Sommersemester 2012 an der Fakultät Erziehungswissenschaften der Technischen Universität Dresden gehalten wurde. Sie war bestimmt für Studierende im zweiten Semester des Masterstudiengangs »Lehramt für das Gymnasium«.

Die Vorlesung könnte dem Wissenschaftsgebiet der Vergleichenden Erziehungswissenschaft zugerechnet werden, das ich früher im vollen Umfang an dieser Fakultät vertreten habe. Im Rahmen des Lehramtsstudiums ist es jedoch nicht sinnvoll, das Studium der Pädagogik spezialisiert auszurichten. An welcher Seite der Pädagogik man auch ansetzt, letztlich gelangt man immer zu Aussagen über die Pädagogik als ganze.

Die Vorlesung kann ebenso wie diejenige aus dem Jahre 2011, die ebenfalls bei TUDpress verlegt wurde*, als ein Studienmaterial für Studierende des Lehramts verwendet werden, unabhängig von der Schulform, die angestrebt wird. Den Teilnehmern wurden die Textfassungen wenige Tage nach jeder Vorlesung zur Verfügung gestellt, so dass sie für Hausarbeiten und – soweit erwünscht – für Klausurarbeiten verwendet werden konnten. Die Rückmeldungen durch die studentischen Arbeiten zeigten mir, dass jede der Vorlesungen von den Hörern als eine sinnvolle Einheit verstanden wurde mit jeweils eigenständiger These, die nachvollzogen wurde und eigene Überlegungen und Recherchen veranlasste. Die Suche nach pädagogischer Literatur, die für Studierende des Lehramtes geeignet ist, bewegt Hochschullehrer immer wieder, vor allem, wenn der Zeitrahmen eng ist und die Vorkenntnisse angesichts des schmalen Zeitbudgets der Pädagogik gering sind. Die vorliegende Vorlesung soll diesem Bedürfnis nachkommen, deshalb wurde der Vorlesungsstil beibehalten und nicht der Versuch gemacht, ihn in Richtung auf den Stil einer wissenschaftlichen Abhandlung zu ändern.

* Dietmar Waterkamp: Bildung im höheren Schulwesen in Deutschland. Dresdner Vorlesungen 2011. Dresden: TUDpress 2011.

Dresden, im August 2012

1. Vorlesung
Ziel und Gegenstand der Vorlesung

Wir haben gelernt, dass man nationale Schulsysteme vergleichen kann. Die PISA-Untersuchungen lehrten es uns erneut. Wir haben gelernt, dass man nationale Schulsysteme vergleichen muss. Wenn wir erst einmal einen Vergleichsmaßstab haben, so müssen wir ihn auch anwenden. Der Vergleichsmaßstab ist übergeordnet, 30 oder 40 Länder wenden ihn an. Auch das lehrten uns die PISA-Untersuchungen.

Wenden wir aber den Vergleichsmaßstab an, so können wir im Einzelfall nichts sagen. In der einzelnen Schule muss gar nicht zutreffen, was sich durch den Vergleichsmaßstab als der große Durchschnitt ergeben hat. Jeder kann mit Fug und Recht sagen, in seinem Fall sei es aber anders. Vom großen Durchschnittswert, der aus Werten aus hunderten von Schulen gebildet wurde, gibt es keine Brücke zur einzelnen Schule. Warum sollten wir so viele Schulwesen unter einen Vergleichsmaßstab beugen, ehe wir die Schulwesen überhaupt charakterisieren können? Wenn wir sie charakterisieren wollen, müssen wir es so tun, dass die einzelne Schule mit der Charakteristik für sich etwas anfangen kann. Die Brücke von der Charakteristik des Schulwesens zur Charakteristik der einzelnen Schule lässt sich nur bauen, wenn die Charakteristik eine pädagogische ist. An einer solchen kann sich die pädagogische Analyse der jeweils eigenen Schule entzünden. Der pädagogisch Handelnde kann an jeder pädagogischen Charakteristik anknüpfen, seine Reflexion wird angeregt, er kann jede pädagogische Charakteristik zum Anlass nehmen, seine eigene pädagogische Institution und sogar sein eigenes pädagogisches Handeln aufmerksamer zu betrachten, er kann es besser wahrnehmen und beurteilen.

Es wird hier der Versuch gemacht, die Schulen in zehn Nationen in pädagogischer Intention zu charakterisieren. Das wird in einer verdichteten Weise geschehen, indem für jedes der Schulwesen ein Attribut eingeführt wird. Dieses trifft einen wesentlichen Zug in den Schulen, der pädagogisch bedeutsam ist. Die Schulen der zehn Nationen werden also unter eine pädagogische Sicht gestellt, um noch tiefer gehende pädagogische Analysen und Diskussionen anzuregen, die schließlich zu einer erweiterten Sicht unserer eigenen Schulen und zu einer Abklärung unseres pädagogischen Handelns in den Schulen führen können.

Die Vorlesungen widersprechen der einfachen Vorstellung »Schule ist gleich Schule«. Schulen sind durchaus unterschiedlich, ganze Schulwesen ebenfalls. Das gilt erst recht, wenn wir Schulen vor dem Hintergrund nationaler Bildungstraditionen sehen. Wir unterliegen sehr leicht der Täuschung, dass unsere Art, Schule zu organisieren, die allgemeine sei, die selbstverständliche. Die Täuschung liegt schon deshalb nahe, weil wir in unserem Schulwesen und unserem Bildungswesen aufgewachsen sind und nicht mehr wissen, wie sehr es unsere Vorstellungen von Bildung und von Schule geprägt hat. Wir sind sozusagen Bildungssystemzentriert. Gerade versuchen wir, die Eurozentriertheit oder den Eurozentrismus zu überwinden, ebenso den Kulturzentrismus und den ethnischen Zentrismus, also die Fixiertheit unserer Weltsicht auf unseren Standort in der Welt, aber den Bildungssystem-Zentrismus haben wir noch nicht als Problem erkannt. Wir müssen Bildung und Schule vor dem Hintergrund einer größeren Variationsbreite, im Wissen über die Variabilität der Sichtweisen diskutieren. Eine solche Diskussion soll aber nicht politisch inspiriert sein, sondern pädagogisch. Die pädagogische Intention vermeidet die politische Konkurrenz, sie verhilft dazu, jede Schule und jedes Schulwesen aus der eigenen Entwicklung heraus zu verstehen und als eine Antwort auf eigene Problemkonstellationen zu sehen. Die pädagogische Sichtweise setzt nicht den übergeordneten Maßstab und will nicht die Anpassung an diesen Maßstab betreiben.

Eine pädagogische Betrachtung kann die Einlinigkeit der politischen Betrachtungsweise und auch der soziologischen und der ökonomischen Betrachtungsweise umgehen. Diese Wissenschaften suggerieren die Sichtweise von der Eindeutigkeit des Sinnes von Schule. Man spricht darüber, dass jedes Schulsystem bestimmte soziale, politische und ökonomische Funktionen erfülle. Darin seien sich alle Schulsysteme gleich. Die PISA-Untersuchungen über ca. 40 Länder legen auch den Gedanken nahe: Schulen wollen alle dasselbe erreichen. Die einen schaffen es eben etwas besser als die anderen. Die Ziele scheinen bei allen gleich zu sein, sonst könnte man sie auch nicht gut vergleichen und in eine Rangfolge bringen. Betrachten wir die Schulwesen soziologisch, politisch oder ökonomisch, finden wir keine grundsätzlichen Unterschiede. Pädagogik sucht demgegenüber nach den im Laufe der Zeit in einem Schulwesen verfestigten Sichtweisen von Bildung. Darin eingeschlossen sind Vorstellungen über das Lernen, über das Wissen, über die Jugend, über das Erwachsenwerden, über das Generationenverhältnis, über Leistung und über die Wichtigkeit der Prüfung, über Freiheit, über Gemeinschaft, über den Umgang mit Zeit, über die Stellung der beteiligten Gruppen zur Bildung wie Eltern, Lehrer, Schüler, über die Legitimität staatlichen Handelns im Bereich der Bildung. Wir können die pädagogischen Intentionen entschlüsseln, die in einem Schulsystem stecken. Denn in jedes Schulsystem sind einmal pädagogische Ideen eingegangen und gehen vielleicht immer noch ein.

Daraus ergibt sich, dass eine pädagogische Betrachtungsweise auf Verschiedenheiten und Variationen Wert legt. Dem pädagogischen Blick zeigen sich Unterschiede in den Auffassungen über Schule, in der Realisierung von Schule und auch im Aufbau von Schulwesen. Wenn wir unser eigenes Schulwesen verstehen wollen, so hilft uns der Überblick über andere Möglichkeiten, ein Schulwesen einzurichten. Wir sehen unser Schulwesen nicht länger als etwas Notwendiges, Selbstverständliches an, sondern als eine bestimmte Option unter anderen. So können wir abwägen zwischen Veränderung und Bewahrung. Zunächst müssen wir den pädagogischen Sinn unseres Schulwesens begreifen und den pädagogischen Sinn anderer Realisierungen, bevor wir den Plan fassen können, es zu ändern. Diesem tieferen Verstehen von Schulwesen dient die Vorlesung. Wie gesagt, gesucht wird nicht nach den politischen Zwecken, welche dem Schulwesen gesetzt werden, gesucht wird auch nicht nach sozialen Zielen wie z. B. soziale Gleichheit, gesucht wird auch nicht nach ökonomischen Zwecken wie z. B. bessere Nutzung der Ressource Mensch – all das mag nicht unwichtig sein, aber als Lehrer sollten wir zuerst einen pädagogischen Blick auf das Schulwesen einüben. Wir suchen nach den in den Schulwesen eingelagerten Intentionen, die meistens gar nicht an der Oberfläche liegen und auch nicht in den Schulgesetzen stehen, sondern entschlüsselt werden müssen. Das erwarten wir auch von der Pädagogik als Wissenschaft. Nur auf das zu zeigen, was ohnehin an der Oberfläche liegt, dazu bedarf es keiner pädagogischen Wissenschaft. Aber zu erklären, wie es kommt, dass bestimmte Erscheinungen sich an der Oberfläche zeigen und in welchem zeitlichen Prozess sie entstanden sind und welches Umfeld ihre Entstehung mitbewirkt hat, ist der wissenschaftlichen Mühe wert. So stößt man auch auf die Phänomene, die nicht an der Oberfläche liegen, sondern darunter oder vielleicht sogar darüber.

Die pädagogischen Absichten und Vorstellungen, die in eine Schule oder ein Schulsystem eingegangen sind, berühren den einzelnen Lehrer und den einzelnen Schüler sowie Eltern. Insofern bauen wir eine Brücke von der Institution zum einzelnen Lehrer, zum einzelnen Jugendlichen und zu den Eltern, wenn wir pädagogische Intentionen eines Schulwesens aufdecken. Dieses ist der Vorteil des pädagogischen Blicks auf das Schulwesen. Lehrer und Schüler, auch Eltern können diesen Blick ebenfalls einnehmen und werden angeregt in ihrer eigenen Wahrnehmung der Schule und ihren eigenen pädagogischen Auffassungen und Urteilen. Eine von außen angesetzte Testung hunderter oder tausender von Schülern kann der Politik Zahlen liefern, die sie politisch nutzen kann, aber sie trägt für die Schüler, Lehrer und Eltern wenig aus.

Folgendes Schema zeigt beispielhaft Fragen auf, die wir an ein Schulwesen stellen können, um die pädagogische Charakteristik zu erschließen.

Lernen	Wird Lernen durch Lehren gesteuert oder ergibt es sich in der Selbsttätigkeit? Wie viele Ebenen des Lernens kommen in der Schule zur Geltung? (Mechanisches Lernen, Problemlösendes Lernen, Erfahrungslernen, biographisches Lernen)
Jungsein Jugend	Es gibt die Idee der Jugendschule. Wie wird das Verhältnis von Jugend und Verantwortlichkeit gesehen? Wie ist die Altersstruktur der Schulklassen – gleiches Alter je Klassenstufe oder mehrere Jahrgänge je Klassenstufe?
Erwachsenwerden	Werden Normen des Erwachsenseins ausgesprochen? Wird das Erwachsenwerden als ein Reifeprozess gesehen? Was versteht die Schule unter Reifen? Wird Reife als Produkt der Zeit verstanden? Wird Zeit und Gelegenheit gegeben zur Selbstbewährung?
Verhältnis der Generationen	Können die Werte der älteren Generationen auf die jüngere Generation übertragen werden? Muss jede Generation ihre eigenen Werte finden?
Wissen	Gibt es beständiges Wissen, also ein Wissen, das über Generationen hin wichtig ist? Wie geht die Schule mit der Vorstellung um, dass Wissen schnell veraltet? In welchem Verhältnis stehen Kreativität und Wissen zueinander?
Kommunikation	Wird pädagogische Kommunikation als eine besondere Art der Kommunikation verstanden? Ist pädagogische Kommunikation immer unterstützend? Wie ist es mit gegenwirkender Kommunikation?
Zusammengehörigkeit	Verkörpert die Schule den Wert Gemeinschaft? Wie steht sie zum Wert Wettbewerb? Wie leicht ist es, die Zugehörigkeit zu Gruppen zu wechseln?

Leistung	Worin liegt für eine Schule Leistung? Gilt eine Norm für Leistung oder wird die Identifizierung von Leistung situativ und individuell vorgenommen? Darf und kann der Schüler seine Leistung selbst bewerten?
Prüfung	Sind Prüfungen Basis für weitere Entscheidungen über die Schullaufbahn? Ist Prüfung noch ein pädagogischer Akt? Welche Rolle spielt die Vorstellung von einer Objektivität und eventuell Anonymität der Prüfungen?
Unterschiede zwischen den Menschen	Schafft die Schule Leistungsgruppen oder vermeidet sie Leistungsgruppen oder lässt sie den Schülern freie Wahl bei der Suche ihrer Leistungsgruppen? Anerkennt die Schule Leistungen, die aus dem Lebenslauf junger Menschen resultieren (z. B. andere Muttersprache, Umgehen mit einer Behinderung)?
Individualität	Fördert die Schule die Individualisierung des Lernens oder setzt sie mehr auf das Lernen in der Gruppe und die Entstehung einer Gruppenidentität? (Beispiele: Gruppenbenotung, Schuluniform)
Freiheit	Wie viel Teilnahme am Unterricht oder an anderen Aktivitäten ist freiwillig, wie viel ist Pflicht – bis hin zur freiwilligen Teilnahme an Prüfungen?
Zeitmaß	Wie viel Zeit nimmt sich die Schule zur Erreichung von Lehrzielen? Setzt sie kurze Zeitmaße oder gibt sie jedem Schüler seine Zeit?

Die pädagogische Charakteristik eines Schulwesens in einem einzigen Attribut zu bündeln, ist eine Zuspitzung, die aus didaktischen Gründen zu rechtfertigen ist. Die nationalen Schulwesen sollen unterscheidbar sein und erinnert werden. Die Attribute charakterisieren das einzelne Schulwesen, weil sie über eine lange Entwicklungszeit zurückverfolgt werden können, die meistens im 19. Jahrhundert beginnt. Sie sind für jedes Schulwesen besonders und zeigen damit, wie unterschiedlich sich die nationalen Schulwesen ausgeprägt haben. Sie folgen keiner Systematik. »Charakteristik« ist also im Sinne von Besonderheit zu verstehen, wie wir das Wort auch in der Erfassung menschlicher Charaktere verwenden. Jedes

Schulwesen steht für sich und nicht für ein allgemeines Modell. Es wird auch keine Typologie gebildet, um etwa zu sagen: Wir haben drei Schulsysteme vom Typus A, 4 vom Typus B und noch 3 vom Typus C. Es wird auch keine Typologie in dem Sinne eines Kontinuums geschaffen, so dass man sagen könnte: Alle Schulsysteme werden entlang eines Kontinuums aufgereiht und eines bildet sozusagen den Südpol, ein anderes den Nordpol, und die übrigen nehmen Positionen dazwischen ein. Das sind typische Vorgehensweisen in der Soziologie. Aber mit einer solchen Vorstellung einer Typologie würde ich bereits die Suche nach Vielfalt, nach Variation unterdrücken. Denn bei einem solchen Vorgehen würden Beispiele für die gebildeten Typen benötigt. Als Pädagoge schere ich jedoch aus diesem Wissenschaftsmodell aus, obwohl mir bewusst ist, dass manche Erziehungswissenschaftler dem soziologischen Wissenschaftsmodell folgen. Sonst hätte das PISA-Programm nicht eine breite Aufmerksamkeit erlangt in Deutschland. Es verkörpert ein soziologisches Wissenschaftsmodell. Aber darin sehe ich nicht die Aufgabe der Erziehungswissenschaft. Sie soll vielmehr auf die Suche nach der Vielfalt der Pädagogik gehen. Ob sich das Gefundene in ein Schema einordnen lässt, ist keine wesentliche Frage. Die Pädagogik soll bereit sein zu immer neuen Aufschlüsselungen, zu immer neuen Interpretationen des Gefundenen. Das Einzelne hat ein Eigenrecht, gewinnt nicht erst ein Recht auf Analyse und Interpretation, wenn es Fall für etwas Allgemeines ist, dem es untergeordnet werden kann.

Die Attribute liegen nicht auf derselben Ebene, sind nicht typologisierbar, sie sind individuell, jeweils aus der Beschäftigung mit einem Schulwesen hervor kommend. Sie zeigen, unter welch unterschiedlichen Gesichtspunkten man ein Schulwesen betrachten kann. Sie sind nicht exklusiv in der Weise, dass auf ein Schulwesen jeweils nur ein Attribut zuträfe. Im Gegenteil, man findet auch Erscheinungen, die durch andere Attribute zu kennzeichnen sind, in jedem Schulsystem. Es geht um das bestimmende, hervorstechende Merkmal. So können die Attribute auch benutzt werden, um Phänomene der deutschen oder der sächsischen Schule, auch des Gymnasiums, besser zu charakterisieren und zu verstehen. Es geht nicht um ein Entweder-Oder und es geht nicht um ein Besser-Schlechter. Es geht darum, aus der Beschäftigung mit den Schulwesen Erkenntnisse zu ziehen, die unsere pädagogische Vorstellung erweitern und lebendiger machen.

Es könnten sicherlich weitere Attribute gefunden werden, allerdings nicht beliebig viele. Beim Durchdenken weiterer nationaler Schulwesen als mögliche Themen für diese Vorlesung fiel mir auf, dass manche Schulwesen in Europa so tief greifende Umbrüche erlebt haben, dass keine Kontinuität mehr zu erkennen ist. Das gilt besonders für die Schulwesen in früher kommunistisch regierten Ländern. Zu einer Charakteristik gehört aber, dass der Charakterzug sich entwickeln und ausprägen konnte, selbst über eine Umbruchzeit hinweg. Das konnte ich bei einigen

Ländern nicht erkennen. Die Schulwesen dieser Länder können beschrieben und unter dem Gesichtspunkt der Aktualität analysiert werden, und das ist auch nötig, sind aber kaum im Sinne der Ausprägung einer pädagogischen Besonderheit über einen langen Zeitraum zu charakterisieren. Vermutlich gilt das auch für Spanien. Eine Schwierigkeit bestand bereits beim Thema »Italienisches Schulwesen«, bei dem ich eher eine Nebenthematik ausgewählt habe. Man könnte das Gewicht künstlerischer Ausbildung für Italien betonen, aber pädagogisch gesehen, wäre das auch nur eine Nebenthematik. Daher unterscheidet sich der hier verfolgte Ansatz einer pädagogischen Charakterisierung von Schulwesen von den Ansätzen, die es auf eine Erfassung vieler Länder und eine Beschreibung der aktuellen Strukturen mit kurzer historischer Hinführung anlegen. Die Auswahl der Länder kann nicht eine Art von Repräsentativität beanspruchen. Eine solche kann es bei dieser Vorgehensweise nicht geben.

Keinesfalls können die Charakteristiken der nationalen Schulwesen beanspruchen, die Geschichte dieser Schulwesen im historischen Sinne zu erfassen. Vielmehr geht es bei Rückgriffen in die Geschichte der Schulwesen darum, das gewählte Attribut plausibel zu machen und näher zu bestimmen. Die Informationen zu den Schulwesen sind der wissenschaftlichen Literatur und weiteren Quellen aus dem Internet entnommen. Dabei wurden deutschsprachige, englischsprachige und französischsprachige Quellen genutzt. Die meisten vorfindbaren Informationen sind nicht so geformt, dass sie auf die Fragestellung dieser Vorlesung direkt anwendbar wären. Den zusammengestellten Informationen musste der angezielte Zusammenhang abgewonnen werden. Dabei ist die Zugänglichkeit von Informationen von Land zu Land unterschiedlich. So entstand eine persönliche Zusammenstellung und Interpretationsweise, die nur überzeugen kann, wenn sie in sich stimmig ist und etwas Originelles darstellt.

Dieses ist eine Vorlesung, ich spreche daher anders als ich in wissenschaftlichen Veröffentlichungen schreiben würde. In der mündlichen Mitteilung muss man klarer und wesentlicher sein als man es im schriftlichen Produkt sein muss. Daher erlaube ich mir die Zuspitzung auf jeweils ein Attribut. Die abschließende Vorlesung dient der Reflexion pädagogischer Erkenntnisse aus den einzelnen Vorlesungen auf einer mehr systematischen Ebene.

2. Vorlesung
Die Leseschule: Finnland

I. Das Besondere der finnischen Schriftsprache

Ich nenne die finnische Schule eine Leseschule. Es scheint selbstverständlich zu sein, dass in der Schule gelesen wird, denn dort lernen die Kinder lesen und schreiben. Doch geschieht das in Finnland in besonderer Weise, und das Lesen steht in der finnischen Schule weit mehr im Mittelpunkt als in anderen Schulwesen. Ganz scheint das der heutigen Zeit nicht mehr angemessen zu sein, in der das Internet wichtiger geworden ist als Bücher und in der wissenschaftliche Fächer wichtiger geworden sind als das Fach Muttersprache. Dennoch hat Finnland mit seiner Lesekultur großen Erfolg .

Warum ist Lesen in Finnland etwas Besonderes, und zwar das Lesen in der finnischen Sprache? Das müssen wir erst einmal verstehen. Dazu erwähne ich eine kleine **Schlüsselgeschichte**. Sie ist eine von mehreren Möglichkeiten, eine Schlüsselgeschichte für das Lesen in Finnland zu erzählen, es gibt mehrere solcher Geschichten zur Auswahl. Mir geht es jetzt um den 28. Februar 1835. Es gab einen Dichter damals in Finnland mit Namen **Elias Lönnrot**. Er war eigentlich ein Arzt. Er hatte sich in einem Ort niedergelassen, der geographisch in der Mitte Finnlands liegt, aber wenn wir von der Bevölkerungsverteilung ausgehen, müssen wir sagen: Er liegt im Norden Finnlands, also im sehr dünn besiedelten Gebiet Finnlands. Es war der Ort Kajaani. Wir würden außerdem heute sagen: Kajaani liegt nicht allzu weit von der finnisch-russischen Grenze. Damals aber sagte man: Er liegt etwa an der Grenze zwischen Westkarelien und Ostkarelien. Westkarelien war schwedisch geprägt, aber Ostkarelien war russisch geprägt. Das gesamte Karelien war vorwiegend von Finnen bewohnt. Jedoch war Westkarelien, das lange unter schwedischer Herrschaft stand, von der lutherischen Kirche geprägt. Demgegenüber war Ostkarelien von der russisch-orthodoxen Kirche geprägt. Schon zu Lebzeiten von Elias Lönnrot war ganz Karelien durch einen schwedisch-russischen Krieg an Russland gefallen. Die schwedische Herrschaft und damit die schwedische Krone waren also herausgedrängt worden aus Finnland, aber die führende und gebildete Schicht in Westkarelien blieben die dort lebenden Schweden bzw. die schwedisch sprechenden Finnen. Mit dem Einfluss der lutherischen Kirche hing zusammen, dass alte sagenhafte Gedichte und Lieder der Finnen kaum noch gesungen wurden. Denn sie bezogen sich auf mythische Ereignisse in einer Vergangenheit, als der christliche Glaube noch nicht bis Finnland vorgedrungen war. Die lutherische Kirche hatte keine Sympathien für diese heidnischen Überlieferungen, so ging die Überlieferung solcher Gedichte und Lieder zurück. Anders war es in Ostkarelien, wo die russisch-orthodoxe Kirche gegenüber dem heidnischen Erbe der finnischen Überlieferung großzügiger war. Auch die Herrschaft des russischen Zaren über Finnland war zur Zeit Lönnrots noch milde. In Ostkarelien wurden noch viele der alten finnischen Lieder weiter getragen.

Jetzt ahnen wir, was den Arzt Elias Lönnrot wahrhaft an dem Standort Kajaani interessierte:

Es waren die Gedichte und Lieder, die in Dörfern gesungen wurden oder von wandernden Sängern vorgetragen wurden. Man nannte solch ein Lied eine Rune. Lönnrot hatte sich schon als Student in Helsinki mit dem Vortrag von Runen Geld verdient. Ihm lag das Singen der alten Lieder in finnischer Sprache am Herzen. Er war nicht der erste Sammler solcher Gedichte und Lieder, aber er wollte eine umfassendere Sammlung anlegen als bisher existierte. Dafür war sein Standort in dem weiten Gebiet von Kajaani, einer Stadt im Norden des bewohnten Finnland an der russischen Grenze, sehr geeignet. Denn Lönnrot wollte diese Grenze überqueren und im östlichen Karelien nach solchen Liedern forschen. Er wusste, dass der Schatz an Liedern in Ostkarelien wesentlich größer war als in Westkarelien. Daher unternahm er insgesamt 11 Reisen durch Ostkarelien, zu Fuß bzw. auf Skiern. Die Lieder behandelten unterschiedliche Überlieferungen, z. B. alte Heldenerzählungen, die sich um Kämpfe der Helden mit der Hexe Louhi drehten. Die Hexe Louhi stammt aus dem finsteren Nordland, sie hat ein Wundergerät an sich gerissen, das Sampo heißt und so etwas wie eine Goldmühle ist, aus dem also großer Reichtum herauskommt. Doch die Helden, das sind der himmlische Eisenschmied und der mit magischen Kräften ausgestattete Wundersänger, erkämpfen sich dieses zurück. Das Wundergerät zerbricht aber bei dem Kampf und zerstreut seinen Reichtum über Land und Meer des Nordens. Die guten Helden stammen aus dem Land Kalevala. Daneben gibt es auch Legenden mit christlichen Motiven aus der Zeit nach dem 12. Jahrhundert, als die Finnen den christlichen Glauben annahmen, ferner Lieder aus dem Leben der Finnen, wie Hochzeitslieder bzw. Lieder von den Gefahren und Bewährungen, die ein Freier, der um ein Mädchen wirbt, bestehen muss, also mancherlei Sagen- und Märchenmotive. Eine Fahrt durchs Totenreich gehört dazu und viele Zaubersprüche.

Lönnrot ließ sich von Sängern Lieder vortragen, die er aufschrieb. Wer über eine Kantele verfügte, begleitete seinen Gesang auf der Kantele, aber als Volksinstrument setzte sich die Kantele erst allmählich durch. 25.000 Strophen sammelte Lönnrot auf diese Weise. Er stellte sich die Aufgabe, diese so unterschiedlichen Lieder, die aus unterschiedlichen Orten und Zeiten stammten, zusammen zu bauen in ein einziges riesiges Epos mit einer durchgehenden Handlung. Dazu dichtete er notgedrungen einiges um und dichtete auch einiges hinzu, um die Kontinuität der Personen und der Geschichte zu wahren. Die gesamte Dichtung ist gereimt und folgt einem einheitlichen Versmaß. Zu singen waren die Verse relativ einfach im Viervierteltakt.

Dieses Epos bekam für das Unabhängigkeits- und Freiheitsstreben der Finnen eine große Bedeutung. Am 28. Februar 1835 setzte Lönnrot seine Unterschrift unter das Manuskript und schickte es mit der Postkutsche nach Helsinki zu seinem Verleger. Das Epos erhielt den Titel **Kalevala**, was in diesem Zusammenhang Heldenland bedeutet. Daher wurde der 28. Februar später in Finnland zum Tag des Kalevalas und zum sog. **Kulturtag** erklärt. Der 28. Februar hat also eine symbolische Bedeutung für das Selbstbewusstsein des finnischen Volkes und für den Stolz auf ihre Muttersprache bekommen, die zwischen den indogermanischen Sprachen Europas wie ein Fremdkörper erscheint. Man kann sich gut vorstellen, dass dieses Epos ein unerschöpflicher Stoff für künstlerische Darstellungen ist, ein Stoff auch für das Theater, auch für die Musik, und vor allem ist es ein Stoff für die heutige Popkultur mit der Neigung zu magisch-zauberhaften Sujets. Hatten die alten Griechen ihren Homer mit der Ilias und der Odyssee und hatten die Isländer die Edda, die Deutschen die Nibelungensage, so hatten die Finnen nunmehr ein Epos, das jenen nicht nachstand. Lönnrot ließ sein Werk als einen Fund einer Dichtung aus sehr alten Tagen erscheinen, wie eine Überlieferung aus mythenhafter Vorzeit. Gerne wurde es in dieser Weise angenommen.

Es klingt vielleicht befremdlich, dass ich diese Geschichte aus dem 19. Jahrhundert als Schlüsselgeschichte für die These nehme, dass die finnische Schule eine Leseschule ist. Phantasievolle mysteriöse Geschichten sind es, die im nach hinein verklärt werden, um der Bevölkerung gleicher Sprache zu suggerieren, dass sie eine lange und bedeutungsvolle Geschichte habe. Mystery und Harry Potter in einem? Sind die finnischen Schüler scharf auf solche Geschichten? Ist das der Inhalt ihres Lesens? Nicht nur in der finnischen Literatur wird auf das Kalevala immer wieder angespielt, auch in der finnischen Kunst. Es gibt zahlreiche dramatische und etwas schwülstige Bildwerke zu Themen des Kalevalas. Der höchst geschätzte finnische Komponist Jean Sibelius hat Musik zu Passagen aus diesem Werk geschrieben. Jean Sibelius war anders als Lönnrot nicht Muttersprachler der finnischen Sprache, sondern der schwedischen Sprache, aber er blieb nicht wie andere Künstler im Ausland, sondern verbrachte den größten Teil seines Lebens in Finnland. Wenn wir verstehen wollen, was das Kalevala für die finnische Bildung und die finnische Schule bedeutet hat, müssen wir uns vorstellen, dass Wagners Ring der Nibelungen die Inspiration der gymnasialen Bildung in Deutschland wäre.

Man muss sich die damalige Situation vorstellen. Seit 1809 war das gesamte Finnland unter russischer Oberherrschaft. Die Gebildeten Finnlands, die in der schwedischen Sprache lasen und kommunizierten, waren von dem Gedanken beunruhigt, dass die finnische Bevölkerung eines Tages in der russischen Sprache alphabetisiert werden könnte. Vielleicht hatte man an das Vordringen der schwedischen Sprache als Schriftsprache geglaubt, aber das würde unter russischer Herrschaft kaum gelingen. Lönnrots eigener Bildungsweg war charakteristisch für die damaligen Gebildeten in Finnland. Seine Eltern hatten kaum eine Bildung erhalten, sie waren finnisch-sprachig. Daher war Finnisch auch die Muttersprache des Sohnes Elias, aber der Junge war so begabt, dass er sich das Sprechen, Lesen und Schreiben in der schwedischen Sprache selbst aneignete. Deshalb entschieden seine Eltern, ihn auf eine höhere Schule zu schicken. Das war finanziell sehr schwierig und Elias musste durch Singen selbst Geld hinzu verdienen. Schließlich studierte er Medizin, aber sein Ziel war es, der finnischen Bevölkerung ihre eigene Sprache als Schriftsprache zur Verfügung zu stellen und ihr eine eigene finnische Literatur zuzuführen. Die in der schwedischen Sprache gebildeten Finnen begannen also, der finnischen Landbevölkerung und den noch ungebildeten Finnen eine Literalität zu ermöglichen.

Zur damaligen Zeit hatte die Befürchtung vor einer Durchsetzung der russischen Sprache in Finnland noch wenige Anhaltspunkte, aber sie erwies sich später doch als eine kluge Voraussicht. Gegen Ende des 19. Jahrhunderts setzte eine Politik des russischen Zaren ein, die auf eine Eingliederung der Finnen in die russische Landessprache zielte. Im Nachhinein nannte man die Jahre von 1899 bis 1917, dem Jahr der bolschewistischen Revolution in Russland, die Unterdrückungsjahre. Ein wesentliches Instrument für die Eingliederung der Finnen in das russische Staatswesen war die Wehrpflicht, die junge Finnen in der russischen Armee ableisten mussten. Diese führte sie in den russischen Patriotismus ein.

Doch gab es zu der Zeit Lönnrots überhaupt eine finnische Schriftsprache, auf die sich die finnischen Intellektuellen stützen konnten? Ja, es gab eine solche. Im 16. Jahrhundert war die Reformation im Sinne des Luthertums nach Finnland gekommen, begünstigt durch die schwedische Oberherrschaft. Martin Luther hatte in Wittenberg einen finnischen Studenten mit dem lateinischen Namen **Mikael Agricola**. Sein Bischof hatte ihn zu Luther zum Studium geschickt, weil er wünschte, dass auch in Finnland die Reformation Fuß fasste. Mikael Agricola hatte Schwedisch als die Sprache seiner Eltern erlebt, es war seine Muttersprache, aber er hatte auch Finnisch zu sprechen gelernt, weil seine Umgebung Finnisch sprach. Nach seinem Studium der Theologie bei Martin Luther kehrte er nach Finnland zurück und wurde in Turku Rektor einer Lateinschule und später dort Bischof. In Finnland übersetzte Mikael Agricola das Neue Testament in die finnische Sprache. Es war die erste große Leistung der Verschriftlichung der finnischen Sprache. Agricola führte manche Neologismen aus der schwedischen, der lateinischen und der deutschen

Sprache in das Finnische ein, um der Sprache ein breiteres Aussagespektrum zu geben. Später übersetzte er auch Teile aus dem Alten Testament. Er erforschte auch die alt hergebrachte Religiosität der Finnen, indem er die finnischen Götternamen entschlüsselte und ihre Bedeutung beschrieb. Mikael Agricola gab also den Finnen eine Literalität, eine Schriftsprache. Es war eine große Leistung, die heute noch gewürdigt wird, indem der Todestag Agricolas, der 9. April, als **Tag der finnischen Sprache** erinnert wird. Zwei Jahrhunderte nach seinem Leben erhielt Agricola diese Würdigung. Neben dem 28. Februar, als dem Tag der finnischen Kultur, wurde also ein zweiter Tag eingerichtet, um an die Leistungen zu erinnern, die erbracht wurden, um eine finnische Literalität herzustellen.

Dennoch setzte sich die finnische Schriftsprache in den Jahrhunderten nach Agricola noch nicht durch, weil den Gebildeten das Schwedische genügte und den finnischen Bauern und Handwerkern noch keine Schulbildung zuteil wurde, weil die Armut unter ihnen zu groß war. Erst im 19. Jahrhundert begann die Durchsetzung der finnischen Schriftsprache in der finnischen Bevölkerung, und dazu bedurfte es einer eigenen finnischen Literatur und Dichtung, wie sie z. B. Lönnrot geschaffen hatte. Das Kalevala wurde in den Jahren 1835 und 1836 publiziert, und nur 11 Jahre später kam auch die erste finnischsprachige Zeitung heraus. Dennoch wurde Finnisch erst Landessprache, nachdem die Unabhängigkeit Finnlands im Jahre 1917 proklamiert wurde, genau genommen im Jahre 1921. Das geschah nach Kämpfen mit russischen Truppen und vor allem einem äußerst blutigen Bürgerkrieg, bei dem die Anhänger des russischen Bolschewismus mit den Befürwortern eines westlichen Weges kämpften. Finnland war also immer noch ein Schauplatz der Kämpfe zwischen russischen Interessen und schwedischen bzw. auch deutschen und englischen Interessen. Man stelle sich vor, in Deutschland sei die deutsche Sprache erst im Jahre 1921 Landessprache geworden!

Aus diesem kurzen geschichtlichen Abriss ist zu erkennen, wie die Finnen die finnische Schriftsprache als ein wertvolles Gut erkämpft haben, in einer Zeit, als in den meisten europäischen Staaten die Landessprachen längst ein gesicherter Bestand waren, z. T. seit Jahrhunderten. Der finnische Patriotismus, ja Nationalismus ist mit dieser Sprachgeschichte eng verbunden und auch mit einem Werk wie dem Kalevala, auch wenn es heute von außen betrachtet absonderlich anmutet, dass diese Lektüre in der finnischen Geschichte so viel bedeutet hat und immer noch bedeutet. Man mag also ermessen, dass das Lesen in der finnischen Gesellschaft einen besonderen Stellenwert hat, mehr als in anderen Gesellschaften, und demgemäß auch in der finnischen Schule.

Für die intensive Beschäftigung mit der eigenen Muttersprache – in mündlicher und schriftlicher Gestalt – ist noch ein weiterer Faktor wichtig gewesen. Die Oberherrschaft lag in Finnland über mehrere Jahrhunderte in fremder Hand: bei

Schweden und Russland. Das bedeutete: Von einer Hauptstadt aus konnten die Finnen nicht Politik für ihr Land betreiben. Sie verlegten sich auf andere Ebenen des Handelns: zum einen Vereine und zum anderen die Kommunen. Auf beiden Wegen stärkten sie die Selbstverwaltung und damit auch die Demokratie. Die im Auftrage des fernen Zaren regierenden Großfürsten stellten sich lange Zeit nicht gegen diese Formen der Selbstverwaltung, erst als die sog. Unterdrückungsjahre begannen, seit 1899, wurde es schwieriger, diese Selbstverwaltung aufrecht zu erhalten. In den sog. Unterdrückungsjahren wurde verlangt, dass die Schulen russische Geschichte und russische Erdkunde lehrten und es wurden russischsprachige Schulen gegründet.

II. Die Bildung der Erwachsenen in der finnischen Schriftsprache

Die bis heute bestehende finnische Literaturgesellschaft wurde bereits gegründet, als Lönnrot noch an dem Kalevala arbeitete, nämlich im Jahre 1831. Lönnrot wurde ihr erster Vorsitzender. Ihr Ziel war es, belletristische Literatur von finnischen Autoren heraus zu bringen. Schriftsteller, die in der finnischen Sprache schrieben, gab es noch nicht, das finnische Schriftstellerwesen musste erst entstehen, und der erste finnische Roman wurde 1870 veröffentlicht. Auch wenn Schriftsteller Muttersprachler in der finnischen Sprache waren, so mussten sie erst durch die Bildung in schwedischer Sprache gehen, vielleicht auch in russischer Sprache, und mussten in eigener geistiger Leistung die finnische Sprache so weiterentwickeln, dass sie anspruchsvolle finnische Literatur verfassen konnten. Mehrere Wörterbücher der finnischen Sprache erschienen, um einen Wortbestand zu schaffen. In der Kunst dauerte es auch so lange, bis Finnen sich in Finnland als Maler ausbildeten. 1846 wurde ein finnischer Kunstverein gegründet, der zwei Jahre später eine Zeichenschule in Helsinki eröffnete, die seitdem viele finnische Maler besucht haben.

Wichtiger noch für die Bildung sind die Bibliotheken und Volkshochschulen, die in den Kommunen gegründet wurden. Das geschah häufig durch die Initiative von Vereinen oder Privatpersonen oder auch durch die Gemeinden. Gemeindebibliotheken entstanden seit ca. 1840, sind also auch ein Reflex auf das Kalevala. Die erste Volkshochschule wurde 1899 gegründet. Beide Institutionen wurden sehr wichtig für das Lesebedürfnis der Finnen. Nachdem mehr und mehr Menschen lernten, in der finnischen Sprache zu lesen, wurde das Ausleihen von Büchern und das Sprechen über Bücher ein neuer Lebensinhalt (Kangas 2009).

Es war sehr wichtig, dass Vereine und Kommunen die Initiative zur Bildung der Finnen übernahmen, denn die russische Herrschaft war an der Verbreitung der Bildung nicht interessiert. Zum ersten Mal wurde Finnisch als Unterrichtsfach in der Volksschule im Jahre 1843 zugelassen, also auch in der Zeit nach dem Kalevala. Doch der Weg bis zu einer finnischen Volksschule, die in finnischer Sprache unterrichtete, war noch weit. Erst 1866 wurde ein Volksschulgesetz verabschiedet. Zugleich wurden nicht nur Volksschulen für Knaben, sondern auch für Mädchen zugelassen. Nun wurde die Volksschule eine eigenständige finnische Schule. Neben der Volksschule gab es die höhere Schule und selbst einige höhere Schulen gingen zur finnischen Sprache über. Je mehr Erwachsene durch Volksbibliotheken und durch Volkshochschulen mit der finnischen Schriftsprache vertraut wurden, umso mehr von ihnen waren auch bereit, ihre Kinder zum Schulbesuch anzuhalten.

Schulen für Bauernkinder und Handwerkerkinder waren bis in das 19. Jahrhundert durch die Kirche, also den örtlichen Pfarrer, beaufsichtigt worden. Dieses Vorrecht musste die Kirche im Jahre 1869 aufgeben, aber sie durfte neben den bürgerlichen Vereinen und den Kommunen noch als Anbieter von Volksbildung auftreten. Sie wurde sogar ein mächtiger Agent für die Verbreitung von Bildung in der finnischen Sprache. Man könnte sagen, die Mission Mikael Agricolas erfüllte sich erst im 19. und 20. Jahrhundert. Die Kirche bildete Wanderlehrer aus, um die mit Bildung unversorgten Siedlungen zu erreichen. Wegen der zerstreuten Siedlungsweise Finnlands war die Zahl der kirchlichen Wanderschulen weitaus größer als die Zahl der kommunalen Volksschulen. Das Wort »Wanderschule« meinte einen Lesekurs, den ein Wanderlehrer abhielt. Die Zahl der Orte, die durch Wanderlehrer zeitweilig versorgt wurden, war bis zum Jahre 1900 etwa doppelt so groß wie die Zahl der Orte, die über eine örtliche Schule verfügten. Erst im Verlaufe des 20. Jahrhunderts stagnierte die Zahl der sog. Wanderschulen und die Zahl der örtlichen Schulen stieg stärker an. Eine Schulpflicht für alle Kinder, Jungen wie Mädchen, wurde erst 1921 eingeführt, also nach der erlangten Selbständigkeit Finnlands im Jahre 1917.

An dem Zusammenhang zwischen Volksbibliotheken und Volkshochschulen auf der einen Seite und Volksschulen auf der anderen Seite ist gut zu erkennen, dass schulische Bildung ohne den Hintergrund von Erwachsenenbildung keinen Erfolg haben kann. Die Formen der Erwachsenenbildung gehen der schulischen Bildung sogar voraus. Erst wenn Eltern den Wert der Schriftsprache erkennen, unterstützten sie den Schulbesuch ihrer Kinder. Da sie bereit sein müssen, auf die Mitarbeit der Kinder im eigenen Gewerbe teilweise zu verzichten, müssen sie also wirklich vom Wert der Schriftkultur überzeugt sein. Es muss sich ein Übergang von einer vorwiegend mündlichen Kultur zu einer stärker schriftlichen Kultur vollziehen. Dieser kam für die Finnisch sprechenden Finnen sehr spät, verglichen mit anderen Sprachgemeinschaften in Europa. Deshalb war es auch ein starker Durchbruch. Weil er noch relativ frisch ist, spielt das Lesen nach wie vor eine große Rolle in der finnischen Lebensweise und in der finnischen Schule (Hasselblatt 1990).

III. Das Lesen in der Schule

Wie nun wirkt sich der hohe Stellenwert des Lesens in der finnischen Schule aus?

In Finnland geht das Kind erst mit 7 Jahren zur Schule. Das hängt damit zusammen, dass die Entfernung vom Haus zur Schule groß sein kann. Aber nahezu alle Kinder besuchen mit 6 Jahren ein Vorschuljahr in einer Kindereinrichtung. Mit der Einführung des Volksschulwesens im 19. Jahrhundert trat bereits die Erwartung ein, dass ein Kind, das eingeschult wird, schon lesen kann. Die Eltern oder die Kirchgemeinde sollten es schon gelehrt haben (Linnakylä, S. 151). Die Erwartung wird durch die Tatsache gestützt, dass die finnische Schriftsprache sehr lauttreu ist, anders als etwa das Englische und das Deutsche. Sprachwissenschaftler sprechen von der Phonem-Graphem-Korrespondenz. Das hängt vielleicht mit der späten Entstehung der finnischen Schriftsprache zusammen. Heute wird gesagt, dass die finnischen Erstklässler spätestens in der zweiten Jahreshälfte des ersten Schuljahres relativ gut lesen. Bis zur 6. Klasse wird in der Schule regelmäßig durch die Lehrerin oder andere gute Leser vorgelesen. Die Schüler werden angehalten, ein Lesetagebuch zu führen, also festzuhalten, welche Geschichten sie gehört haben und selbst gelesen haben und darüber auch Kommentare zu schreiben. Dabei sollen die Lehrerinnen möglichst keinen Einfluss nehmen durch Bewertung der gewählten Bücher, damit die Kinder ihr Leseverhalten nicht vor der Lehrerin verschließen. Zusätzlich zum Unterricht gibt es den Tag des Lieblingsbuches, an dem Kinder über ihre Lese-Erfahrungen sprechen, und es gibt Lesewochen, in denen sich alle Kinder eine Lektüre vornehmen. Schriftsteller werden gern in die Schule eingeladen (Koehler 2009, S. 102).

Die neunjährige Volksschule, die alle Kinder durchlaufen sollen, wird in der Regel aufgeteilt in die Klassen 1–6 und die Klassen 7–9. Manche Orte haben nur die Klassenstufen 1–6. Wenn die Kinder solcher kleiner Orte in die 7. Klasse kommen, wird ihnen ein weiter Schulweg zum nächsten Ort zugemutet, in dem eine Schule bis Klassenstufe 9 existiert.

In den Klassenstufen 1 bis 6 erhalten die Schüler durchschnittlich 5 bis 6 Wochenstunden Mutterspracheunterricht, in den Klassenstufen 7 bis 9 noch durchschnittlich gut 3 Wochenstunden. Die Unterrichtsstunden dauern wie in Deutschland 45 Minuten. Die geringere Stundenzahl auf den Klassenstufen 7–9 ist so zu erklären, dass man annimmt, bis zur 6. Klasse sei schon eine Sicherheit in der Muttersprache erreicht. Der Finnischunterricht in den Klassenstufen 7 bis 9 umfasst neben der Lektüre auch Sprachanwendungen wie Schauspiel und kreatives Schreiben. In jedem Schuljahr werden 10 bis 12 Geschichten gemeinsam in der Klasse gelesen und alle Schüler schreiben zu der Lektüre etwas auf.

Der Gesamtumfang für Mutterspracheunterricht auf den Klassenstufen 1–9 ist deutlich höher als der Gesamtumfang des Mathematikunterrichts. Der Umfang der Mathematikstunden bis Klassenstufe 9 beträgt drei Viertel des Umfangs der Stunden in Muttersprache. Auf den Klassenstufen 7–9 sind etwa 22 % der Unterrichtszeit für Wahlkurse vorgesehen, die in dieser Berechnung nicht enthalten sind. Im Angebot von Wahlkursen befinden sich auch Kurse mit literarischen Themen. Im Einzelfall können es also auf den Klassenstufen 7–9 auch mehr als 3 Stunden pro Woche sein, die mit der Muttersprache verbracht werden. Eine beliebte Methode, das Leseinteresse anzuregen und das verständnisvolle Lesen zu fördern, war »Netlibris«. Dieses Projekt existierte wenigstens zwischen 2000 und 2005. Es bildeten sich Gruppen von 10 bis 15 Schülern, die an verschiedenen Schulen lernten, welche räumlich relativ nah lagen. Die Schüler kommunizierten im Internet, jede Gruppe hatte einen Lehrer aus einer der Schulen als Tutor. Sie wählten aus dem Angebot, das auf der Netlibris-Webseite online verfügbar war, Lektüren für sich aus, mehrere Schüler verständigten sich jeweils auf denselben Titel, also hatten mehrere Schüler dieselbe Lektüre. Beim Lesen führten sie ein online-Tagebuch, in das sie ihre Gedanken zur Lektüre schrieben. Dieses Tagebuch lasen die anderen Gruppenmitglieder, die dieselbe Lektüre gewählt hatten, und man reagierte aufeinander. Der online-Kontakt hätte jedoch allein nicht ausgereicht, daher trafen sich die Gruppen etwa vier bis acht Mal im Jahr, um sich mündlich auszutauschen und auf neue Titel zu verabreden. Der Tutor arrangierte eventuell ein Zusammentreffen mit der Autorin oder dem Autor eines der gelesenen Bücher. Diese Methode wurde auch von den Oberschulen (Klassen 10 bis 12) aufgegriffen. Sie ist vermutlich nicht mehr aktuell, weil die Zahl der einbezogenen Schüler zu groß wurde. Einzelne Schulen arbeiten stattdessen mit Lektüregruppen auf Schulebene.

Die Fremdsprachen setzen gemessen an deutschen Grundschulen früh ein. In Klasse 3 beginnt die erste Fremdsprache, das kann sein Schwedisch oder Englisch. Es gibt nach wie vor Schulen, in denen die Unterrichtssprache Schwedisch ist. Denn etwa 6 % der finnischen Bevölkerung sind Schwedisch sprechende Finnen. In diesen schwedischsprachigen Schulen beginnt in der 3. Klasse der Finnischunterricht. In den finnischsprachigen Schulen müssen die Kinder Schwedisch lernen, sei es bereits ab Klasse 3 oder ab Klasse 5. In Klasse 5 beginnt die zweite Fremdsprache, das kann sein Deutsch, Französisch, Russisch oder eben Englisch oder Schwedisch, in Klasse 7 kommt eine 3. Fremdsprache hinzu. Über das Angebot der Sprachen entscheiden die Schulen, entsprechend dem Spezialistentum ihrer Lehrer. Eine zunehmende Zahl von Schulen entscheidet sich für einen Beginn der ersten Fremdsprache bereits in Klasse 1 (meist Schwedisch oder bei schwedischsprachigen Schulen Finnisch). Mit diesen Informationen soll gezeigt werden, dass die finnische Schule sprachbetont ist.

Die Tradition der Gemeindebibliotheken wirkte sich positiv aus. Sie tragen ebenfalls zum Leseinteresse der Schüler bei. Finnische Schüler gaben beim PISA-Test häufiger als Schüler aller sonstigen teilnehmenden Länder an, dass sie wenigstens einmal im Monat ein Buch aus der Bibliothek leihen. Genauer gesagt: 44 % der 15jährigen finnischen Schüler sagten von sich, dass sie einmal im Monat ein Buch aus einer Bibliothek ausleihen. Im Durchschnitt aller an PISA teilnehmenden Länder waren es nur 26 % aller Schüler dieser Altersgruppe. Das ist ein deutlicher Unterschied in der Benutzung von Büchern. Dabei sagten die finnischen Schüler, dass sie meist Bücher aus der Gemeindebibliothek ausleihen, obwohl auch die Schulen Bibliotheken für die Schüler haben. Aus den Gemeindebibliotheken leihen auch die Erwachsenen ihre Bücher aus, und die meisten Schüler folgen dem Vorbild der Erwachsenen und benutzen ebenfalls diese Bibliotheken. In einer anderen Untersuchung wurde gefunden, dass die Finnen zu Hause keinen großen Bücherbestand haben, in Hinsicht auf privaten Bücherbesitz liegen sie nur im Durchschnitt der OECD – Länder. Finnland ist eben im individuellen Konsum durchschnittlich gesehen kein reiches Land (Linnakyrlä, S. 197).

Bei den PISA-Untersuchungen wurde auch nach den bevorzugten Tätigkeiten der Schüler gefragt. Drei von vier finnischen Schülern im Alter von 15 Jahren gaben an, täglich etwas aus Interesse oder Spaß zu lesen, also 75 %. Nur 22 % der befragten finnischen Schüler sagten, sie läsen nur dann, wenn sie müssten, sie läsen eben nicht aus eigenem Antrieb. Der Anteil der Schüler, die aus eigenem Antrieb lasen, war in Finnland höher als es im Durchschnitt aller teilnehmenden Länder der Fall war. In Deutschland sagten wesentlich mehr Schüler, dass sie nur läsen, wenn sie es müssten, nämlich 42 % der befragten Schüler (Linnakyrlä, S. 197). Am beliebtesten ist bei finnischen Schülern das Lesen in Zeitschriften, Zeitungen, Comics und Web-Seiten und in den eigenen e-mails.

IV. Geschlechterdifferenz bei der Lesekompetenz und der Lesebereitschaft

An dem Leseinteeresse der jungen Finnen ist die Tatsache erstaunlich, dass es bei Mädchen ungewöhnlich stärker ausgeprägt ist als bei Jungen. Dennoch gilt: Die finnischen Jungen sind im PISA-Vergleich der männlichen Schulbevölkerungen ebenso die Spitzenreiter wie die finnischen Mädchen beim Vergleich der weiblichen Schulbevölkerungen. Aber die finnischen Mädchen überflügeln die Schülerinnen anderer Länder bei weitem, daher tut sich auch der große Abstand zu den finnischen Jungen auf. In keinem der PISA-Länder war die Geschlechterdifferenz in Bezug auf das Lesevermögen und das Leseinteresse so groß wie in Finnland. Es gibt also eine deutliche Geschlechterdifferenz auf hohem Niveau. Besonders was die Bereitschaft zu lesen betraf, war die Geschlechterlücke in Finnland groß. Im

Durchschnitt der OECD-Länder betrug sie acht Test-Punkte, in Finnland aber 16 Punkte. Diese Tatsache ist nicht leicht zu erklären und leider wurden bisher auch keine Erklärungen angeboten. Sie hängt offensichtlich mit dem Vorbild der Mütter zusammen. Die Lese- und Bildungsbewegung hat die Mütter stärker ergriffen als Väter bzw. Männer. Frauen weisen im Durchschnitt höhere Bildungsabschlüsse auf als Männer.

Diese Beobachtungen verweisen auf eine Verbindung zur Geschichte des Frauenrechts und der Frauenbildung in Finnland. Als im 19. Jahrhundert erste finnischsprachige Schulen entstanden, war es unter Gebildeten nicht selten, dass zunächst nur die Jungen in die öffentlichen finnischsprachigen Schulen geschickt wurden, weil man dieses für günstig hielt für ein späteres Berufsleben. Die Mädchen wurden nach wie vor in die privaten schwedischsprachigen Mädchenschulen gegeben, die einen höheren Bildungsanspruch hatten als die finnischsprachigen Schulen. Die höheren Mädchenschulen wendeten sich zögerlich der finnischen Sprache zu und lehrten sie zusätzlich zur schwedischen Sprache. Viele der Schülerinnen gingen nach Schulabschluss in ein Lehrerseminar über, so dass nach 1890 bereits mehr als die Hälfte der Volksschullehrkräfte Frauen waren. Gebildete Frauen erlernten die finnische Schriftsprache also in den bildungsbewussten privaten höheren Mädchenschulen und viele von ihnen nahmen einen Beruf an, in dem eine vorbildliche Präsentation der finnischen Sprache erwartet wurde (Müller 2011. Laakso 2004).

Diese historische Tatsache könnte zunächst so verstanden werden, als sei die finnische Sprache den gebildeten Frauen fremd geblieben. Das war anfangs sicherlich oftmals der Fall. Aber spätestens nach zwei oder drei Generationen trat das Gegenteil ein. Die in schwedischer Sprache gebildeten Frauen eigneten sich das neu geschaffene Standardfinnisch an. Sie wurden zwar später als die gebildeten Männer von der Bewegung der »Fennomanie«, der finnischen patriotischen Bewegung, ergriffen, aber sie nahmen diese Bewegung als Verspätete mindestens ebenso intensiv in sich auf wie es früher die Männer getan hatten.

In einem Buch von 1988 zur finnischen Sprachgeschichte steht folgendes: »Das gesprochene Standardfinnisch seinerseits entstand vor hundert Jahren auf der Grundlage der geschriebenen Sprache: Da es keine gemeinsame Umgangssprache gab, begannen die Gebildeten, in der Schriftsprache zu sprechen. Ist die Fremdheit, die die Frau als Verwenderin ihrer eigenen Sprache erlebt [...], vor diesem historischen Hintergrund zu verstehen? Können wir sagen, dass die Frauen, die zu Verwenderinnen des modernen Finnisch wurden, einen ähnlichen sprachlichen Akkulturationsprozess durchgemacht haben wie das gemeine Volk bei dem Entstehen der finnischen Hochsprache?« (Laitinen/Vartiainen 1988) Die Autorinnen dieses Satzes spielen auf die Tatsache an, dass das gesprochene Finnisch sich durch die Entstehung der Schriftsprache stark veränderte. Die gesprochene Sprache richtete sich mehr und mehr nach der schriftlichen Sprache, nicht umgekehrt. Sich zu bilden bedeutete daher auch, seine Sprache umzuwandeln. So kam das neue Standardfinnisch, das geprägt wurde durch das schriftliche Finnisch, manchen Sprechern zunächst fremd vor, extremer gesagt: Sie erkannten ihre eigene Sprache nicht wieder. Für Töchter gebildeter Eltern war der Druck, sich das neue Standardfinnisch anzueignen, zunächst geringer als für Männer, die es beruflich brauchten. Als die gebildeten Frauen aber merkten, dass es in Finnland unerlässlich wurde, Standardfinnisch zu sprechen und zu schreiben, zogen sie nach. Sie erwarben sich das Standardfinnisch unter Umgehung des umgangssprachlichen, regional geprägten Finnisch. Sie sprachen und schrieben sogleich eine gehobene Sprache, die aus der Lektüre finnischer Literatur hervorging. Demgegenüber wendeten sich offensichtlich gebildete Männer zunächst stärker dem umgangssprachlichen Finnisch zu, weil sie mit den finnischsprachigen Finnen kommunizieren mussten aus beruflichen Gründen. Wir kennen das Phänomen, dass gebildete Migranten sich die Sprache des Landes, in das sie gezogen sind, aus guter Literatur angeeignet haben und weiter aneignen, und daher die fremde Sprache in größerer Genauigkeit und Feinheit schreiben und sprechen als Einheimische und vielleicht noch mehr in der Sprache des Einwanderungslandes lesen als es Einheimische tun.

Der Einfluss der Frauen im öffentlichen Leben hat in Finnland eine lange Tradition. Finnland führte bereits **1906** das Frauenwahlrecht ein, als Finnland noch russisches Großfürstentum war. Bei der ersten Wahl, an der Frauen sich beteiligen durften, wurden bereits 19 Frauen ins Parlament gewählt, fast die Hälfte davon waren Lehrerinnen. In Deutschland kam das Frauenwahlrecht erst 1918. Für die Rechtsstellung der Frau in der Familie war es auch sehr wichtig, dass schon seit 1885 das patriarchale Ehegüterrecht aufgehoben wurde. Das bedeutete: Es gab eine Gütertrennung, die Frau durfte über ihr eigenes Vermögen verfügen und der Mann durfte es nicht als seines betrachten.

Den Fortschritt des finnischen Patriotismus trugen die meisten Finnen und Finninnen gemeinsam. Eine gewisse Spaltung ergab sich, als Frauen für das Recht auf das Universitätsstudium zu kämpfen begannen und damit auch um den Zugang zum Staatsbeamtentum, also zu führenden Stellungen in den staatlichen Institutionen. Obwohl beide Geschlechter im nationalen Ziel geeint waren, mussten sich Frauen doch gegen die Männer durchsetzen, wenn es um den Zugang zu diesen Positionen ging, das bedeutete auch: Sie mussten ihren guten Umgang mit der finnischen Standardsprache beweisen. Ebenso mussten sie ihrer Forderung nach Koedukation in den höheren Schulen Nachdruck verleihen. Das Recht zum Studium wurde 1901 erstritten, und in den Jahren nach der Selbständigkeit Finnlands wurden die ersten Frauen zu Professorinnen berufen. Heute ist der Professorinnenanteil an finnischen Hochschulen der höchste in allen europäischen Staaten, er beträgt 45 %. Der EU-Durchschnitt beträgt ca. 25 %. Forschen Sie nach, wie hoch der Frauenanteil auf Professorenstellen an der Technischen Universität Dresden ist! Ob es wohl eine zweistellige Zahl ist?

Die Teilnahme der Frauen am Erwerbsleben ist in Finnland relativ hoch, sie liegt nur geringfügig unter der Teilnahme der Männer. Die meisten finnischen Frauen vereinbaren also die Mutterrolle mit der Rolle der erwerbstätigen Frau – und sie nehmen sich noch Zeit zum Lesen. Auch die Tatsache, dass 70 % der Lehrkräfte in Finnland Lehrerinnen sind (Linnakyrlä, S. 156), könnte dafür sprechen, dass Mädchen unter den Erwachsenen leicht weibliche Vorbilder finden, aber Jungen seltener männliche Vorbilder finden. Diese Fakten mögen Erklärungen liefern für die Ausnahmestellung der finnischen Mädchen in Lesekompetenz und Lesebereitschaft. Vielleicht gibt es auch noch tiefer liegende Ursachen für die geistige Stärke der Frauen in der finnischen Gesellschaft, die man erahnt, wenn man das extreme Männerbild des Kalevala betrachtet und sich klar macht, wie stark der Widerstand der Frauen sein musste, um gegen dieses Männerbild anzukommen.

V. Pädagogische Erkenntnisse aus der finnischen Schule als Leseschule

Sie ersehen aus dieser Darstellung, dass es nicht ungerechtfertigt ist, die finnische Schule als Leseschule zu bezeichnen. Gewiss, die finnischen Jungen und Mädchen haben in der PISA-Untersuchung auch in Mathematik und Naturwissenschaft gut abgeschnitten. Aber die Spitzenstellung war nicht so spektakulär wie beim Lesen. Sie ist vielleicht auch aus der Art des PISA-Tests in diesen Wissensgebieten zu erklären. Denn die Aufgaben, die gestellt wurden, sind sehr sprachlastig. Es sind Textaufgaben, die erst einmal ein genaues Sprachverstehen erfordern, ehe die mathematische Operation oder der naturwissenschaftliche Zusammenhang ins Auge gefasst werden kann. Diese Aufgabentypen waren daher auch nicht sehr nahe am schulischen Lernen in diesen Fachgebieten.

Sie sehen aber auch, wie sehr schulisches Lernen in ein Lernen in der Gesellschaft eingebettet ist. Lernen, Wissen, Lesen, geistiges Interesse müssen in der Gesellschaft einen guten Stellenwert genießen, wenn der schulische Unterricht erfolgreich sein soll. Wir denken als Pädagogen manchmal in der Zeitstruktur des individuellen Aufwachsens. Dann meinen wir: Erst muss das Kind lernen, dann kann es später auch als Erwachsener lernen. Aber das Kind blickt bereits auf die Erwachsenen und es lernt von den Erwachsenen. Es nimmt die Einstellung der Erwachsenen zum Lernen und zu den geistigen Gütern wahr, und zwar vor allem die der eigenen Eltern und die der Lehrer. Das gelebte Vorbild ist das Lehrreichste, das es gibt. Wenn diese Einstellung positiv ist und überzeugend gelebt wird, dann ist sie der wichtigste Antrieb zum Lernen, auch wenn sich das Kind einzelnes Fachwissen bei Fachleuten wie z. B. Lehrern holen muss. Historisch gesehen ist es so, dass die Erwachsenenbildung vor der Schulbildung da war, und dass erst eine breite Bewegung der Erwachsenenbildung, die einige europäische Nationen im 19. Jahrhundert erlebt haben, auch zu einer breiten Durchsetzung des Schulbesuchs führte. Schon seit dem 17. Jahrhundert wurde gelegentlich die Schulpflicht durch Landesfürsten angeordnet, aber diese Pläne setzten sich nicht durch, weil die Erwachsenen diesem Gedanken fern standen. Die Geschichte der Erwachsenenbildung in einigen europäischen Ländern und in Nordamerika ist eine faszinierende Geschichte, die im 18. Jahrhundert beginnt und durch das 19. Jahrhundert hindurch geht, sie ist weitaus dynamischer und bewegter als die Geschichte der Durchsetzung eines allgemeinen Schulwesens. Viele Arten des Lehrens, wie z. B. der Vortrag mit anschließendem Gespräch, die freie Vorlesung, die Vorführung von Experimenten, die Ausstellung von wissenschaftlich belangreichen Exponaten, das Seminar und der Studienkreis sind von der Erwachsenenbildung in die Universität eingedrungen und auch in das Schulwesen. Immer noch ist die Erwachsenenbildung ein Humusboden für die Entstehung von Lehrformen, auch für die Generierung von bildenden Themen, wenn auch heute die sog. freie Erwachsenenbildung mit einer Zielrichtung auf die persönliche und bürgerliche Bildung der Einzelnen zurückgegangen ist zugunsten der beruflich orientierten Weiterbildung.

Als in Deutschland nach dem 1. Weltkrieg sog. Pädagogische Akademien gegründet wurden, geschah dies, um sog. Volkslehrer auszubilden. Es ging nicht nur um die Ausbildung von Schullehrern, sondern von Volkslehrern, also Erwachsenenbildern. Der Student an der Pädagogischen Akademie bekam also gleichzeitig eine Ausbildung zum Lehrer an der Volksschule und zum Erwachsenenbildner, der z. B. an Volkshochschulen lehren konnte oder sich als freier Vortragender betätigte. Ein bekannter Pädagoge, der an einer solchen Pädagogischen Akademie als Professor tätig war, war **Adolf Reichwein**. Er lehrte an der Pädagogischen Akademie Halle. Er war als Erwachsenenbildner ebenso tätig wie als Lehrer, auch als Referent in einem Museum. Seinem Lebenslauf nachzugehen, ist lohnend. Auch dem heutigen Lehrer steht die Möglichkeit offen, sich neben dem Lehrerberuf in der Erwachsenenbildung zu betätigen. Dieses kann regelrecht auch eine Entlastung vom Schulstress sein.

Sodann zeigt uns dieser Blick auf die finnische Schule als Leseschule, dass Lesen ein Grundelement des Sich-Bildens ist. Auf dem neugierigen und manchmal selbstvergessenen Lesen beruht eigentlich die Bildung. Als Lehrer selbst zu lesen, ein regelmäßiger und sogar disziplinierter Leser zu sein, ist nicht nur ein Gewinn für die eigene Bildung, es ist auch ein Gewinn für die Bildung der Schüler, vor denen man als Lehrer steht. Es geht um das gelebte Vorbild. Auch wenn die eigene Lektüre des Lehrers anspruchsvoller ist als die Lektüre der Schüler, so gehen Splitter der eigenen Lese-Erfahrung von allein in den Unterricht mit ein und bereichern ihn. Der Lehrer liest nicht nur in Büchern, er liest auch ganze Bücher. Ebenso hilft es dem Unterricht, den Schülern Leseangebote zu machen und auch Methoden zu entwickeln, das Lesen interessant zu machen. Pädagogisch gesehen ist es auch wichtig, die Lektüre nachträglich durch Gespräch und schriftliche Notizen im Gedächtnis zu verankern. Aber die pädagogische Begleitung des Lesens der Schüler bleibt notwendig zurückhaltend, denn es geht um die Selbstbildung, die etwas anderes ist als die durch den Unterricht gelenkte Bildung. Als Lehrer sollten wir uns dafür einsetzen, dass eine gute Schülerbibliothek da ist und dass es Leseprojekte und Lesewochen gibt. Das geht nicht nur die Deutschlehrer an. Fachbücher für das Jugendalter gibt es in großer Zahl, und Lehrer profitieren davon, wenn sie nachvollziehen, wie deren Autoren ein Fachgebiet an die Jugendlichen herantragen. Die Bibliothekare in Schulbibliotheken und in kommunalen Bibliotheken, sogar in wissenschaftlichen Bibliotheken warten auf Vorschläge zum Erwerb von Büchern, die ihre Benutzer für geeignet halten.

Literatur

Döbert, Hans,/**Klieme**, Eckhard/**Sroka**, Wendelin (Hrsg.) (2004): Conditions of School Performance in Seven Countries. A Quest for Understanding the International Variation of PISA Results. Münster: Waxmann.

Hasselblatt, Cornelius (1990): Sprache und Literatur in Finnland in der ersten Hälfte des 19. Jahrhunderts. In: Glienke, Bernhard (Hrsg.): Der Neue Norden. Norweger und Finnen im frühen 19. Jahrhundert. Frankfurt: Peter Lang Verlag, S. 51–69.

Kangas, Anita (2009): Die Kulturpolitik als Förderung des Sozialisationsumfeldes der Kinder und Jugendlichen – Das finnische System der Kulturpolitik und kulturelle Einrichtungen. Historischer Überblick und heutige Herausforderungen. In: Matthies/Skiera (Hrsg.), S. 215–228.

Koehler, Heide (2009): Finnland.: Bildung als nationaler Wert. In: Höhmann, Katrin (Hrsg.): Lernen über Grenzen. Auf dem Wege zu einer Lernkultur, die vom Individuum ausgeht. Leverkusen: Budrich-Verlag, S. 97–108.

Laakso, Johanna (2004): Gender in der Finno-Ugristik. Vorlesung am Institut für Finno-Ugristik der Universität Wien, WS 2003/2004. URL: http://homepage.univie.ac.at/johanna.laakso/gender03/fi_ee_ge.html Aktualisiert am 27.1.2004. Aufgesucht am 6.8.2012.

Laitinen, Lea/**Vartiainen**, Liisa (1988): Naiset ja nykysuomen synty (= Women and the Genesis of Modern Finnish). In: Laitinen, Lea (Hrsg.) 1988: *Isosuinen nainen. Tutkielmia naisesta ja kielestä.* [Die großmäulige Frau. Studien zur Frau und

Sprache.] Helsinki: Yliopistopaino, S. 259–275. Zitiert nach der Übersetzung von Laakso (2004).

Linnakylä, Pirjo (2004): Finland. In: Döbert/Klieme/Sroka, S. 150–218.

Matthies, Aila-Leena/**Skiera**, Ehrenhard (Hrsg.) (2009): Das Bildungswesen in Finnland. Geschichte, Struktur, Institutionen und pädagogisch-didaktische Konzeptionen, bildungs- und sozialpolitische Perspektiven. Bad Heilbrunn: Klinkhardt.

Müller, Ralf (2011): Aspekte der Frauen- und Mädchenbildung im Finnland des 19. Jahrhunderts. In: Wilhelmi, Anja (Hrsg.): Bildungskonzepte und Bildungsinitiativen in Nordosteuropa (19. Jahrhundert). Wiesbaden: Harrassowitz Verlag, S. 365–377.

3. Vorlesung
Die ausbildende Schule: Österreich

I. Bilden und Ausbilden

Im Deutschen können wir zwischen »ausbilden« und »bilden« unterscheiden. Man wählt diesen Unterschied nicht immer, ich benutze ihn hier aber bewusst. Man könnte als eine Parallele das Italienische heranziehen, dort gibt es den Unterschied zwischen *formare* und *educare*. Auch dieser Unterschied gilt nicht absolut, aber er kann ähnlich benutzt werden wie *ausbilden* und *bilden*: *formare* ist ähnlich wie »bilden«, *educare* ähnlich wie »ausbilden«.

»Bilden« ist im Deutschen ein prinzipiell unabschließbarer Vorgang, Bildung kann immer weiter gehen. Daher sprechen wir von lebenslanger Bildung. »Ausbilden« dagegen ist abschließbar, es gibt ein »Aus«, einen Abschluss. Wer das gewünschte Können beweist, ist ausgebildet. Wer ausgebildet ist, kann sich selbst eventuell noch weiter ausbilden, er kann sein Können vertiefen und verfeinern, aber ein Lehrmeister würde sagen: Du bist ausgebildet, was soll ich dir noch beibringen?

Das Wort »Ausbilden« kommt meist zum Zuge bei beruflichen Tätigkeiten und generell bei geschickten Tätigkeiten wie z. B. im Sport und in der Musik. Es hat also genauso viel mit Handtätigkeiten und Bewegungen zu tun wie mit geistigen Tätigkeiten. Im Schulwesen lieben wir mehr das Wort »Bilden«, in der Universität ist es schon fraglich, weil die Aufgabe der Universität zwischen »Bilden« und »Beruflich Ausbilden« hin und her schwankt.

In Deutschland haben wir im Prinzip gelernt, zwischen allgemeiner und spezieller Bildung zu unterscheiden. Im »Allgemeinen« der allgemeinen Bildung liegt schon das Unabschließbare begründet. Spezielle Bildung dagegen ist Ausbildung, sie ist abschließbar. Beides ist berechtigt. Beides scheint gleich wichtig zu sein. An der Universität sehen wir, dass eine ausschließliche Zuordnung zu einer Bildungsinstitution nicht immer möglich ist. Die Universität würde sich wohl eher der »Ausbildung« zuordnen als der »Bildung«. Die Universität ist in vieler Hinsicht auch eine berufsbildende Institution. Dennoch würde sie sich wehren, wenn man ihr die Aufgabe der Bildung ganz abspräche. Ähnlich ist es mit den Institutionen der Berufsbildung. Sie betreiben eindeutig »Ausbildung«, haben aber auch noch die Intention zu bilden. Könnte man von der Schule sagen, dass sie zwar überwiegend bildet, aber dennoch auch ausbildet? Das könnte vielleicht der Fall sein, wenn »Bilden« und »Ausbilden« nicht als gegenseitig ausschließend empfunden würden, wie es in Deutschland meist der Fall ist.

Ein **Gleichgewicht des Ansehens von allgemeiner und beruflicher Bildung** setzt viel voraus. Es setzt grundsätzlich eine starke eigene Entwicklung der Berufsbildung voraus. Die Berufsbildung muss ein Gewicht gewonnen haben in Gestalt eines differenzierten Gefüges von Schulen. Anders kann sie nicht auf Augenhöhe mit der allgemeinen Bildung kommen. Ferner muss ein Gedanke der Vorbereitung auf die Berufsbildung entstanden sein. Welche schulischen Aktivitäten und welche Bildungsinhalte können die Bereitschaft anbahnen, eine Berufsbildung einzugehen? Dazu reicht eine allgemeine kognitive Auseinandersetzung mit Technik nicht aus, sondern es bedarf der Könnenserfahrung in der herstellenden Tätigkeit der Hände. Es muss zu einer Stimulation zwischen Kopf und Hand kommen, bei der nicht nur der Kopf die Tätigkeit der Hände stimuliert, sondern die Hände auch die Tätigkeit des Kopfes stimulieren. Das muss erfahren werden.

Wieder stehen wir also vor der Tatsache, dass wir etwas tiefer in die Bildungsgeschichte in einem Lande einsteigen müssen, um herauszufinden, was das genannte Attribut »ausbildende Schule« besagen will und ob es zu Recht gewählt wurde. In diesem Falle also in die Bildungsgeschichte Österreichs. Und wiederum bedeutet es, in das 19. Jahrhundert zurückzugehen, denn das 19. Jahrhundert war in mehreren europäischen Staaten das formende Jahrhundert für die öffentlichen Bildungsinstitutionen. Es war die Zeit des Aufstiegs öffentlicher Bildungseinrichtungen. Dabei musste »öffentlich« nicht in allen Fällen »staatlich« bedeuten, sondern es kam auf die breite Einbeziehung der Bevölkerung an, auch in solchen Fällen, in denen die überwiegende Zahl der Einrichtungen privaten Status hatte. In solchen Fällen setzte aber früher oder später eine staatliche finanzielle Unterstützung ein, die später auch in eine mehr oder weniger starke Lenkung überging. Die Innovationen, welche Fürstenhäuser schon im 18. Jahrhundert zur Etablierung neuartiger Schulen unternahmen, sollen nicht gering geschätzt werden, aber die bereite Durchsetzung begann erst im 19. Jahrhundert.

Je weiter wir uns unvermeidlich von diesen Anfängen im 19. Jahrhundert weg bewegen, umso so eher verlieren wir auch das Verständnis für die Ausgangsbedingungen und sehen nicht mehr, wie prägend sie bis heute sind. Dann kommen Vorstellungen von einer internationalen Angleichung auf, die aber bisher in mehreren europäischen Ländern kaum gelingen kann. Denn die nationalen Besonderheiten von Bildungssystemen und auch Schulsystemen sind immer noch erkennbar und wirken sich aus. Das möchte ich in dieser Vorlesung auch zeigen. Man muss die nationalen Besonderheiten verstehen, die in einer längeren Geschichte geprägt wurden, um prüfen zu können, welche Anpassungen an neue Konstellationen und Bedingungen möglich und ratsam sind.

Zugleich ist es so, dass deutsche Studenten des Studiums für ein Lehramt an Gymnasien dem beruflichen Bildungswesen relativ fremd gegenüberstehen. Das wäre bei österreichischen Studenten anders, weil nicht wenige schon als Schüler mit handwerklichen Inhalten bekannt wurden oder sogar den Weg über eine berufliche Schule zur Hochschulreife gegangen sind. Ich bitte Sie also, sich mit einem Gegenstand vertraut zu machen, der wahrscheinlich bisher nicht in ihrem Gesichtsfeld liegt.

II. Eine Schlüsselgeschichte: Das Wirken des Gewerbeschulreferenten Armand Freiherr von Dumreicher im österreichischen Unterrichtsministerium

Ich stelle für das österreichische Schulwesen eine Persönlichkeit heraus, die wesentliche Entscheidungen treffen konnte, die langfristig wirkten. Es war der leitende Ministerialbeamte Armand Freiherr von Dumreicher. Er lebte von 1845 bis 1908. 50 Jahre seines Lebens verbrachte er in Wien, danach zog er sich nach Südtirol zurück, in die schöne Stadt Meran. »Freiherr« ist ein Adelstitel. Ähnlich wie in Deutschland waren führende Staatspositionen oft von Adligen besetzt. Die adlige Familie Dumreicher war schon seit Generationen in Österreich bekannt, der Vater Armands war ein geachteter Medizinprofessor an der Wiener Universität. In Deutschland kennen nur wenige die Leistungen Dumreichers, besonders wenige Pädagogen, in Österreich ist sein Werk in starker Erinnerung. Man kann der Beschreibung durch den deutschen Berufspädagogen Gustav Grüner aus Darmstadt folgen, der schon vor 33 Jahren starb (Grüner 1987). Noch mehr Informationen sind zu erhalten aus den Schriften des österreichischen Berufspädagogen Josef Schermaier (Schermaier 1999. Schermaier 2009. Schermaier 1981). Dumreicher hatte natürlich ein humanistisches Gymnasium besucht und hat Jura studiert, damit waren die Bildungsvoraussetzungen für eine Karriere im Staatswesen geschaffen. Er bekam früh die Aufgabe, eine Verständigung zwischen zwei Ministerien herzustellen, um die Berufsbildenden Schulen besser als bisher zu organisieren. Das waren einerseits das Unterrichtsministerium und andererseits das Handelsministerium. Wir würden heute sagen: Es gab ein Tauziehen zwischen dem Kultusministerium und dem Wirtschaftsministerium, wer denn die Zukunft der beruflichen Schulen bestimmen dürfe. Dumreicher warf sich ins Zeug und zwar für die Seite des Unterrichtsministeriums. Aus der Sicht Deutschlands und zwar besonders Preußens war das gewiss verwunderlich, denn es galt in Deutschland, dass höchstens ein Wirtschafts- oder Handelsministerium sich um die berufsbildenden Schulen kümmern solle, während die Kultusministerien sich auf die allgemein bildenden Schulen konzentrieren sollten. Auch für Dumreicher war diese Entscheidung unerwartet, denn sein Interesse galt sehr stark der Wirtschaft. Aber er hatte Grund, sich auf die Seite des Unterrichtsministeriums zu schlagen und die **Kompetenz für die berufsbildenden Schulen in das Unterrichtsministerium herüber zu ziehen**. So konnte er seinen Gedanken für ein systematisches Schulwesen in Österreich verwirklichen. Es ging ihm um mehr als nur die berufsbildenden Schulen.

Ich wähle das Jahr 1875. Damals veröffentlichte Dumreicher eine kleine Schrift, die er nannte: *Exposé über die Organisation des Gewerblichen Unterrichts in Österreich.* Sie zeigte den Aufbau an, den er sich für die Zukunft der beruflichen Bildung in Österreich vorstellte. Es war sozusagen eine architektonische Skizze. Sie blieb der Grundriss für das berufsbildende Schulwesen in Österreich bis heute und formte das österreichische Bildungswesen im Ganzen. Das ist erstaunlich. Denn nur 11 Jahre wirkte Dumreicher im Unterrichtsministerium, danach wurde er durch eine anders gerichtete politische Partei abgelöst, aber seine Skizze war so überzeugend, dass auch sich wandelnde politische Konstellationen sie nicht umstürzten, nicht einmal die spätere nationalsozialistische Herrschaft in Österreich.

III. Das gesamtschulartige System der gewerblichen Schulen bei Dumreicher

Wenn man den Plan Dumreichers von heute her betrachtet, so kann man das Wesentliche darin erblicken, dass er das Berufbildende Schulwesen in Österreich im Sinne einer Gesamtschule ordnete. Es gab unter der Regie des Handelsministeriums eine Vielzahl von Gewerbeschulen für einzelne Gewerbe, die meisten waren privater Natur, also von einzelnen Unternehmern eingerichtet worden oder von Unternehmervereinigungen, so genannten Wirtschaftsvereinen. Daneben gab es solche, die von Kommunen eingerichtet wurden. Das berufsbildende Schulwesen als Gesamtschule einzurichten, hatte den Sinn, einen gewissen Sog des Lernens auszuüben. Es gab eine Hierarchie der beruflichen Schulen in Dumreichers Konzept. Am höchsten stand die höhere Gewerbeschule. Sie war eine dreijährige Tagesschule, also eine Vollzeitschule, die mit Werkstätten verbunden war. Der Staat unterstützte zunächst die Einrichtung von fünf höheren Gewerbeschulen, die daher als **Staatsgewerbeschulen** bezeichnet wurden. Nur zwei davon lagen im österreichischen Kerngebiet, nämlich in Salzburg und Graz. Zwei weitere lagen im österreichischen Böhmen, nämlich im tschechischsprachigen Prag und im deutschsprachigen Reichenberg (heute Liberec), eine weitere im polnischsprachigen Galizien, nämlich in Krakau.

Eine niedere Stufe waren die sog. **Werkmeisterschulen**, deren Unterrichtszeit maximal zwei Jahre dauerte. Wie der Name sagt, dienten sie der Werkmeister-Ausbildung. Auch sie waren als Vollzeitschulen konzipiert. Dumreicher wünschte, dass sie zusammen mit den Staatsgewerbeschulen einen Gebäudekomplex bildeten, so dass Lehrer an beiden Schularten unterrichten konnten, dass auch einzelne Fächer mit Schülern beider Schularten durchgeführt werden konnten und dass beide Schulen die Werkstätten nutzen konnten. Beide Schularten: Staatsgewerbeschule und Werkmeisterschule, fasste Dumreicher auch unter dem Namen Fachschule zusammen und unterschied die vollständige Fachschule – das war die Staatsgewerbeschule – und die unvollständige Fachschule- das war die Werkmeisterschule. Beide hatten die Aufgabe, die zukünftigen Gewerbetreibenden auszubilden, also den wirtschaftlichen Mittelstand (Schermaier 1999, S. 32).

Deutlich tiefer in der Hierarchie der beruflichen Schulen stand die sog. **fachliche Fortbildungsschule.** Sie war eine Teilzeitschule, so wie wir das heute noch kennen von der Teilzeit-Berufsschule. Der Unterricht wurde an einem oder mehreren Abenden in der Woche und am Sonntag erteilt. Einen ganzen Tag in der Woche gaben die Unternehmer nicht dafür her. Es gab in der Regel keine eigenen Schulgebäude für die Fortbildungsschulen, sondern der Unterricht wurde in Räumen von Volksschulen, Bürgerschulen und Realschulen oder auch den Gewerbeschulen durchgeführt. Nur mühsam entwickelten sich diese fachlichen Fortbildungsschulen. Sie waren eine Weiterentwicklung der *allgemeinen* Fortbildungsschulen, in denen der schwache und geringe Unterricht in den Volksschulen noch einmal nachgebessert wurde. Adressaten waren die Lehrlinge bei den Gewerbetreibenden. Dumreicher liebte diese Schulen ganz und gar nicht, denn es war ihm wie vielen anderen klar, dass sie wenig ausrichten konnten mit den vier Unterrichtsstunden pro Woche oder höchstens acht Unterrichtsstunden pro Woche neben der ermüdenden Arbeit beim Meister während sechs Tagen der Woche.

Dumreicher griff daher zu einer weiteren Konstruktion, die neuartig war. Das war die Schaffung sog. **Allgemeiner Handwerkerschulen**. Mit diesen Schulen wollte Dumreicher zum einen der Schwäche der Volksschulen aufhelfen. Denn die Volksschulen umfassten zu seiner Zeit laut Gesetz acht Schuljahre, wenn dieser Ausbau auch längst nicht in allen Volksschulen erreicht war. Dumreicher schuf für die Allgemeine Handwerkerschule einen Abzweig aus der Volksschule nach sechs Schuljahren. Die Dauer der Ausbildung in der Allgemeinen Handwerkerschule sollte zwei Jahre umfassen, in Großstädten konnten es sogar drei Jahre sein. Also, die Allgemeine Handwerkerschule umfasste die Klassenstufen 7 und 8, in großen Städten sogar 7, 8 und 9. Es waren zwei oder drei Jahre Vollzeitschule. In dieser Schule wurde der allgemeinbildende Unterricht weitergeführt, also das Niveau der Volksschule überschritten, und zugleich eine Vorbildung für eine Lehre und vielleicht spätere Fachschulbildung gegeben, also eine handwerkliche Vorbildung. Die Allgemeine Handwerkerschule sollte auch mit Werkstätten verbunden sein. Sie ersparte aus Dumreichers Sicht den Schülern, wenn sie später Lehrlinge wurden, den Besuch der fachlichen Fortbildungsschule, weil wesentliche Inhalte schon in der Allgemeinen Handwerkerschule gelehrt wurden. Diese hatte wesentlich mehr Zeit dazu als die zeitknappen Fortbildungsschulen. Deren Wirkungsgrad bezifferte Dumreicher auf ein Siebtel. Das bedeutete: Sie erreichten nur ein Siebtel dessen was sie sollten und wollten.

Dumreicher hatte also ein vierstufiges System gebaut: die untere Stufe war die Allgemeine Handwerkerschule, die im Alter von 13 Jahren bis 14 Jahren oder 15 Jahren besucht werden sollte. Er nannte dieses die **Stufe der Vorbildung**.

Die nächste Stufe war die fachliche Fortbildungsschule, die von denen besucht werden sollte, die keine Allgemeine Handwerkerschule durchlaufen hatten. Hier trafen sich etwas ältere Schüler, welche nach Möglichkeit die acht Schuljahre der Volksschule bewältigt hatten, aber sie trafen sich eben nur zu dem sehr zeitbegrenzten Teilzeitunterricht unter Bedingungen der Erschöpfung. Er nannte das die **Stufe der Fortbildung.** Sie fand ergänzend zur Lehrlingsausbildung statt, die jeweils die volle Arbeitswoche in Anspruch nahm.

Die nächste Stufe bestand aus den beiden Fachschularten: unvollständige und vollständige Fachschulbildung, also Werkmeisterschule und Staatsgewerbeschule. Dumreicher fasste beide zusammen als **Stufe der Ausbildung**.

Die Hierarchie war in Dumreichers Augen kein Grund, die Schulformen gegeneinander abzusperren. Dumreicher wünschte die Verbindung der fachlichen Fortbildungsschulen mit der Vollzeitschule, also der Gewerbeschule und Werkmeisterschule. So erlöste er die Fortbildungsschule von der Not, in Gebäuden allgemein bildender Schulen Quartier suchen zu müssen, und gab ihnen zusätzlich die Chance, bei Bedarf die Werkstätten der Vollzeitschulen zu benutzen. Auch das war ein Element des Gesamtschulcharakters seiner Konstruktion. In allen beruflichen Schulformen sollte es Werkstätten geben oder Zugang zu Werkstätten anderer Schulformen. Es ist also durchaus passend, von Stufen der beruflichen Bildung zu sprechen. Höher als die Hierarchie der beruflichen Schulen standen nur noch die Technischen Hochschulen, die gegen Ende des 19. Jahrhunderts geschaffen wurden.

Es wäre nötig, noch mehr Schulformen der beruflichen Bildung zu erwähnen. Es gab für Mädchen Koch- und Haushaltungsschulen, ferner gab es Handelsschulen, die in ähnlicher Stufung aufgebaut wurden. Sie waren aber von den gewerblichen Berufsschulen getrennt.

IV. Die für das österreichische Bildungswesen kennzeichnenden Gesichtspunkte der Neuordnung durch Dumreicher

1. Durch die **Allgemeine Handwerkerschule** reicht der Gedanke der beruflichen Ausbildung bis in das allgemein bildende Schulwesen hinein. Dumreicher setzt also im allgemein bildenden Schulwesen an, um den Gedanken der Ausbildung zu fundieren, also eine erste Vorbereitung zu leisten. Denn *Ausbildung* im eigentlichen Sinne findet seiner Auffassung nach auf der höchsten Stufe der Hierarchie statt, in den beiden Formen der Fachschule.
2. Dumreicher machte den Besuch der **Staatsgewerbeschule** nicht von einer voraus laufenden Lehre abhängig, sondern forderte den Besuch der Unterstufe des Gymnasiums bzw. der sog. Unterrealschule, setzte also einen vierjährigen Besuch der höheren Schule als Bedingung für die Aufnahme in eine Staatsgewerbeschule fest. Damit verknüpfte er die höhere Bildung mit der fachschulischen Ausbildung. Zugleich demonstrierte er, dass eine fachschulische Bildung durchaus auf die Unterstufe einer gymnasialen Bildung aufgesetzt werden kann. Nicht nur die volle gymnasiale Bildung, sondern auch die Fachschulbildung sollte sich als eine würdige und sinnvolle Weiterführung gymnasialer Bildung erweisen und damit letztlich **einer Maturität würdig** sein. Dieses war aber nur möglich, wenn die staatliche Gewerbeschule auch in zentralen Fächern des Gymnasiums Gleiches leistete wie das Gymnasium.
3. Von der Ausbildung in den Staatsgewerbeschulen sollte ein **Sog auf die unteren Formen der beruflichen Bildung** ausgehen. Durch deren Neuschaffung wurden auf der oberen Ebene der Schulformen Ausarbeitungen von Lehrplänen und Lehrbüchern erforderlich, an denen Dumreicher starken Anteil nahm. Die höhere Ausbildung der Lehrkräfte für die Staatsgewerbeschulen und die Benutzung der Werkstätten in den Staatsgewerbeschulen durch die Lehrlinge und Schüler in den niederen Ausbildungen würde auf längere Sicht die Ausbildungsqualität auch an unteren Schulformen heben.
4. Schließlich ist von großer Bedeutung die starke Rolle, die den **Werkstätten** zugedacht war. Das Element Werkstätte bzw. Lehrwerkstätte ist bis heute von besonderer Wichtigkeit, wenn es um Ausbildung geht, sei es die Ausbildung in Vollzeitschulen oder in der Form der betriebsgestützten Lehre. Eine Werkstätte war ursprünglich im 19. Jahrhundert eine selbständige Einrichtung, an der junge Menschen, die nach heutigen Begriffen noch im Kindesalter waren, in einer handwerklichen oder Manufaktur-Tätigkeit beschäftigt wurden. Werkstätten dieser Art hatten ein kommerzielles Ziel: Es wurde mit Hilfe der Kinder und Jugendlichen produziert und verkauft. Vieles, was damals in Werkstätten geschah, bezeichnen wir heute als Kinderarbeit, auch wenn es als Ausbildung

verharmlost wurde. Die österreichische Staatsregierung hatte über Jahrzehnte Mühe, diese Art von Werkstätten stillzulegen, und stattdessen Werkstätten in Verbindung mit den beruflichen Schulen aufzubauen, um den didaktischen Zweck der Werkstatt durchzusetzen. Es war eines der Ziele Dumreichers, den kommerziell arbeitenden Werkstätten das Wasser abzugraben.

Der sog. **Werkstättenunterricht** wurde nach einer Übergangszeit, die dem Ausbau von Werkstätten diente, obligatorisch für beide Formen der Fachschulbildung: Staatliche Gewerbeschulen und Werkmeisterschulen. Ein Beispiel ist dokumentiert von der Staatsgewerbeschule Brünn aus dem Jahre 1913 (Grüner 1967, Dokument 31). Unter den Metallarbeiten an den Werkbänken dominierten das Körnen, das Drehen, das Löten und Nieten. Daneben gab es eine Schmiede, eine Schlosserei, eine Formerei und einen Motorraum zur Energieerzeugung. Bei den Holzarbeiten in der Tischlerei stand ebenfalls das Drehen im Vordergrund, ferner Schleifen, Bohren, Leimkochen. Die Schüler der Staatsgewerbeschulen erhielten 6 Stunden pro Woche Werkstättenunterricht, die Schüler der Werkmeisterschule 10 Wochenstunden.

5. Zu beachten ist auch die besondere Stellung des Zeichenunterrichts bzw. in der damaligen Sprache »Zeichnungsunterrichts«. Sein Ziel war nicht nur die Beherrschung von Lineal und Zirkel, auch nicht nur die Ausbildung im Freihandzeichnen, sondern ihm wurden auch weitergehende Inhalte zugewiesen wie die Anfangsgründe im Zeichnen geometrischer Gebilde, das Lösen geometrischer Aufgaben, die Anfangsgründe der Feldmeßkunst und der Statik sowie des Architekten-Zeichnens. Der Zeichenunterricht erforderte die Einrichtung eines Zeichensaals. Das war ein begehrter Ort auch für gewerblich tätige Personen, die selbst vielleicht eine unzureichende Ausbildung im Zeichnen erfahren hatten und vielleicht auch nicht den nötigen Raum und die nötigen Geräte und Modelle besaßen. Daher setzte sich Dumreicher dafür ein, dass die Zeichensäle der Allgemeinen Handwerkerschulen geöffnet wurden auch für Zeichenkurse mit Erwachsenen (Schermaier 1981, S. 71).
6. Alle handwerklichen und gewerblichen Schulen sollten einen **Effekt zur Weiterentwicklung der Handwerke und Gewerbe** haben und damit auch zur Stärkung des selbständigen Mittelstandes beitragen, der durch die eingetretene Gewerbefreiheit unter großen Konkurrenzdruck geraten war. Die Staatsgewerbeschulen sah Dumreicher als Zentren an, die in ihrer Region dem Gewerbe und Handwerk zur Weiterentwicklung verhelfen sollten. Er nannte sie »Zentralstätten technischer Intelligenz« (Grüner 1967, S. 120). Die Lehrer der Staatlichen Gewerbeschulen sollten regelmäßig Zeiten in Gewerbebetrieben verbringen, um Anregungen zu geben und selbst neue Gedanken aufzunehmen. Daher

sah Dumreicher die Direktoren von Staatsgewerbeschulen in einer höheren Stellung als die Direktoren von Gymnasien.

Der erste Punkt (1.) betrifft das Hineinreichen des beruflichen Bildungsgedankens auch in die allgemeine Bildung. Es war grundsätzlich ungewöhnlich, dass der Staat Schüler nach der 6. Volksschulklasse vom weiteren Besuch dieser Schule befreite zugunsten des Besuchs einer beruflich orientierten Schule wie der Allgemeinen Handwerkerschule, denn die allgemeine Schulpflicht dauerte seit 1869 formell acht Jahre. In dieser Maßnahme Dumreichers zeigt sich etwas Ähnliches wie bei den Fachschulen (Werkmeisterschulen und Staats-Gewerbeschulen). Dumreicher schuf in den Gängen der allgemeinen Bildung **Abzweigungen**, und zwar bevor die allgemeinbildende Schule ihr Ziel erreichen konnte. So setzte er in der Volksschule neben die 7. und 8. Klassen der Volksschulen die Allgemeine Handwerkerschule, er bot damit zur Oberstufe der Volksschule eine Alternative in Form einer berufsvorbildenden Schule. Bei den Fachschulen war es ähnlich. Nach vier Jahren des Gymnasiums oder der Realschule konnten Schüler übergehen in die Fachschulbildung, die zunächst auf drei Jahre geplant war im Falle der vollständigen Fachschule, der Staatsgewerbeschule. Schon dieser Eingriff in die Bildungsgänge der allgemein bildenden Schulen, denen Wahlmöglichkeiten an die Seite gestellt wurden, zeigte deutlich, dass die Idee der ausbildenden Schule seit Dumreicher voranschritt. **Dumreicher sah in der ausbildenden Schule mehr Möglichkeiten angelegt als in der allgemein bildenden Schule**. Dabei kannte er die ausbildende Schule in den drei Varianten: vorbildende Schule, fortbildende Schule und im eigentlichen Sinne ausbildende Schule.

Es spricht sich in dieser Umgehung der Oberstufe der Volksschule und der Sekundarstufe II der Allgemeinbildenden Höheren Schule auch eine **Skepsis gegen den Sinn und die Leistung der allgemeinen Bildung nach dem 14. oder 15. Lebensjahr** aus. Dumreicher nahm ernst, dass viele Menschen nach dem Nutzen der Bildung fragen. Dennoch waren die Eröffnungen der Allgemeinen Handwerkerschule und der Staatsgewerbeschule sowie der Werkmeisterschule Schritte, die sowohl den handarbeitenden Menschen als auch den Gewerbetreibenden, also den Unternehmern, nicht leicht zu vermitteln waren. Beide Seiten hatten wenig Sinn für eine Ausbildung, die nicht die baldige und vollständige Anwendung des Gelernten im Auge hatte. Die gewerblichen Unternehmer hatten nur dann Interesse, ihre Lehrlinge in beruflich bildende Schulen zu schicken, wenn sie etwas für das spezifische Gewerbe lernten, was sie im Betrieb nicht lernten. Schon der Aufbau der Volksschulen und dann der fachlichen Fortbildungsschulen hatte die Erfahrung vermittelt, dass die meisten Schüler nur lernten, wenn sie **den Nutzen des Lernens möglichst unmittelbar einsehen und erfahren** konnten. Schülern des Gymnasiums mutete man zu, vieles zu lernen, dessen Sinn und Nutzen sich erst später enthüllen sollte oder vielleicht auch nie. Dennoch wurde erwartet, dass sie ein Interesse an diesen Gegenständen bekämen, da es geistig anregende Gegenstände waren. Auch viele Gymnasiasten scheiterten an dieser Erwartung und verließen das Gymnasium vorzeitig. Wir sehen auch heute noch, dass Schüler aus einem Elternhaus mit geringem Bildungsniveau sich schwerer tun auf dem Gymnasium als solche, deren Eltern selbst ein Abitur oder sogar ein Studium hinter sich gebracht haben. Auch damals konnte man von Schülern, deren Eltern nur ein geringes Bildungsniveau hatten, nicht erwarten, dass sie lernen wollten, ohne den Nutzen einzusehen.

Das Hineinreichen des Ausbildungsgedankens in das allgemein bildende Schulwesen hatte auch eine inhaltliche Dimension. Es umfasste auch die Stärkung des Handfertigkeitsunterrichts in den Knaben-Volksschulen und besonders den Hauptschulen. Hauptschulen waren relativ gut ausgebaute Volksschulen in Großstädten. Im **Handfertigkeitsunterricht für Knaben** sollten nach Dumreichers Willen Auge und Hand des Schülers ausgebildet werden, um die Geschicklichkeit zu erlangen, die für gewerbliche Tätigkeiten nötig ist (Schermaier 1981, S. 62). Ein wesentlicher Lehrgegenstand für die Erreichung dieses Ziels war der »Zeichnungsunterricht«, der schon in Volksschulen begann. Die Knabenhandarbeit sollte hinzutreten und in Arbeiten mit Holz und Metall gipfeln. In der Tat verstärkten sich in den achtziger Jahren des 19. Jahrhunderts unter österreichischen Volksschullehrern die Aktivitäten zur Einführung eines Handarbeitsunterrichts bzw. Handfertigkeitsunterrichts. Ein Lehrer-Verein für Knabenhandarbeit wurde 1883 gegründet, **Schülerwerkstätten** wurden auf Vereinsbasis errichtet (Schermaier 1981, S. 58). Für Mädchen gab es in den Volksschulen die sog. **weiblichen Handarbeiten**. Auch Gemüse- und Gartenbau konnte erteilt werden (Enzyclopädisches Handbuch (1907), S. 443).

Nach Dumreichers anfänglichen Vorstellungen hätte die Bürgerschule als eine Schulform, die auf den ersten vier Klassen der Volksschule aufsetzte, diese Aufgaben, also Zeichenunterricht und Handfertigkeitsunterricht, an sich ziehen sollen. Sogar die Realschule hätte es tun können, die als ein Schultyp geschaffen wurde, der dem Gymnasium nahe kam. Aber Dumreicher beobachtete, dass beide Schulformen sich vollständig zur Seite der allgemein bildenden Schulformen wendeten. Diese Enttäuschung bewog ihn, umso mehr dem gewerblichen Unterricht eine feste, nicht mehr schwindende Stellung im österreichischen Schulwesen zu geben.

V. Der nachhaltige Einfluss der Neuordnung durch Dumreicher auf die Berufsbildung in Österreich

Welche der Vorstellungen Dumreichers zu einem gewerblichen Schulwesen in Österreich hatten Bestand und fanden ihren Niederschlag im österreichischen Schulwesen? Welche der heutigen Strukturen im gewerblichen Schulwesen Österreichs lassen noch den Einfluss Dumreichers erkennen?

Zunächst ist festzuhalten, dass die heutige österreichische Volksschule (Klassenstufen 1 bis 4) und ebenso die heutige Hauptschule (Klassenstufen 5 bis 8), ein pflichtmäßiges **Fach Werken** durch alle Klassenstufen hindurch behalten haben. Die Volksschulen, die den deutschen Grundschulen entsprechen, beginnen auf den Klassenstufen 1 und 2 mit je einer Wochenstunde und gehen auf den Klassenstufen 3 und 4 auf zwei Wochenstunden über. Die Hauptschulen (Klassenstufen 5 bis 8), welche noch im Jahr 2012 in Neue Mittelschulen umbenannt werden, erteilen auf jeder Klassenstufe zwei Wochenstunden Werkunterricht. Die Differenzierung in **Technisches Werken und Textiles Werken** existiert noch, aber beide Bereiche sollen jetzt für alle Schüler verbindlich sein, also nicht nach Geschlechtern getrennt werden. Auf den beiden ersten Klassenstufen des Gymnasiums (heutiger Name: Allgemeinbildende Höhere Schule), also in der 5. und 6. Klasse, sind noch zwei Wochenstunden Werkunterricht Pflicht, sie werden danach abgelöst von »Berufsorientierung«.

Sodann ist erstaunlich, dass der **Übergang in eine berufliche Vollzeitschule** nach der achten Klasse sowohl von der Hauptschule aus möglich ist als auch von der vierten Gymnasialklasse aus. Alle Schüler durchlaufen die vierjährige Volksschule, danach gibt es eine Teilung in die Hauptschule und die Allgemeinbildende Höhere Schule, das Gymnasium. Den Übergang in eine berufsbildende Vollzeitschule nach acht Jahren können sowohl Schüler vollziehen, welche nach den vier Jahren der Volksschule die ersten vier Jahre des Gymnasiums durchlaufen haben, als auch solche, welche nach den ersten vier Jahren der Volksschule noch für vier Jahre die Hauptschule besucht haben. Es geschieht also, was Dumreicher vorschwebte, dass nämlich die gymnasiale Bildung nach der Unterstufe, also nach vier Jahren des Gymnasiums transformiert werden kann in eine mittlere berufsbildende oder eine höhere berufsbildende Bildung. Der Übergang in eine solche Bildung nach vier Jahren der Allgemeinbildenden Höheren Schule wird als ein sinnvoller Übergang angesehen und keinesfalls als ein Abstieg. **Eine im Schwerpunkt beruflich gerichtete Ausbildung wurde zu einem legitimen Zweig an dem gymnasialen Stamm.**

Diese heutige Struktur beweist noch immer die Ganzheitlichkeit des Gedankens Dumreichers, der in der **Kategorie einer Gesamtschule** dachte. Dazu gehört auch der Gedanke, dass ein beruflicher Abschluss auf einem Technikerniveau durchaus mit der **Maturität** (Hochschulreife) zu verbinden ist. Es ist leicht hinzunehmen, dass sich die schulische Bildungszeit dadurch um ein Jahr auf insgesamt 13 Jahre verlängert. Denn es wird nicht nur eine allgemeine Hochschulreife erworben, sondern auch eine berufliche Ausbildung, die auf Technikerniveau liegt, also noch über dem Niveau des Facharbeiters. Dumreicher begann zunächst damit, den Absolventen der Staatsgewerbeschulen das Abitur an einer Realschule zu eröffnen. Die Realschulen hatten in Österreich dieselbe Stellung wie die Realgymnasien in Deutschland. Später erlangten die Beruflichen Höheren Schulen das Recht auf die Durchführung der Maturitätsprüfung.

Dumreicher hat leider keine Bildungstheorie entworfen, aber er war nicht bereit, eine grundsätzliche Verschiedenheit zwischen allgemeiner und beruflicher Bildung anzuerkennen. Es gab für ihn zahlreiche Berührungen zwischen allgemeiner und beruflicher Bildung. Nicht viel anders ist es heute auch in der Waldorfpädagogik. Ein Teil der Waldorfschulen verbindet ebenfalls allgemeine und berufliche Bildung in sich. Auch für die Waldorfschulen ist eine solche Verbindung ein tragendes Element einer »Gesamtschule«.

Die Differenzierung zwischen einer Berufsbildenden Mittleren Schule und einer Berufsbildenden Höheren Schule, die wir heute in Österreich vorfinden, erinnert noch an Dumreichers Trennlinie zwischen einer unvollständigen und einer vollständigen Fachschulausbildung. Dumreicher führte beide Fachschulformen in einem Gebäude zusammen. Auch heute noch gilt das in den meisten Fällen für die Berufsbildende Mittlere Schule und die Berufsbildende Höhere Schule. Schon bald nach Dumreichers Wirken wurde die Staatliche Gewerbeschule auf vier Jahre ausgebaut, danach auf fünf Jahre. **Heute umfasst die Berufsbildende Höhere Schule fünf Jahre**. Gewerbeschulen oder Fachschulen, die sich demgegenüber mit zwei oder drei Jahren, in manchen Berufsbereichen mit vier Jahren Schuldauer begnügten, wurden später als **Berufsbildende Mittlere Schulen** gezählt. Heute endet die Berufsbildende Mittlere Schule mit dem Abschluss: Diplom. Wenn ein Jahr hinzugefügt wird, kann man die Berufsmaturität erreichen, das ist etwa die Fachhochschulreife. Auch heute noch sind Berufsbildende Höhere Schulen und Berufsbildende Mittlere Schulen in **Schulkomplexen** zusammengefügt und kooperieren in Hinsicht auf den Einsatz der Lehrkräfte und die Nutzung der Werkstätten. Die Werkmeisterschulen im engeren Sinne, die zum Meistertitel führen, bestehen nach wie vor neben diesen genannten berufsbildenden Schulen, sie wurden auf zwei Jahre erweitert und setzen nach wie vor die berufliche Ausbildung in der Form der Lehre voraus.

Schon vor dem 1. Weltkrieg hatte sich die Staats-Gewerbeschule in **Richtungen** differenziert, die in den meisten Gewerbeschulen anzutreffen waren, aber ggf. auch separat existieren konnten. Das waren vor allem die baugewerbliche Richtung, die chemisch-technische Richtung und die mechanisch-technische Richtung. Heute gibt es bei den Berufsbildenden Höheren Schulen Österreichs **sechs grundsätzli-**

che Richtungen: die technische Richtung, die gewerbliche Richtung, die kunstgewerbliche Richtung, ferner Handelsakademien, Höhere Schulen für wirtschaftliche Berufe (dieses sind die früheren Frauenberufe) sowie Sozialakademien. Die Berufsbildenden Mittleren Schulen weisen dieselbe Differenzierung auf.

Die Berufsbildende Höhere Schule erlaubt durch den Abschluss der Matura den Übergang in jegliche Hochschulbildung. Das hatte Dumreicher ebenfalls vorgeschwebt und er hatte es eingeleitet, indem er den Absolventen der Staats-Gewerbeschulen die Ablegung des Abiturs an einer Realschule (im Sinne von: Realgymnasium) ermöglichte. Die Berufsbildende Höhere Schule vermittelt nicht nur eine vollgültige Maturität (Abitur), sondern zugleich einen Berufsabschluss auf dem Niveau eines Technikers. Damit leistet sie mehr als die Allgemeinbildende Höhere Schule, also das Gymnasium.

Die inhaltliche Differenzierung in sechs Richtungen beruht auf einer grundsätzlichen Aufteilung der Wirtschaft in Wirtschaftssektoren. Die Differenzierung erscheint angesichts der wachsenden Besonderheiten der Wirtschaftssektoren unvermeidbar. Aber Dumreicher wollte in seinem Gesamtschulansatz eine solche Differenzierung eigentlich vermeiden. Er suchte vielmehr nach dem Allgemeinen aller Gewerbe. Dabei hielt er allerdings den kaufmännischen Sektor und den Sektor der sog. Frauenberufe wie Hauswirtschaft, Kochen heraus. Es ging ihm um den **gewerblichen Mittelstand**, also vorwiegend um die handwerklichen Gewerbe, zu denen später auch industrielle Gewerbe hinzukamen. Seine Idee der Allgemeinen Handwerkerschule, die bekanntlich schon nach der 6. Klasse der Volksschule einsetzte und zwei oder evtl. drei vollzeitschulische Jahre umfasste, war der Versuch, **das »Allgemeine« aller Handwerke** zu erfassen und zum Bildungsgegenstand zu machen. Die Allgemeine Handwerkerschule sollte ja bereits in der Pflichtschulzeit der Schüler ansetzen. Durch Betonung dieses »Allgemeinen« konnte sie sich als legitime Alternative zur Volksschuloberstufe erweisen. In dieser Schule vereinten und durchdrangen sich nach Dumreichers Vorstellung allgemeine und berufliche Bildung. **Ein Gegensatz von »allgemein« und »speziell« konnte für diese neuartige Schulform nicht gelten.**

Es gehört zum Gedanken der ausbildenden Schule, einen solchen Gegensatz nicht gelten zu lassen. Dennoch war das »Allgemeine« des Handwerkerwissens und Handwerkerkönnens schwer zu fassen. Recht bald nach Dumreichers Wirken wurde klar, dass man an diesem Gedanken des »Allgemeinen« der Handwerkerbildung nicht festhalten konnte. Hätte es solch ein Allgemeines gegeben, so wäre darin eine grundsätzliche Verbindung von allgemeiner Bildung und beruflicher Bildung gelungen. Aber die Wirtschaftstätigkeiten streben zur Spezialisierung, und das Allgemeine hinter dem vielen Speziellen zu finden, wurde zunehmend unmöglich. Ähnliches gilt auch für die Spezialisierung der Wissenschaften, die das »Allgemeine« der gymnasialen Allgemeinbildung immer unerreichbarer macht. Dumreicher stellte sich vor, dass eine »Allgemeine Handwerkerschule« den Unterricht der Fortbildungsschule entbehrlich machen würde. Zudem hätte sie noch ein erstes Jahr der Lehrausbildung egalisieren können, also eine Verkürzung der Lehre ermöglichen können. Solange es die gewerbliche Fortbildungsschule gäbe, könnte sie nach Dumreichers Vision mit der Allgemeinen Handwerkerschule verbunden werden. Auch das war wiederum ein gesamtschulartiger Gedanke. Gemeinsam hätten beide Schulformen die Werkstätten der Allgemeinen Handwerkerschule genutzt.

Doch die Allgemeine Handwerkerschule entwickelte sich zu einer niederen Fachschule, im Sinne der unvollständigen Fachschulbildung. Das war verständlich, weil sie prinzipiell gut ausgestattet war und selbst ausbildende Aufgaben übernehmen wollte, nicht nur »vorbildende« Aufgaben. Es zeigte sich am Werdegang der Allgemeinen Handwerkerschule Österreichs, dass die Idee, einen allgemeinen Bildungsinhalt über alle Handwerke oder Gewerbe hinweg zu schaffen, keinen Erfolg hatte. Ähnliches muss man auch in späterer Zeit konstatieren, als es um die Schaffung eines Faches Allgemeine Technik in der Bundesrepublik Deutschland gehen sollte. Die Spezifika der einzelnen Handwerke und der Technikdimensionen lassen sich nicht durch Generalisierung überspielen. Vor einer ähnlichen Schwierigkeit stand die DDR mit dem polytechnischen Unterricht.

VI. Pädagogische Erkenntnisse aus der österreichischen Schule als ausbildende Schule

Wir können aus dem Blick auf die österreichische berufliche Bildung lernen, dass wir **unser allgemein bildendes und unser berufsbildendes Schulwesen zusammen denken** müssen. Im Gedanken der ausbildenden Schule treffen sich die Allgemeinbildung und die berufliche Ausbildung. Sie lösen sich nicht in ein Gemeinsames auf. Denn auch in Österreich bleibt die Allgemeinbildende Höhere Schule, die früher Gymnasium hieß, erhalten. Aber wir müssen beides in seinem Ergänzungsverhältnis sehen und in seinem Wechselspiel. Wir müssen das Verbindende betonen.

Wir müssen den Gesamtschulgedanken von dieser Verbindung her denken lernen. Denn **der »Gesamtschule« muss etwas wirkliches Gemeinsames zugrunde liegen,** nicht nur eine abstrakte Forderung nach sozialer Gleichheit. Und dieses Verbindende kann eher im Beruf gefunden werden als in einem Abstraktum wie z. B. der »Wissensgesellschaft«.

Die heutigen Verfechter des Gesamtschulgedankens sehen meistens nicht, dass sich der Gesamtschulgedanke in der beruflichen Bildung sehr weitgehend durchgesetzt hat. Das betrifft zum einen den Stufencharakter von mittlerer und höherer beruflicher Bildung, der Übergänge zulässt. Es betrifft noch mehr den Gedanken, dass berufliche Bildung und allgemeine Bildung einander nicht ausschließen, sondern in einer einzigen Schule, einer beruflichen Vollzeitschule, verbunden werden können. Heute haben wir in Deutschland und besonders in Sachsen im Bereich der beruflichen Bildung sog. **Berufsschulzentren**, in denen sich die unterschiedlichen beruflichen Schulformen treffen. Wir haben aber z. B. keine Schulzentren, in denen sich Gymnasium und Mittelschule treffen.

Unsere Gesamtschuldiskussion dreht sich um den Tatbestand, dass Kinder im Alter von 10 Jahren, nach vier Jahren gemeinsamen Schulbesuchs in der Grundschule, auseinander gerissen werden: Ein Teil geht zur Mittelschule über, ein anderer Teil zum Gymnasium. Wenn wir auf das österreichische Modell der beruflichen Vollzeitschule schauen – als Berufsbildender Mittlerer Schule und als Berufsbildender Höherer Schule – so sehen wir: Manche dieser auseinander gerissenen Schüler können nach der achten Klasse auch wieder zusammengeführt werden, weil der mehrheitliche Teil der Jugendlichen eine berufliche Ausbildung zu haben wünscht. Das bedeutet: **Wir müssten lernen, in der Ausbildung das eigentlich integrierende Moment unserer Bildung zu sehen**. In der ausbildenden Schule ist ein gesamtschulartiger Charakter möglich, den es in der rein allgemein bildenden Schule nicht gibt, weil in der rein allgemein bildenden Schule noch immer der Gegensatz von allgemein und speziell oder von allgemein und beruflich hochgehalten wird.

Die ausbildende Schule, wie wir sie in Österreich vorfinden, hat dazu geführt, dass dort mehr Maturitäten in beruflichen Vollzeitschulen erlangt werden als in den Allgemeinbildenden Höheren Schulen. **Es gibt mehr Abiturienten aus Berufsbildenden Höheren Schulen als aus Allgemeinbildenden Höheren Schulen.** Das gilt schon seit langem. In der Bevölkerung der 25- bis 64-jährigen befanden sich im Jahre 2008 8,5 % mit einem Abitur (Matura) der Berufsbildenden Höheren Schule und nur 5,6 % mit einem Abitur der Allgemeinen Höheren Schule. (Statistik Austria 2010). Bei Männern ist die Kluft noch größer: 8,9 % haben ein Abitur (Matura) der Berufsbildenden Höheren Schule und nur 5,1 % ein Abitur der Allgemeinbildenden Höheren Schule. In der weiblichen Bevölkerung steht die berufsbildende Matura mit 8,1 % über der allgemeinbildenden Matura mit 6,1 %.

Es ist erstaunlich, dass die Mehrzahl der Abiturienten in Österreich über die berufliche Vollzeitschule kommt. Dabei qualifiziert der berufsbildende Sektor ja noch eine weitere große Zahl von Jugendlichen in den Berufsbildenden Mittleren Schulen und in der betriebsgestützten Lehre, ergänzt um die Teilzeit-Berufsschule. Die Maturantenquote – wir würden sagen Abiturientenquote – wurde für 2011 mit 43 % angegeben, ist also keineswegs geringer als z. B. in Deutschland. Die Zuführung junger Menschen zu einem Studium leidet nicht unter der Bestrebung, gleichzeitig viele junge Menschen mit einem Berufsabschluss auszurüsten.

Die ausbildende Schule sieht die Erlangung eines Berufsabschlusses als ein

zentrales Datum im Leben eines jungen Menschen an. Es ist ein Effekt der ausbildenden Schule in Österreich, dass eine große Mehrheit der jungen Menschen zu einem Berufsabschluss gelangt. Von den 20- bis 24jährigen hatten 2011 85,4 % einen Berufsabschluss. Ohne Berufsabschluss blieben 2010 dagegen 8,3 % der 18–24jährigen (Statistik Austria 2011).

Zu beachten ist auch, dass die ausbildende Schule auch Wege für schwache Lerner schafft, zu einem Berufsabschluss zu gelangen. Es gibt in Österreich dafür das Instrument der **Anlehre**. Das ist eine individuell vereinbarte und betreute Ausbildungsart, die zu einer Teilqualifikation führt, z. B. im Helferstatus. Wie bei der betriebsgestützten Lehre mit Teilzeit-Berufsschule gibt es auch in dieser Ausbildung den betrieblichen Ausbildungsplatz und an einem Tag in der Woche den Berufsschulbesuch. Die Abschlüsse der Anlehre sind staatlich anerkannte Abschlüsse.

Die ausbildende Schule verankert ihr Ausbildungsziel auch schon in der Pflichtschule, also in der Primarstufe und in der Sekundarstufe I. Sie führt die Schüler von der 1. Klasse an zu einer Bereitschaft, mit der Hand zu arbeiten, und zu einem Interesse an handwerklicher Tätigkeit. Schon früh erleben sich die Schüler im Herstellen und Werken, so dass der Gedanke an eine mögliche spätere berufliche Tätigkeit reifen kann und eine Berufswahl möglich wird. Die Ausbildung in diesem Sinne steht der Bildung keineswegs im Wege, denn die wichtigen allgemein bildenden Fächer werden nicht zurückgestellt. Das Sich-Bilden und das Sich-Ausbilden werden als einander ergänzend erfahren.

Jemand könnte zum Abschluss fragen, ob Österreich in der **PISA-Untersuchung** gut abgeschnitten hat. Es ging bei PISA um die 15jährigen Schüler, und aus unseren bisherigen Informationen können wir keine Vermutung herleiten. In PISA 2000 sah es zunächst für Österreich viel besser aus als für Deutschland, in PISA 2003 nicht mehr. Das Unterrichtsministerium veranlasste eine Untersuchung und fand heraus, dass im Jahre 2000 erhebliche Stichprobenfehler gemacht wurden. Aus den PISA-Ergebnissen kann also nicht zu viel hergeleitet werden.

Literatur

Enzyklopädisches Handbuch der Pädagogik (1907), hrsg. von Wilhelm Rein. Band VI, Zweite Auflage. Langensalza: Beyer & Mann. Artikel: Österreichisches Schulwesen, S. 420–471.

Grüner, Gustav (Hrsg.): Quellen und Dokumente zur Entwicklung der österreichischen Staats-Gewerbeschulen. Köln/Wien: Böhlau 1987. Darin: Dokument 11: Dumreicher, der organisierende Staatspädagoge.

Schermaier, Josef (1999): Gewerblicher und wirtschaftsberuflicher Unterricht in Österreich/Eine Einführung zur Systematik und Geschichte des berufsbildenden Schulwesens. Frankfurt/M.: Lang Verlag.

Schermaier, Josef (2009): Fachschulen in Österreich – Schulen der Facharbeiterausbildung: die Fachschulen für einzelne gewerbliche Zweige. Ein Beitrag zur Geschichte und Gegenwart des berufsbildenden mittleren Schulwesens in Österreich. Frankfurt/M.: Lang Verlag.

Schermaier, Josef (1981): Berufsbildender Unterricht in Österreich. Die Allgemeine Handwerkerschule, eine Schule der beruflichen Vorbildung. (Reihe: Berufsbildender Unterricht in Österreich. Geschichte und Gegenwart. Band 1) Wien: Verband der wissenschaftlichen Gesellschaften Österreichs.

Statistik Austria (2010). Bundesanstalt Statistik Österreich. Pressemitteilung 9.608-050/10. Statistik in Zahlen. Statistik Austria gibt aktuellen Überblick über Bildungswesen in Österreich. URL: http://www.statistik.at/web_de/presse/043876. Letzte Änderung 1. 2. 2011. Eingesehen am 7. 8. 2012.

Statistik Austria (2011). Statistiken. Formales Bildungswesen. Bildungsstand der Jugendlichen und Frühe Schulabgänger. URL: http://www.statistik.at/web_de/statistiken/bildung_und_kultur/formales_bildungswesen/fruehe_schulabgaenger/020947.html Erstellt am 19. 4. 2012. Letzte Änderung 30. 4. 2012. Eingesehen am 7. 8. 2012.

4. Vorlesung
Die freie Schule: Dänemark

I. Der Freiheitsbegriff

In welchem Sinne kann man eigentlich von einer freien Schule sprechen? Ist sie frei vom Staat? Sind die Schüler darin frei? Sind auch die Lehrer darin frei?

Bei den Wortverbindungen ›Freiheit der Schüler‹ und ›Freiheit der Lehrer‹ denkt man an die individuelle Freiheit: Jeder darf seinen Wünschen folgen. Wenn wir aber die dänische Schule verstehen wollen, dürfen wir nicht nur an die individuelle Freiheit denken. Wir müssen ein Freiheitsverständnis nachvollziehen, das ich so bezeichnen möchte: **Zusammenkommen in Freiheit.** Damit ist gesagt: Wir kommen in Freiheit zusammen. Jeder kommt aus freien Stücken und bleibt auch aus freien Stücken, aber doch gilt das »Zusammen«, wir wollen zusammen sein, zusammen etwas planen und durchführen. Es geht also um eine **Freiheit in Gemeinschaft**. Wir bilden die Gemeinschaft freiwillig, aber wir wollen die Gemeinschaft erhalten. Es geht also nicht um die Freiheit des Ego, sondern um die Freiheit in Gemeinschaft. Wir sind nicht Robinson Crusoes, allein auf der Insel, wir sind in Gemeinschaft und suchen auch die Gemeinschaft.

Welche Bedingungen herrschten eigentlich, als ein solcher Freiheitsbegriff charakteristisch für das Schulwesen wurde? Es muss doch so gewesen sein, dass der Staat bei der Einrichtung des Schulwesens keine große Rolle gespielt hat, sondern die Bürger die Initiative ergriffen haben. Sie sind in Freiheit zusammengekommen, um Schule zu halten.

Das klingt etwas unwirklich. Aber bedenken wir: Bis weit in das 20. Jahrhunderte hinein hatte das Schulwesen viel mit der Kirche zu tun. Und in Dänemark herrschte die lutherische Staatskirche vor. Das würde doch bedeuten, dass die lutherische Staatskirche die Schulfrage den Bürgern oder den Kirchengliedern überlassen hätte. Ist das nicht unwahrscheinlich? Es leuchtet uns ja ein, dass die Kirche für die Gemeinschaft steht. Aber steht sie auch für die Freiheit? Und gewiss müssen wir doch wieder über das 19. Jahrhundert sprechen, denn in dieser Zeit entstand das allgemeine Schulwesen in manchen europäischen Staaten. Im 19. Jahrhundert soll die dänische lutherische Staatskirche die Freiheit propagiert haben und die freie Schule ins Leben gerufen haben? Ist das glaubhaft?

Wer jetzt kühn weiterdenkt, könnte auf den Einfall kommen, dass sich in der dänischen lutherischen Staatskirche das Gedankengut der Aufklärung durchgesetzt hat. In diesem ging es ja um die Freiheit und die Befreiung, viele Denker beteiligten sich im 18. Jahrhundert an der Diskussion über die Neuordnung der Staaten aus dem Grundgedanken der Freiheit des Menschen. Diese Aufklärungsgedanken wurden in ganz Europa hin und her gewendet, warum nicht auch unter den Theologen Dänemarks? Diese Überlegung ist durchaus richtig, aber wäre aus diesen Gedanken eine freie Schule hervorgegangen? Dabei wäre doch eine zugeteilte oder verordnete Freiheit herausgekommen, denn die aufgeklärten Fürsten und die mit ihnen korrespondierenden und diskutierenden Gelehrten wussten, was Freiheit sein sollte, aber das einfache Volk wusste es nicht. Dieses hätte die Freiheiten annehmen müssen, die ihnen durch die Obrigkeit zugestanden worden wären. Ob das aber eine Bewegung des Zusammenkommens in Freiheit ergeben hätte, ist fraglich.

Für die Entstehung der freien Schule in Dänemark ist erstaunlicherweise eine »Schlüsselgeschichte« wesentlich geworden, die uns lehrt, dass ein Gegner der Aufklärung die Freiheit gebracht hat und letztlich die dänische Schule zu einer freien Schule gemacht hat. Dieser Mann und viele, die seinen Gedanken später folgten, wollten sich gerade von den Folgen der Aufklärung befreien. Sie suchten ihre Freiheit, um den von der Aufklärung ungetrübten Glauben pflegen zu können.

II. Die Schlüsselgeschichte der freien Schule

Es ist die Geschichte des Pastors und späteren Mitglieds des dänischen Reichstages **Nikolas Frederic Severin Grundtvig** (1783–1872).

Sie sehen es schon aus seinem Porträt: Er war kein Revolutionär, eher ein konservativer strenger Mann. Er war theologisch ein gläubiger Lutheraner. Nur in seiner Jugend war er liberal gesonnen, als er gegen seinen Vater rebellierte, der auch Theologe war, ein streng bibelgläubiger Pietist. Aber ein Erweckungserlebnis brachte den erwachsenen Grundtvig zurück zum alten Glauben. In den nordischen Ländern war die Erweckungsbewegung damals stark, viele Erweckte wichen aber vom lutherischen Glauben ab, gründeten neue Glaubensbewegungen und siedelten nach Amerika über. Grundtvig fand zurück zum alten lutherischen Glauben und sah mit Ingrimm, wie viele Pfarrer in seiner lutherischen Staatskirche den Gedanken der Aufklärung erlagen. Sie stellten die Vernunft, die Rationalität, die naturwissenschaftlichen Erklärungen über die Offenbarung. Grundtvig glaubte, dass dieser kritische Geist, die Aufklärungstheologie, vorübergehen würde, denn sie hatte ja nur das intellektuelle Bürgertum erfasst, aus dem die aufgeklärten Pastoren hervorgingen. Aber im Volke – das waren die Bauern – sah Grundtvig den alten Glauben noch fest verankert. Ihm kam es darauf an, den Glauben des Volkes zu stärken und zu bewahren. Das Volk brauchte nicht Begründungen und

Argumente, es brauchte Geschichten und Lieder. Die Denkart des Volkes war eine narrative: Das Volk dachte in Geschichten. Daher liebte es die alten nordischen Sagen, die ja noch aus der Zeit der Christianisierung stammten bzw. christlich überformt worden waren. Grundtvig wurde Schriftsteller und Poet. Er erzählte dem Volke die nordischen Sagen und Geschichten neu. Darin glich er etwas dem russischen Schriftsteller Leo Tolstoi, der das Volk durch Erzählen erzog. Und Grundtvig schuf – wie Luther selbst es getan hatte – eine große Zahl neuer Kirchenlieder.

Doch wie sollte er den Einfluss der aufgeklärten Pastoren brechen? Keineswegs mit Amtsgewalt – dieser entsagte er sogar und legte für längere Zeit sein Pfarramt nieder. Er vertraute auf den Glauben im Volke. Er erstritt den Gläubigen neue Freiheiten. Die Gläubigen durften, wenn sie mit der Predigt ihres Ortspfarrers nicht einverstanden waren, in die Gemeinde eines benachbarten Pfarrers überwechseln. Das war ganz ungewöhnlich für die lutherische Staatskirche. Ja, noch mehr: Wenn Gemeindeglieder sich dem Einfluss ihres Ortspfarrers entziehen wollten, so durften sie ihr Geld zusammenlegen und sich sozusagen einen weiteren Pfarrer in ihrer Ortsgemeinde einkaufen. Auch das war kühn. Die lutherische Kirche kannte ansonsten den sog. Parochiezwang, das bedeutete: Das einzelne Kirchenglied war an seine Ortsgemeinde und ihren Pfarrer gebunden. In den Jahren von 1850 bis 1858 war Grundtvig Mitglied des dänischen Nationalparlaments und er half, ein Gesetz durchzusetzen, das Kirchengliedern erlaubte, innerhalb der Kirche eigene Gemeinschaften zu bilden. Die dänische Kirche blieb eine Staatskirche, aber sie sollte im Inneren frei sein, indem die Gläubigen aus eigenem Willen, ohne Anweisung oder Genehmigung der Kirchenleitung, sich zu Gemeinschaften zusammenschließen konnten. So kam es auch später im Schulwesen: Eltern sollten sich zusammenschließen, um eine Schule für die Kinder zu schaffen.

Doch Grundtvig dachte noch nicht an die Kinder, er richtete seinen Blick auf die Erwachsenen, besonders die jungen Erwachsenen. Diese sollten in die Freiheit hineinwachsen. Erst wenn diese ihre Freiheit zu gebrauchen lernten, konnten sie auch eine freie Schule für ihre Kinder schaffen. So gab Grundtvig viele Anregungen für die Idee, eine neue Bildungsform für junge Erwachsene zu schaffen. Junge Bauern sollten im Winterhalbjahr in sog. Heimvolkshochschulen zusammenkommen. Dort sollten sie singen, Sagen und Erzählungen hören, sich über den Glauben vergewissern, sich über den Ackerbau austauschen und Lesen, Schreiben und Rechnen lernen. Grundtvig wollte auch junge Bäuerinnen mit einschließen, aber zunächst entstanden nur Heimvolkshochschulen für junge Männer und solche für junge Frauen. Die Koedukation ließ noch auf sich warten. Tatkräftige Anhänger Grundtvigs setzten seinen Gedanken an mehreren Orten Dänemarks in die Wirklichkeit um. So wurde Grundtvig zum Schöpfer der Heimvolkshochschulen.

Grundtvig sprach damit die Bauern in ihrem freien Status an. Der skandinavische Norden kannte nicht wie z. B. Preußen die Grundherrschaft, also die Abhängigkeit der Bauern von den Adligen. Die Bauern waren vielmehr der vierte Stand, und als solcher im Reichstag vertreten. Die liberale Partei Dänemarks wurde weitgehend von Bauern getragen, ganz anders als in Deutschland. Der konservative Pastor Grundtvig wollte die Altgläubigen schützen, schuf damit ein Element der Freiheit, denn was für die Altgläubigen gedacht war, musste schließlich für alle gelten. Er entwarf eine ganz andere Bildungsvorstellung als sie zeitgleich der Neuhumanismus in Deutschland darstellte: Nicht Griechen und Römer, sondern die eigene germanische Vergangenheit war Quellort der Bildung. Die freien Bauern belehrten sich gegenseitig im Gespräch, es bedurfte nicht des Aufklärers als Lehrer. Es war eine wirkliche Volksbildung.

Sein Anhänger **Christen Kold** (1816–1870) übertrug Grundtvigs Gedanken auf die Schule. Er gründete »freie Schulen«, d. h. von den Eltern selbst kontrollierte Schulen. Schon Grundtvig hatte sich gegen die Schulpflicht ausgesprochen. Die Verfassung von 1849 verzichtete auf die Schulpflicht. Es ist verblüffend, dass ein Mann wie Grundtvig diesen Weg bahnte, der an keine Ideologie der Freiheit glaubte, aber einer Schule der Freiwilligkeit den Boden bereitete.

III. Die freie Schule im heutigen Dänemark

Dieser Ursprung wirkt sich bis heute auf das dänische Schulwesen aus. Grundtvig und dann auch Christen Kold wünschten, dass die Eltern selbst – freie Bauern – das Sagen über die Schule haben sollten. Im Grunde war dieser Gedanke ein lutherisches Erbe. Die Eltern und die Kirchgemeinde sollten über die Schule wachen, nicht das Kirchenamt oder die Obrigkeit. Der Einfluss der Eltern ist auch heute noch ungewöhnlich groß in der dänischen öffentlichen Schule. Von unseren Schulen in Deutschland kennen wir den Elternbeirat, aber in Dänemark stellen die Eltern nicht einen Beirat, sondern den Schulvorstand. Er besteht aus 9 entscheidungsberechtigten Personen; von ihnen sind 7 Eltern, gewählt aus der Elternschaft selbst. Die Eltern werden für vier Jahre gewählt. Zusätzlich sind zwei Lehrer im Schulvorstand vertreten – gewählt von den Lehrern für ein Jahr. Auch zwei gewählte Schüler nehmen teil – für ein Jahr. Der Schulvorstand entscheidet, bei welchen Fragen die Schüler entscheidungsberechtigt sind.

Und welche Rolle spielt der Direktor der Schule? Er ist der Sekretär des Schulvorstandes, d. h. er gehört ihm an ohne Stimmrecht. Er wird durch die Beschlüsse des Schulvorstandes gebunden. Sicherlich, es gibt auch eine Lehrerkonferenz, aber diese kann nur dem Schulvorstand Beschlüsse empfehlen. Man sieht also, dass die Eltern einen großen Einfluss auf die Schule haben. Immerhin entscheidet der Schulvorstand über vieles: die Aufgaben der Lehrer, die Zahl der Unterrichtsstunden pro Klasse, die Einrichtung von Wahlfächern, das Maß der Einbeziehung von behinderten Kindern, die Stärken der Schulklassen, und er schlägt dem städtischen Rat vor, welche sich bewerbenden Lehrer eingestellt werden sollen, wenn noch Lehrer eingestellt werden können, ebenso auch den gewünschten Schuldirektor, wenn der Posten frei ist. Eltern werden also nicht mit dem Argument von Entscheidungen zurückgehalten, nur ausgebildete Pädagogen könnten darüber befinden. So war es auch bei Grundtvig: Gläubige Eltern brauchten sich nicht den Auffassungen studierter Pastoren zu beugen.

In der 8. und 9. Klasse findet der Unterricht in einigen Fächern in Niveaukursen statt: Es gibt einen Grundkurs und einen erweiterten Kurs. Das gilt für Dänisch, Mathematik, Physik und Fremdsprachen. Man könnte meinen, eine Differenzierung, mit Auswirkung auf die Zensuren, würde beginnen. Aber so ist es nicht, denn die Schüler wählen selbst, in welchem Kurs – also auf welchem Niveau – sie das betreffende Fach erlernen wollen. Die Wahl erfolgt ganz unabhängig von ihren Leistungen und man erwartet, dass sie – und auch ihre Eltern – schon eine Fähigkeit zur Selbsteinschätzung haben. Natürlich beraten auch die Klassenlehrer. Aber die Entscheidung bleibt bei den Schülern. Davon abgesehen kann natürlich der Schulvorstand, sprich die Elternvertretung, entscheiden, dass die Differenzierung ganz entfällt. Man liest, dass die meisten Schulvorstände sich gegen die Differenzierung entscheiden.

Nach der 9. Klasse findet eine Abschlussprüfung statt (Folkeskolens Afgangsprøve). Nun möchte man denken, gehe es endgültig um Leistungen und Zensuren, zumal ja der schriftliche Teil der Prüfung zentral geregelt ist. Die Themen werden vom Ministerium gestellt und auch extern bewertet. Soll das heißen, dass das Ministerium nun wissen will, wo die Schüler und die Schulen wirklich stehen? Vielleicht haben ja manche Schulen und manche Schüler von ihrer Freiheit schlechten Gebrauch gemacht und stehen nun mit schwachen Leistungen da. Solche Schüler müsste man dann z. B. vom Gymnasium fernhalten. So scheint es. Aber eines ist eigenartig: Die Teilnahme an der Prüfung ist freiwillig. Ja, nicht nur die Teilnahme an dieser Prüfung, sondern auch die Wahl der Prüfungsfächer ist freiwillig. 11 Fächer werden angeboten und die Schüler wählen selbst, welche und wie viele sie als Prüfungsfächer haben wollen. Von der Möglichkeit machen mehr als 60 % der Schüler Gebrauch. Es gibt auch das Angebot, ein 10. Schuljahr zu besuchen, als freiwillige Leistung. Danach kann man zum ersten Mal oder noch einmal eine Prüfung machen. Das ist die Erweiterte Abgangsprüfung (Udvidet Folkeskolens Afgangsprøve). Im Grunde ist die Erweiterte Abgangsprüfung nicht nötig, aber vielleicht doch hilfreich.

Grundtvig wollte die Schule nicht mit Lehrstoff überlasten. Er wollte Lesen,

Schreiben, Rechnen üben und viel Zeit für Erzählen, Dichten und Gesang lassen sowie auch für praktisches Tun. Heute nehmen von der 4.-7. Klasse alle Schüler an Textilem Gestalten, Holz- und Metallarbeiten sowie Hauswirtschaftslehre teil. Ab der achten Klasse gibt es ein großes Angebot an Wahlkursen wie Computer, Medien, Kunst, Fotographie, Film, Drama, Musik, Nadelarbeit, Holzarbeiten, Metallarbeiten, Hauswirtschaft, Motorkunde. Daneben werden auch Sprachen angeboten, denn Pflicht ist nur Englisch ab Klasse 4. Für die Kurse haben die Schulen in der Regel Werkstätten.

Die dänische Volksschule ist eine Gemeindeschule, eine kommunale Schule, das bedeutet, dass der Staat sich weitgehend aus der Schule heraushält. So entscheiden die Stadträte darüber, ob innerhalb der Stadt volle Schulwahlfreiheit herrschen soll oder ob es Schuleinzugsgebiete geben soll. Wenn es Schulwahlfreiheit gibt – wie in vielen Fällen –, muss der Stadtrat Schülertransport bereitstellen. Der Stadtrat entscheidet über die Einstellung der Lehrer und Schuldirektoren und darüber, ob er auch die Freizeiteinrichtungen bei den Schulen, die der Nachmittagsbeschäftigung dienen, finanzieren will. Je nachdem, in welcher Höhe der Stadtrat diese finanziert, entsteht ein höherer oder ein niederer Beitrag der Eltern oder evtl. gar kein Beitrag der Eltern, deren Kinder in das Freizeithaus neben der Schule gehen. Der Stadtrat entscheidet auch, in welchem Maße behinderte Kinder in die Regelschulen aufgenommen werden. Aber dieses geschieht in Absprache mit den übergeordneten Stellen, das sind dic 14 Amtsratskreise Dänemarks oder direkt das Ministerium. Denn diese Instanzen führen die Sonderschulen für behinderte Schüler, die je nach Behinderungsart für größere Regionen eingerichtet werden.

Neben das **Prinzip der Freiwilligkeit** tritt bei der dänischern Volksschule noch ein weiteres Prinzip, das **Prinzip der Gemeinschaft**, der Zusammengehörigkeit. Es geht also um Freiheit in der Gemeinschaft. Aus diesem Prinzip ging auch der Charakter der dänischen Schule als Einheitsschule hervor, die dänische Volksschule. Die dänische Volksschule ist eine neunjährige Einheitsschule, was besagt, dass zwischen den Schülern nicht nach Leistung differenziert wird, und dass sie in einer Klasse zusammenbleiben, da es ein Sitzen-Bleiben nicht gibt. Es bedeutet auch, dass der Klassenlehrer in der Regel durch alle Klassen hindurch mitgeht. Diese Regelung hängt auch damit zusammen, dass der Klassenlehrer die Schüler am Ende der Schulzeit richtig beraten soll über den weiteren Bildungsweg. Er kennt dann seine Schüler genau. Ziffernzensuren lernen die Schüler erst in der 8. Klasse kennen, und dann auch erst in einigen Fächern. Bis dahin kennen sie nur Worturteile. Man sieht schon daran, dass die Schule nicht auf Leistungsauslese zuläuft. Jedem Schüler bleiben möglichst lange alle Wege offen. Der Schüler soll nicht lernen, sich mit anderen zu vergleichen, sondern mit sich selbst – also mit seinen früheren Leistungen. So wird er zu einer **realistischen Selbsteinschätzung** erzogen.

Auch an der Notenpraxis, die erst ab der 8. Klassenstufe in wenigen Fächern einsetzt, erkennt man, dass niemand wegen schwacher Leistungen ausgegrenzt werden soll. Es gibt eine neunstufige Notenskala, aber es gibt keine Note wie »mangelhaft« oder »ungenügend«, kein »durchgefallen«. Das Wort gibt es gar nicht. Meist fasst man drei Noten zu einer Aussage zusammen. So entstehen 3 mögliche Aussagen:

- ausgezeichnet
- durchschnittlich
- schwach.

Man sieht, dass es eine Note »mangelhaft« oder »durchgefallen« nicht gibt.

In der schriftlichen Abschlussprüfung gibt es für die schriftliche Arbeit eine externe Note - der Kultusminister verteilt die Arbeiten an auswärtige Gutachter -, aber die Schulen können diese Noten mit ihren eigenen Bewertungen für die bisherigen schulischen Leistungen zusammenziehen, also mit der schulinternen Vornote.

IV. Die höhere Bildung in Dänemark und die Modifikation der Freiheit

Ohne Frage hat sich der **Volksschulgedanke** in Dänemark gegen den Gymnasialgedanken durchgesetzt und beansprucht Gültigkeit für alle Schüler bis zur 9. oder 10. Klasse. Das ist im Gesamtüberblick der Schulsysteme in Europa ungewöhnlich, allerdings nicht für die nordischen Schulsysteme. Aber greift nach Abschluss der **folkeskole** der Gymnasialgedanke unter Einschluss von Notendruck und Leistungsauslese? Man muss konstatieren, dass sich der Gedanke des Gymnasiums ebenfalls stark gewandelt hat, dadurch dass ein Gymnasium nur noch drei Klassenstufen umfasst (10 bis 12) und dass dieses Gymnasium die Arbeitsweise der vorangegangenen Volksschule nicht ignorieren kann. Gymnasien und Berufsschulen sind anders als die *folkeskolen* keine Gemeindeschulen, sondern unterstehen einem der 14 Amtsratsbezirke. Sie werden zusammenfassend auch heute noch als **Jugendschulen** bezeichnet. Dieses Wort bezeugt bereits den Einfluss des pädagogischen Denkens auf die Oberstufe des Schulwesens. Der Charakter der Schule wird stark durch die Besonderheit der jeweiligen Alterstufe geprägt. Es gibt auch auf dieser Stufe noch einen großen Spielraum der Freiheit. Das betrifft z. B. die Aufnahme der Schüler, die sich an einem Gymnasium bewerben. Zwar bekommen die Schüler von ihrer *folkeskole* eine Empfehlung mit, was die Eignung für den Besuch eines Gymnasiums betrifft, aber es bleibt den Gymnasien letztlich frei, ob sie Schüler, die nur als bedingt geeignet eingeschätzt wurden, aufnehmen oder nicht, und sogar, ob sie denen, die als ungeeignet eingestuft wurden, die Chance geben wollen, über eine schuleigene Aufnahmeprüfung doch noch hinein zu gelangen.

Eine wesentlich härtere Schwelle stellt der **Übergang in die Universitäten** dar. Hier erst greift eine Leistungsauslese. Denn die Universitäten haben sozusagen die »Notbremse« gezogen und alle Fächer zu NC-Fächern erklärt, so dass Aufnahmetests für Absolventen des dänischen Gymnasiums unvermeidlich sind. Dennoch: Die NC-Verfahren sind nicht zentralisiert, sondern hochschul-eigen, es bleiben den Hochschulen also durchaus Freiheiten. Aber für die Abiturienten und sonstigen Studienbewerber gehen viele Freiheiten an den Toren der Universität zu Ende. Im deutschen Bildungswesen galt lange Zeit, dass durch die Immatrikulation erst einmal neue Freiheiten gewonnen werden. Diese positive Sicht des Universitätsstudiums stand in Deutschland vor dem Hintergrund einer starken Reglementierung im Schulwesen, während in Dänemark bis heute die Schule ein Ort der Freiheit ist im Vergleich zur Universität. Immerhin aber bewirkte der Gemeinschaftsgedanke in Dänemark bisher, dass Studiengebühren nicht auf die Agenda kamen.

Es war ein Ziel der freien Schule, die jungen Menschen zu der Fähigkeit einer realistischen Selbsteinschätzung zu führen. Anders kann die Freiheit nicht sinnvoll genutzt werden. Was die Selbsteinschätzung in Bezug auf die eigene Fähigkeit zum Studium und vor allem auch auf die Festigkeit des eigenen Studien- und Berufswunsches betrifft, so ist diese Erziehung in manchen Fällen offensichtlich nicht erfolgreich gewesen. Daher zogen die dänischen Universitäten die »Notbremse« in Form des NC, weil sie anders die große Zahl von Abiturienten nicht mehr sinnvoll ausbilden konnten. Es gab zahlreiche Studienabbrüche und viele Universitätsabsolventen fanden keine dem Studium entsprechende Berufstätigkeit. Man sieht an der dänischen Schulgeschichte deutlich, dass dort die Universitäten wenig Einfluss auf die Schulen ausüben konnten, auch nicht auf das Gymnasium. Das war in einigen europäischen Ländern anders, wie z. B. in Frankreich und in England.

V. Pädagogische Erkenntnisse aus der dänischen Schule als freie Schule

Was die freie Schule Dänemarks betrifft, möchte ich wenigstens an einem Punkt aufzeigen, dass die freie Schule nur existieren kann, wenn alle die Freiheit in Gemeinschaft anstreben. Ich lenke den Blick auf das Thema der Privatschulen. Dabei lasse ich die durchaus mögliche Variante des *homeschooling* außer acht. Eltern dürfen zwar ihre Kinder von der Schule fernhalten, um sie selbst zu unterrichten oder unterrichten zu lassen, doch das ist ein Extrem, das bisher keine große Rolle gespielt hat. In Dänemark ist das Bedürfnis von Eltern, ihre Kinder der Schule zu entziehen, nicht groß, da es leicht ist, Privatschulen zu gründen, und da Eltern auch in der öffentlichen Schule ein großes Mitspracherecht haben. Es fällt auf, dass der Anteil von Schülern, die Privatschulen besuchen, kontinuierlich wächst, wenn auch langsam. Der Prozentsatz der Schüler in Privatschulen betrug 1982 noch etwa 8 %, in einer Information des Ministeriums aus jüngster Zeit wird die Quote mit 13 % benannt (The Ministry of Children and Education o.J.). Diese Zahl ist beachtlich, weil Eltern, die ihre Kinder in Privatschulen schicken, doch einiges Geld dafür bezahlen müssen. Die Aufwendungen der Eltern für Privatschulen sind in den zurückliegenden Jahren gestiegen, heute zahlen Eltern etwa 1.200 Euro im Jahr für den Privatschulbesuch eines Kindes. Das entspricht etwa auch dem, was Schulen in freier Trägerschaft in Deutschland von Eltern verlangen.

Doch was besagt die wachsende Tendenz zur Gründung von Privatschulen und zum Besuch von Privatschulen für die »freie Schule«? Zunächst besticht die große Freiheit von Eltern, Privatschulen zu gründen. Es gilt immer noch im dänischen Schulwesen ein **Prinzip der kleinen Zahl.** Für die Eröffnung einer Schule reichen 12 Schüler aus, im zweiten Jahr müssen es dann insgesamt wenigstens 20 Schüler sein. Wenn eine private Schule die Klassen 1–7 umfasst, muss sie wenigstens 28 Schüler aufweisen, das würde bedeuten: pro Jahrgangsstufe wenigsten 4 Schüler. Es kann natürlich sein, dass die Qualität einer privaten Schule unter der Qualität der öffentlichen Schulen bleibt. Doch das ist erst einmal gar nicht die Sorge des Staates. Er gibt den Eltern das Recht, eine Privatschule zu gründen, und damit gibt er es auch in die Hände der Eltern, die Qualität der Schule hoch zu halten. Nach der neunten Klasse gibt es eine erste Abschlussprüfung, diese darf von den Privatschulen selbst abgenommen werden. Wenn Eltern Zweifel an der Qualität der Schule bekommen, so können sie selbst eine Person als Supervisor benennen, der die Schule überprüft. Nur wenn diese Person ernste Mängel findet, soll sie ihren Bericht an die Stadt weiterleiten.

Allerdings hat der Staat sich in jüngerer Zeit doch ein kleines Eingriffsrecht reserviert. Dieses kann dann aktiviert werden, wenn es Informationen gibt, dass die Qualität der dänischen Sprache in einer solchen Schule sehr gering sei. Diese neuerliche Sorge hängt damit zusammen, dass Dänemark eine Migrantenquote von ca. 8 % aufweist. Es werden in jüngster Zeit besonders von Muslimen private Schulen gegründet. Von Kopenhagen wurde im Jahre 2007 gesagt, dass 26 % der Kinder mit Migrationshintergrund in Privatschulen gingen (Blog: Islam in Europe 2007). Es wird deutlich, dass die Freiheiten, die den Schulen gegeben wurden, eine gesellschaftliche Situation voraussetzten, die heute nur noch teilweise besteht. Haben sich aber die gesellschaftlichen Voraussetzungen geändert, kann dieser gute Gedanke der freien Schule schwierig werden. Wenn die Freiheit als Freiheit ohne Gemeinschaft missverstanden wird, man könnte auch sagen als Freiheit außerhalb der dänischen Gesellschaft, entstehen bei manchen Dänen migrantenfeindliche Gefühle, wie sie in Dänemark mehrfach schon zum Ausdruck kamen. (Umfassender zur Frage muslimischer Schulen in den skandinavischen Ländern: Berglund 2012.)

Literatur:

Berglund, Jenny (2012): Muslim Schools in the Nordic Countries. Hrsg. Von Academia.edu
In: Lauwers, Gracienne/De Groof, Jan/De Hert, Paul: Islam (Instruction) in State Funded Schools. Antwerpen University 2012, S. 35–50. Auf dem Netz verfügbar gemacht durch Academia.edu. URL: http://sh.academia.edu/JennyBerglund/Papers/1615786/Muslim_schools_in_the_Nordic_countries Eingesehen am 8. 8. 2012.

Blog: Islam in Europe (2007). The premier source for news about the Muslim community in Europe. Geführt von «Esther". Blog vom 28. 11. 2007. Denmark: Muslim schools should be banned. URL: http://islamineurope.blogspot.de/2007/11/denmark-muslim-schools-should-be-banned.html Eingesehen am 8. 8. 2012.

The Ministry of Children and Education (ohne Jahr). Education. Private Schools in Denmark. URL: http://www.eng.uvm.dk/Education/Primary-and-Lower-Secondary-Education/Private-Schools-in-Denmark Eingesehen am 8. 8. 2012.

5. Vorlesung
Die Lern- und Prüfschule: Frankreich

I. Sitzenbleiben und Notengebung

Wenn man den Blick auf die Schulen Frankreichs richtet, so bemerkt man ein anderes Schulklima als in Dänemark, eine andere Vorstellung vom Lernen und eine andere Vorstellung von der Zusammengehörigkeit in der Schule. Ich nenne die französische Schule eine **Lern- und Prüfschule**.

Eine *Prüfschule* nenne ich die französische Schule, weil das französische **Baccalauréat**, das unserem Abitur entspricht, der Fixstern der Schulbildung ist. Man sagt in Frankreich einfach **Bac**. Das Wort Bacccalauréat entspricht eher dem im Englischen gebräuchlichen *Baccalaureate* als dem Wort *Bachelor*. Denn es bezeichnet den Abschlussgrad, nicht die Person, die diesen hält. *Lernschule* nenne ich sie, weil der Notendruck beim Lernen sehr stark ist. In Verbindung mit dem Notendruck steht der **Wettbewerbsgedanke**.

Was spricht für das Attribut **Lernschule**? Nehmen wir das Phänomen der hohen Quote des **Sitzenbleibens** von Klasse 1 an. In Frankreich wird es seit langem beklagt, aber es gäbe dieses Phänomen nicht, wenn es nicht auch von vielen Lehrern und Eltern befürwortet würde. Die Vorstellung ist fest verankert, dass die Schüler nicht aufsteigen dürfen in die nächste Klassenstufe, wenn sie die Aufgaben der vorhergehenden nicht beherrschen. Es gibt eine Vorstellung von der Kumulation des Lehrstoffes. Schüler können vergessen, genügend Lehrstoff aufzusammeln, und müssen eben noch einmal »nachlesen« wie bei der Kartoffellese. Die Folge ist, dass die Altersdifferenzen zwischen den Schülern anwachsen je höher die Klassenstufen sind. Ja, Sitzenbleiben *(redoublement)* wird auch als etwas pädagogisch Heilsames angesehen. Wenn es auf der 9. Klassenstufe darum geht, sich für den richtigen Zweig der Oberstufe (des *Lycée*) in Stellung zu bringen – und das geht über Noten – dann wiederholen nicht wenige Schüler freiwillig, um nach dem zweiten Durchlauf der neunten Klasse ein besseres Notenbild zu erzielen und in einen anspruchsvolleren Zweig der Oberstufe einmünden zu können.

Eine Untersuchung, die von einer Agentur der Europäischen Union veranlasst wurde, zeigt Frankreich an der Spitze der Staaten der Europäischen Union in der Sitzenbleiberquote in der Grundschule: mit 17,8 % der Grundschüler, die einmal sitzen bleiben in der Grundschule (Klassenstufen 1 bis 5). Auf dem Niveau der

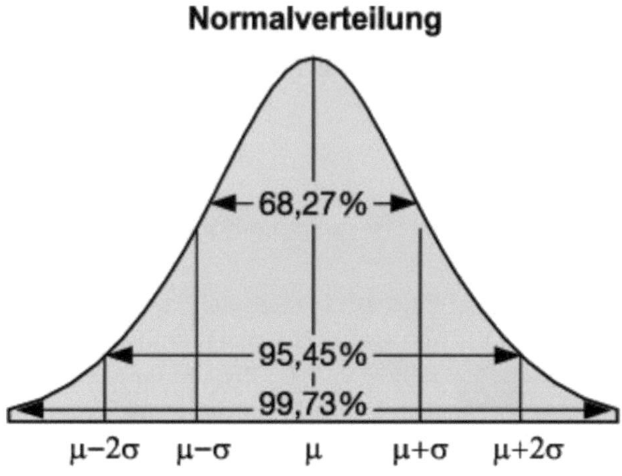

mittleren Stufe (Klassenstufen 6 bis 9) sind es 23,5 %. Nur Spanien liegt bei diesem Wert mit 31,9 % höher.

Die Regierung bekämpft das Sitzenbleiben besonders in der Grundschule, aber die Erfolge sind nur auf sehr lange Sicht zu erwarten. Immerhin: Vor etwa 50 Jahren (1960) blieben noch mehr als die Hälfte der Grundschulkinder wenigstens einmal sitzen, und fast ein Fünftel sogar zweimal (im Verlaufe der fünfjährigen Grundschule!!). Wie kommt es zu diesen hohen Sitzenbleiberquoten? In Frankreich denkt man vom Lernalter her. Wenn ein zwölfjähriger erst auf dem Niveau der zehnjährigen lernt, gehört er zu den zehnjährigen Kindern. Das mutet etwas grotesk an, und für einen englischen Pädagogen wäre es wohl eine Katastrophe, aber für nicht wenige französische Lehrer ist es dadurch gerechtfertigt, dass sie wünschen, dass die Schulklasse beim Lernen im Gleichmaß vorwärts schreitet. Auch nicht wenige Eltern wünschen das, weil sie fürchten, schwache Lerner könnten ihr besser lernendes Kind zurückhalten.

Wodurch kam solch eine Vorstellung zustande? Man könnte etwas harsch sagen, es hängt mit dem mathematischen Geist zusammen, der den Franzosen seit Descartes gerne nachgesagt wird. In Frankreich rechnet man mit einem Punktesystem von 1 bis 20. Also 20 mögliche Werte. Wir haben in Deutschland auch immerhin 12 Werte, wenn wir 0,3 und 0,7 hinzunehmen, wie wir es oft tun – bis zur 4,0. So machen wir es in der Universität bei den Klausuren. Und in der gymnasialen Oberstufe rechnet man mit einer Skala von 1 bis 15.

Sodann ist es offensichtlich eine tief eingesickerte Gewohnheit vieler französischer Lehrer, die Notenverteilung mehr oder weniger deutlich an der Gauss'schen Normalverteilung auszurichten. (siehe Abb. oben)

Der Buchstabe **σ** bedeutet in diesem Falle »Standardabweichung«. Die Größe der Standardabweichung richtet sich danach, wie groß die Abstände der einzelnen Messwerte vom Mittelwert **μ** sind. Die Normalverteilungskurve nach Gauss zeigt das Erwartungsbild gegenüber einer Serie von Messwerten, die durch Messung bei einer Reihe von Individuen entstehen. Diese Darstellungsweise der Normalverteilungskurve ist zum Beispiel von Interesse, wenn eine sechsstufige Notenskala angewendet wird. Sie zeigt, wie viel Prozent der Fälle durch die mittleren zwei Notenwerte, dann die mittleren vier Notenwerte abgedeckt werden sollten, und schließlich auch unter Einbeziehung der besten und der schlechtesten Note der Skala. Perfekt lässt sich die Skala aber nicht auf die schulischen Noten anwenden.

In der französischen Schule werden schriftliche Arbeiten mit Hilfe einer Skala von 1 bis 20 bewertet. Aber es wird nicht 10 als die Mitte angesehen, 10 und 11 heißen nur »*passable*«, also ausreichend. Denn von 9 an abwärts gilt die Arbeit bereits als mangelhaft (*insuffisant*). Die Mitte wird bei 12–13 gesehen: *assez bien*, also etwa befriedigend. Gut – *bien* – ist 14–15, sehr gut – *très bien* – ist 16–17. Die Punkte 18–20 werden kaum vergeben, sie heißen: Die Bewerter gratulieren Dir! Die Skala von 1 bis 20 wird also noch einmal projiziert auf fünf Notenwerte von »sehr gut« bis »mangelhaft«. Das bedeutet: Die große Zahl der Arbeiten muss zwischen 10 und 15 liegen. Darüber gibt es eine kleinere Anzahl von »sehr gut« und darunter eine kleinere Anzahl von »mangelhaft«, also Versager. Das bedeutet: Die Notenverteilung produziert unausweichlich eine Anzahl Versager, denn die Kurve ist die Norm und sie wird annähernd erfüllt.

Mit Hilfe dieser Kurve glauben viele Lehrer objektiv zu sein in ihrer Benotungspraxis. Denn die Kurve ist eine mathematische Größe. Man könnte ironisch sagen: Die Kurve mag ja bei Schuhgrößen zutreffen, aber wieso muss sie bei schulischen Leistungen zutreffen? Doch sie ist tief eingegraben im Professionsbewusstsein der französischen Lehrer. Das hängt mit der eigenartigen **Schlüsselgeschichte** zusammen, die ich für das französische Schulwesen ausgewählt habe.

Im Jahre 1904 wurde eine Gesellschaft für Kinderpsychologie, die Société Libre pour l'Etude Psychologique de l'Enfant, von der französischen Regierung damit beauftragt, einen Test zu erstellen, mit dem man geistig behinderte oder lernbehinderte Kinder, die vom normalen Schulunterricht nicht mehr profitieren würden, identifizieren könnte. Zwei Wissenschaftler, die sich der erst entstehenden Wissenschaft Psychologie zurechneten, Alfred Binet und Theodore Simon, entwickelten ein Jahr darauf den ersten Intelligenztest. (Binet war der ältere von beiden, er lebte von 1857 bis 1911, und Simon von 1872 bis 1961.) Sie nannten den Test eine »Metrische Skala der Intelligenz«. Damit war der Anfang der Intelligenzforschung gemacht. Der Anfang bei Binet und Simon diente dem Zweck, lernbehinderte Kinder von der Regelschule fernzuhalten. Rechtzeitig sollte die niedrige Intelligenz ermittelt werden. Die weitere Entwicklung der Intelligenztests hat viele

Psychologen dahin geführt zu glauben, die Intelligenz sei unter den Menschen normal verteilt. Das bedeutet: Sie verteile sich entsprechend einer Kurve der Normalverteilung wie sie von dem deutschen Mathematiker Carl Friedrich Gauss und den französischen Mathematikern Abraham de Moivre und Pierre Simon Laplace eingeführt worden war.

Der berühmte Intelligenzquotient wurde entsprechend konstruiert. Es gab besonders in Frankreich gelegentlich Ereignisse, die das Vertrauen in die Intelligenzmessung sehr anhoben. Zum Beispiel wurde bei einem noch gänzlich ungebildeten Jungen ein sehr hoher Intelligenzquotient gemessen, man nahm ihn eine gute Schule und er machte eine schnelle Karriere zum Professor.

Der Hintergrund der **Intelligenzforschung** mittels Intelligenztests verlieh der Normalverteilungskurve auch im Schulwesen den Nimbus des Objektiven und Normativen. In der Schule kann man mit dieser Kurve relativ flexibel umgehen. Man kann sie ein bisschen nach links verschieben, dann rücken mehr schwache Arbeiten noch in den Bereich »bestanden« hinein, die Quote der Versager wird etwas geringer und die Quote der sehr guten Arbeiten etwas größer. Die Möglichkeit, die Notenverteilung etwas strenger oder etwas erfreulicher zu gestalten, stärkte die Neigung der Lehrer, mit ihr bei der Notenverteilung zu operieren. Man nennt diese Art der Bewertung **normorientierte Bewertung**, weil die Kurve die Norm ist. In diesem Bewertungsverfahren ist der einzelne abhängig von der Durchschnittsleistung seiner Gruppe. Wenn die Gruppe sehr schwach ist, kann cinc mittclmäßige Arbeit (gemessen an dem was eigentlich inhaltlich erwartet wird) aufrücken zu einem »bien« (gut), da dieser Wert in der Kurve besetzt werden muss. Umgekehrt leidet ein schwächerer Schüler in einer durchschnittlich recht guten Gruppe, weil seine Leistung, die vielleicht ein »befriedigend« verdient hätte, doch nur ein »passable«, also »ausreichend« bekommt, weil der Durchschnitt relativ hoch liegt.

Der französische Lehrer hat auf diese Weise Freiheiten, die Klassenarbeiten etwas leichter oder schwerer anzusetzen. Damit sind die Bewertungen zwischen den Schulen nicht gleich. Dieser Umstand hat die französische Regierung zeitweilig beunruhigt und sie führte 1989 (nach englischem Vorbild) **nationale Tests** ein, um ein Korrektiv gegenüber den Benotungen der Lehrer zu haben. Die nationalen Tests ermittelten den Leistungsstand jedes Schülers in Bezug auf das Leistungsvermögen aller Schüler seiner Altersgruppe in Frankreich. Das galt als eine objektive Messung bzw. Bewertung. Die Regierung stellte die Testkontrolle an vier Zeitpunkten auf: mit 8, 11, 12 und 16 Jahren. Doch die Regierung hielt diesen Ansatz nicht durch und gab nach einigen Jahren den Schulen die Freiheit, selbständig von den standardisierten nationalen Tests Gebrauch machen. Damit ist das Instrument natürlich viel weicher geworden.

Wie kommt es, dass die französische Regierung letztlich vor einer objektiven

Leistungsbewertung mit standardisierten nationalen Leistungstests zurückschreckte? Die Begründung liegt darin, dass das Leistungsvermögen einzelner Schulen sehr weit differiert. In den Vorstädten (*banlieus*) von Paris und der anderen Großstädte leben Migranten in eigenen Milieus und ihre Schulen können die Leistungen nicht aufweisen, die Schulen in Wohngebieten der französischen Mittelschicht haben. Wenn alle Schüler an demselben Maßstab gemessen würden, müsste es in den Schulen der *banlieus* schlechte Noten hageln. Dann würden die Schulen in den *banlieus* zusammenbrechen. Aber die Lehrer nutzen den Spielraum, den das Messen an dem jeweiligen Klassendurchschnitt erlaubt. Wie wir noch sehen werden, kann man auch in Bezug auf das *Baccalauréat* differenzieren. Die Schüler mit schwachen Leistungen können sich auf einen beruflichen Abschluss orientieren und im günstigen Falle auf ein berufliches *Baccalauréat* zustreben. Aber es gibt mehrere weitere *Baccalauréats* mit unterschiedlichen inhaltlichen Anforderungen, die für die Schüler in Mittelschicht-Wohngebieten interessant sind.

Hinter dieser Erwägung wird eine weitere Besonderheit der französischen Schule sichtbar. Auch in Frankreich entstand die Frage, ob sich die Volksschulpädagogik gegenüber der Gymnasialpädagogik behaupten könne. In Frankreich heißt es nicht »Gymnasium«, sondern Lyzeum: »*lycée*« (heute: Klassenstufen 10–12). **In Dänemark hat sich die Volksschulpädagogik umfassend behauptet, in Frankreich überhaupt nicht.** In Frankreich zählt der Wert *égalité* (Gleichheit) sehr hoch, und im Laufe der Schulgeschichte des 20. Jahrhunderts kam nur eine Angleichung an das lyzeale (gymnasiale) Niveau in Frage, nicht an das Volksschulniveau. Das gilt von der ersten Klasse an. In Etappen ging es vor sich, dass nur noch eine Schulart für alle Kinder da sein sollte. Fertig war dieser Prozess in den sechziger Jahren des 20. Jahrhunderts. Was früher die Volksschuloberstufe war (Klassenstufen 6 bis 9), wurde jetzt ein *Collège* als eine Schule für alle Kinder. Das Wort *Collège* signalisiert schon den hohen inhaltlichen Anspruch. Selbst in der *Primarschule* (Klassenstufen 1 bis 5) fand sich keine Volksschule wieder, sondern die Primarschule wurde auf die Anforderungen des Gymnasiums ausgerichtet, auf die sie vorbereitet, denn früher besuchten viele Schüler, die auf das Gymnasium gehen wollten, gymnasiale Vorschulen. Jetzt wurden alle Kinder, auch die große Zahl von Kindern, die unter den Umständen des früheren Schulsystems in die Volksschule gegangen wären – und diese waren doch die große Mehrheit – von Klasse 1 mit Maßstäben konfrontiert, die bis dahin nur für die Mittelschichtkinder galten, die zum Gymnasium strebten. So kam es dazu, dass die Quote des Sitzenbleibens (*redoublement*) von der ersten Klasse an anschwoll und in der gesamten Primarschule bis heute hoch ist, obwohl die Regierung sie herunterdrückt. Aber die inhaltlichen Anforderungen können nicht einfach gesenkt werden, denn sie sind vom Ziel her, vom *Baccalauréat* her herunter abgeleitet. Wenn diese Anforderungen auf die Migrantenkinder in den *banlieus* treffen, wird es natürlich sehr schwierig, und die Lehrer müssen in diesen Schulen einfach die Anforderungen senken und sich am Klassendurchschnitt orientieren. Das bedeutet natürlich, dass die Schüler in den *banlieus* geringe Chancen haben, in ein *Lycée* zu kommen und erst recht in die viel versprechenden Zweige des *Lycée*. Wenn sie doch hineinkommen, so sind sie dort einem verschärften Konkurrenzdruck ausgesetzt, dem sie kaum standhalten können, und spätestens in den ersten zwei Universitätsjahren wird noch einmal streng nach Leistung ausgelesen.

Die Regierung kann aus diesem Dilemma nicht heraus. Sie ermahnt zwar manchmal die Lehrer, sich nicht so stark nach der Kurve der Normalverteilung zu richten, weil dadurch die hohe Sitzenbleiberquote entsteht, aber andererseits braucht die Regierung die Kurve der Normalverteilung, weil sie für die Zuweisung zu den »besten« Zweigen des *Lycée* mit Prozentsätzen arbeitet. Man nennt das die »*orientation*«. Die Schüler werden auf die Zweige hin orientiert – in Abhängigkeit von ihren Noten. Wenn z. B. die Lehrer wissen, dass in den naturwissenschaftlichen Zweig (*section*), der am höchsten angesehen ist, landesweit nur ca. 20 % der Schüler übergehen sollen, dann benutzen sie die Normalverteilungskurve, um die 20 % besten herauszufiltern. Lehrer an schwachen Schulen wissen, dass es bessere Schulen gibt, in denen vielleicht 30 % übergehen, also bleiben sie in ihrer eigenen Schule unter 20 %. Die Lehrer wissen: Wenn nicht in den unteren Klassen ausgelesen wird, muss in den oberen Klassen umso schärfer ausgelesen werden. Der Flaschenhals lässt sich nicht erweitern.

II. Das Lernen in der Lern- und Prüfschule

Das stete Arbeiten mit den Noten und die Gefahr, sitzen zu bleiben, bestimmen das Lernen in der französischen Schule. Die Schüler gehen möglichst auf Nummer sicher und das heißt, sie lernen möglichst das auswendig, was der Lehrer diktiert hat oder was er aus dem Buch als wichtig bezeichnet hat. Das **Lernen** ist also mit einer gewissen Ängstlichkeit behaftet, man will nicht abweichen von dem, was als allgemeine Leistung erwartet wird. Man will auch den Unterricht nicht durch eigene Einfälle oder Fragen aufhalten, denn man weiß, der Stoff muss durchgenommen werden und kommt in der Überprüfung dran. Die Ängstlichkeit führt zu einer gewissen Einlinigkeit.

Der französische Lehrer bemüht sich, die wesentlichen Aussagen des Unterrichts an der Tafel festzuhalten, und die Schüler schreiben sie ab. Die Schulklasse soll möglichst ein gemeinsames Wissen haben. Man kann sagen, es ist **das öffentliche Wissen der Klasse:** Alle teilen es. Daher soll es genau definiert sein. Der Lehrer gibt das zu Wissende vor. Die Schüler haben durchaus eine Rolle im Unterricht, aber nicht in der Weise, dass sie das Wissen selbst finden sollen, geführt durch geschickte Impulse des Lehrers, sondern in der Weise, dass sie die Begründungen für die Richtigkeit des Wissens geben sollen. Das Lernen ist weniger auf innere Einsicht gerichtet als auf das Reproduzieren der richtigen Begründungen. Der Satz des Pythagoras wird nicht von den Schülern selbst gefunden, z. B. aus einem Anwendungsfall heraus (Dreiecksgiebel eines Daches z. B.), sondern der Satz des Pythagoras wird zuerst vom Lehrer durch Tafelanschrift vorgestellt, dann folgt in mehreren Schritten der Beweis. Die Schüler reproduzieren dann den Beweis. Wichtig ist die richtige sprachliche Fassung. Sie gehört zur »Öffentlichkeit« dieses Wissens. Der Staat stellt die Öffentlichkeit her - in Gestalt seines Agenten, des Lehrers. So sorgt der **Staat** für die Gleichheit des Wissens. Nicht die Bürger stellen die Öffentlichkeit her, dann wäre Gleichheit des Wissens nicht gewährleistet (Knipping 2012).

Das B*accalauréat* ist differenziert, es gibt 17 verschiedene Varianten, also inhaltliche Richtungen. Diese sind vier Sektionen zugeordnet. Die Varianten (*Séries*) sind nach Wert und Anerkennung unterschiedlich. Die am meisten anerkannten Formen des Baccalauréat sind diejenigen der **Naturwissenschaftlichen Sektion**, dazwischen schieben sich diejenigen der **Sprachlichen Sektion** (*Section littéraire*) und danach stehen diejenigen der **Ökonomisch-Sozialen Sektion** und schließlich diejenigen der **Technologischen Sektion.** Ganz wesentlich für den Wert und die Anerkennung eines *Baccalauréat* ist der Stellenwert, den die **Mathematik** im letzten Schuljahr (*terminale,* wir würden sagen: Klasse 12) einnimmt und dementsprechend in der Prüfung des *Bac.*

Für die **Naturwissenschaftliche Sektion** zählt die Mathematik-Note in allen vier Varianten (*séries*) dieser Sektion fünffach. Zu dieser Sektion gehört eine Variante, die mathematische Variante heißt und sich sehr stark auf Mathematik konzentriert. In der **Sprachlichen Sektion** gibt es eine Variante des *Baccalauréat,* die gemischt ist: Literatur und Mathematik. Bei ihr zählt Mathematik vierfach, in den anderen Varianten der Sprachlichen Sektion nur zweifach. Innerhalb der **Technologischen Sektion,** die allein 7 Varianten zählt, gibt es z. B. ein medizinisch ausgerichtetes Baccalauréat. In der **Ökonomisch-Sozialen Sektion** gibt es drei Varianten, darunter eine mit sprachlichem Schwerpunkt und eine mit mathematischem Schwerpunkt. Schließlich gibt es zu diesen vier Sektionen des *Baccalauréat* hinzu noch eine **Berufliche Sektion**, es gibt also ein Berufliches Abitur, das aber den niedrigsten Status hat und nur von Schülern mit weniger guten Noten angestrebt wird. Man sieht, dass **Mathematik** ein Schüsselfach ist in Frankreich.

In welche Sektion man gelangen kann, entscheidet sich an den Noten der Klasse 9, in welche Variante man dann kommt, entscheidet sich an den Noten der Klasse 10. Aber auch in der Klasse 11 kann es noch eine Neuorientierung geben, wenn die Noten nicht mehr stimmen. Man wiederholt dann die Klasse 11 in derselben oder in einer anderen Variante. Nicht selten empfiehlt die Schule, die Klasse 11 zu wiederholen, um ein ordentliches *Baccalauréat* hinzukriegen, auch wenn man schon in Klasse 10 oder früher wiederholt hatte.

Warum hat ein Baccalauréat mehr Ansehen als ein anderes? Diese Frage berührt den harten Kern des französischen Bildungswesens und das sind die etwa 200 Elitehochschulen des Landes. Sie stehen außerhalb der Universitäten und sind kleine oder sehr kleine Institute mit viel Geld und sind gut vernetzt mit den Eliten des Landes. Sie werden Große Schulen genannt: **Grandes Écoles.** Aus ihnen gehen etwa 70 bis 80 % der Führungseliten Frankreichs hervor, die diese exklusiven Ausbildungsstätten hochhalten. Die Universitäten haben nur einen geringen Einfluss auf die Karrieren, die *Grandes Écoles* sind Spezialhochschulen, die Ausgangspunkte für steile Karrieren sind.

Das angesehenste *Baccalauréat* ist dasjenige, das bisher von den meisten Elitehochschülern auf ihrem Schulweg abgelegt wurde. Es ist **das mathematische Baccalauréat** in der Naturwissenschaftlichen Sektion. Doch alle Varianten dieser Sektion sind gut angesehen, ebenso diejenigen der Sprachlichen Sektion. Denn nach dem *Baccalauréat* können die besten Abiturienten noch **zwei Jahre** eine Vorbereitungsstufe durchlaufen, die so genannten **Vorbereitungsklassen** (*classes préparatoires*), die an einigen ausgewählten Lyzeen eingerichtet sind, besonders in Paris. Hier ist das schulische Lernen auf seinem Höhepunkt. Hier sind die höchsten Gedächtnisleistungen gefragt. Der Umfang des Gedächtniswissens ist enorm. Danach treten diese besten Schüler in den sog. ***Concours*, den Wettbewerb** um die wenigen Plätze an den Elitehochschulen ein. Das sind umfangreiche Prüfungen, für die sie zwei Jahre hart gelernt haben, vor allem in der Form des Auswendiglernens. Die Zahl der Plätze steht für jede einzelne Hochschule fest, denn die Elite wird nicht ausgeweitet. Also gibt es wesentlich mehr Bewerber als schließlich zugelassen werden können. Der Wettbewerb ist scharf. Es geht um Zehntelpunkte und wer hineinkommt, hat es geschafft, die Karriere ist fast unaufhaltbar.

Von dieser Schwelle her wirkt der Ausleseprozess im französischen Bildungswesen bis hinunter in die erste Klasse. ***Concours*** – das Wort ist im ganzen Schulweg von Bedeutung, denn immer muss man den nächsten Schritt nehmen, und die Schulpolitik legt in gewissen Größenordnungen fest, wie viele Schüler in eine bestimmte Sektion und eine bestimmte Variante gehen dürfen. Daher müssen von Klassenstufe zu Klassenstufe immer mehr Schüler abfallen, der Kreis derer, die für die Ausscheidungen in Frage kommen, verkleinert sich. Manche Schulen fallen von vornherein aus, besonders in den Vorstädten, wo die Migranten wohnen.

Das also sind die Gründe, warum ich die französische Schule **Lern- und Prüfschule** genannt habe. Rein sprachlich gesehen, zeigen schon die Benennungen

Baccalauréat und auch *Collège* (Klassenstufen 6–9) an, dass ein akademischer Anspruch sozusagen von der Universität in die Schule abgesunken ist.

III. Lehrer als Agenten der Lern- und Prüfschule

Ich nenne die französische Schule eine Lernschule, weil sie **eine bestimmte Art des Lernens** verkörpert, nämlich ein auf die schriftliche Prüfung hin ausgerichtetes Lernen, bei dem möglichst genau die Formulierungen reproduziert werden, die gelehrt wurden. Es ist eigentlich ein etwas altertümlicher Lernbegriff, der letztlich aus einer bestimmten Tradition von Klosterschule, Lateinschule, Lyzeum und Universität stammt. Aber diese Art des Lernens ist die best geeignete, wenn es um den Wettbewerb geht. Auch Lehrer kann man nicht werden ohne einen nationalen Wettbewerb. Für Lehrer an der Primarschule ist der Wettbewerb noch regional, aber für Lehrer an der Sekundarschule (ab Klassenstufe 6, also an *Collèges* und *Lycées*), sind die Wettbewerbe national organisiert. Es gibt zwei große nationale Wettbewerbe, sozusagen einen hohen und einen höchsten. Als Ergebnis des ersten von beiden Wettbewerben kann man das Befähigungszeugnis für den Lehrerstatus für den »Unterricht zweiten Grades« bekommen, also für den Unterricht auf der Sekundarschule. Man ist geprüfter Sekundarlehrer. Als Ergebnis des zweiten schwierigeren Wettbewerbs ist man ein »höher gestiegener Lehrer« der Sekundarschule und darf auch in Institutionen unterrichten, die dem Lycée folgen, wie z. B. in den ersten Studienjahren an der Universität. Beide Wettbewerbe sind höchst aufwendig organisierte nationale Examina, bei denen alle Bewerber aus ganz Frankreich jeweils in eine einzige nationale Rangliste eingeordnet werden aufgrund ihrer Punktzahlen (Flitner 2012).

Wenn man zu den Glücklichen gehört, die den ersten Wettbewerb zum »geprüften Sekundarlehrer« erfolgreich geschafft haben, hat man Anspruch auf volle Beschäftigung im *Collège* oder im *Lycée* und entsprechendes Gehalt. Aus der Schulpraxis heraus kann man den noch höheren Wettbewerb angehen, um »höher gestiegener Lehrer der Sekundarschule« zu werden und sich damit wesentlich zu verbessern im Gehalt und in den Arbeitsbedingungen. Die meisten Bewerber müssen es Jahr um Jahr neu versuchen, bis sie es schaffen. Wer keinen der Wettbewerbe schafft oder noch nicht geschafft hat, kann mit Kurzzeitverträgen und geringem Lohn auch in Schulen beschäftigt werden, wohin die Regierung ihn auch immer schickt, meist an solche Schulen, die von den Lehrern mit Examen gemieden werden. Als junger Lehrer steht einem ganz Frankreich »offen«, d. h. die Regierung kann einen an irgendeine Schule in Frankreich schicken – ohne Alternative. Lehrer sind noch mehr als andere Berufstätige im Prüfungslernen geschult und sind vielleicht stolzer als andere Berufstätige auf ihren schlussendlichen Erfolg, im Lichte des Erfolges entdecken sie so etwas wie Liebe zu dieser Art des Lernens und geben sie gerne weiter.

IV. Pädagogische Erkenntnisse aus der französischen Lern- und Prüfschule

So wie bei Binet und Simon der Zweck der Intelligenzforschung in der Leistungsauslese bestand, so ist Leistungsauslese auch kennzeichnend für das französische Schulsystem, das seine Dynamik aus dem Notensystem bezieht. Letztlich ist der ganze Schulprozess eine stete Verengung auf eine kleine Zahl von Menschen hin, die geeignet sind, den *concours* zu bestehen und in die Elitehochschulen zu gelangen. Es ist ein mathematisches Kalkül dahinter, das auch in den Orientierungen steckt, welche die Regierung vorgibt in Form von Prozentsätzen von Schülern, die jeweils in die unterschiedlich gewichteten Züge der Klassenstufen 10,11 und 12 eintreten dürfen. Dabei sind die Schwellen in den oberen Klassenstufen noch einmal besonders wichtig. Dahinter steht eine Art gesellschaftliche Modellrechnung: Wie filtert man mit einer gewissen mathematischen Zuverlässigkeit die besten heraus, die später einmal das Land führen sollen? Im französischen Demokratie-Verständnis ist diese Prozedur **Ausdruck der Ideale Gerechtigkeit und Gleichheit.** Der Staat selbst ist es, der die Bürger in seine Demokratie hineinzieht, nicht die Bürger schaffen sich einen demokratischen Staat. Dieses Staatsverständnis ist eine der Früchte der Aufklärung und wird in Frankreich oftmals auch als eine Frucht der französischen Revolution im 18. Jahrhundert angesehen.

Literatur

Flitner, Elisabeth (2012): Die Lehrer von morgen. Zur Transformation des Lehrerberufs in Frankreich am Beispiel der Lehrerbildungsreform von 2010. In: Schelle, Carla/Holstein, Oliver/Meister, Nina (Hrsg.): Schule und Unterricht in Frankreich. Ein Beitrag zur Empirie, Theorie und Praxis. Münster: Waxmann, S. 257–278.

Knipping, Christine (2012): Beweisprozesse im Mathematikunterricht – verstehen, vergleichen und erklären. In: Schelle, Carla/Holstein, Oliver/Meister, Nina (Hrsg.): Schule und Unterricht in Frankreich. Ein Beitrag zur Empirie, Theorie und Praxis. Münster: Waxmann, S. 149–164.

6. Vorlesung
Die Prüfschule: England

I. Schlüsselgeschichte: von der Whisky-Steuer zu den Prüfungen

Die **Schlüsselgeschichte**, die ich zur englischen Schule erzählen will, spielt wiederum im 19. Jahrhundert, aber am Ende des 19. Jahrhunderts. Im Mittelpunkt steht dieses Mal ein Finanzminister. Er kämpfte nicht für einen Glauben wie Grundtvig, sondern für den Staatssäckel des britischen Königreichs, aber er kämpfte doch auch um die Seelen der britischen Bürger, nämlich darum, ihre Neigung zum britischen Nationalgetränk einzudämmen, dem Whisky.

Dieser britische Finanzminister war deutscher Herkunft, er war ein Enkel des berühmten Verlegers Georg Joachim Göschen, der in Leipzig den Göschen Verlag gründete, aus dem die vielen kleinen handlichen Göschen-Bändchen hervorgegangen sind. Der Enkel von Göschen wurde bereits als ein Goschen in London geboren, weil ein Sohn des Verlegers nach England auswanderte. Georg Joachim Goschen, besagter Finanzminister, lebte von 1831 bis 1907 und traf folgenreiche Entscheidungen als Schatzkanzler, in der Zeit um 1890. Er war in England zum Grafen von Hawkhurst aufgestiegen, führte daher den Titel Viscount.

Der Viscount Goschen veranlasste im Jahre 1888 ein Gesetz, den sog. Local Government Act, das den Gemeinden das Recht verlieh, *Pubs* zu schließen – auch ohne den Richter zu fragen. Das wäre natürlich nicht so einfach gegangen, es hätte einen Aufstand gegeben. Daher erhöhte der Viscount die Whisky-Steuern kräftig und stellte den Gemeinden daraus Geld zur Verfügung, um den *Pub*-Eignern eine Entschädigung zu zahlen. Das war geschickt gedacht: Die Whiskytrinker sollten die Schließungen selbst bezahlen. Die *Pub*-Eigner und ihre Besucher waren aber nur <u>eine</u> Fraktion, die andere Fraktion waren die Abstinenzler, die starke Anti-Alkohol-Bewegung, die Mäßigkeitsbewegung (*temperance movement*). In ihr waren viele Frauen engagiert, die dafür kämpften, dass vom Wochenlohn der Männer auch etwas für die Familien ankam und nicht alles sogleich in Whisky unterging. Die Mäßigkeitsbewegung wandte sich scharf dagegen, dass den *Pub*-Eignern eine Entschädigung für die Schließung des *Pubs* gezahlt werden sollte – vielleicht hätten sie ja in der nächsten Grafschaft gleich einen neuen *Pub* aufgemacht. Goschens Idee zündete nicht.

Aber es war plötzlich viel Geld da – aus der Whisky-Steuer, aber kein Zweck mehr, für den das Geld ausgegeben werden konnte. Also bekamen die Gemeinden das Geld und sollten damit etwas tun, das die Menschen, besonders die Arbeiter, vom Whisky abhalten sollte. Da bot sich wenigstens zweierlei an, z. B. Parks einzurichten. Dort konnte man bei schönem Wetter spazieren gehen und sitzen, am besten mit der Familie, man brauchte nicht unbedingt in den *Pub* zu gehen, um andere Leute zu treffen. Sodann wurden die Kommunen ermuntert, Bildung zu organisieren, einfach um den Leuten Interessen zu geben, allgemeine und berufliche. So hätten sie anderes zu tun als in die *Pubs* zu gehen. Mit dem Geld, das eigentlich vom bösen Tun stammte, konnte etwas Gutes getan werden.

Was die Möglichkeit betraf, für Bildung zu sorgen, so hatte die Regierung zwar schon im Jahre 1870 ein Gesetz über das Schulwesen veranlasst, aber darin war ihr nur gestattet worden, das Elementarschulwesen finanziell zu unterstützen. Denn die Kirche und die berühmten Privatschulen wollten nicht, dass der Staat eine Macht über das Schulwesen bekam. Sie waren die einzigen Träger von Sekundarbildung. Der Staat durfte keine Sekundarschulen einrichten – und die Kommunen konnten es finanziell nicht. Nun aber hatten die Kommunen unerwarteten Geldsegen bekommen und sie konnten mehr für die Bildung tun. Der Staat aber hatte das Geld erhoben und war besorgt um die Qualität der Schulen und Institute, die nun außerhalb seiner Macht entstehen konnten, und daher veranlasste er ein Prüfungssystem. Die Schulen selbst und ihre Absolventen sollten überprüft werden, damit die Gemeinden ein Kriterium hatten, das Geld nur den erfolgreichen Schulen vorzubehalten.

Doch wiederum ist das Folgende charakteristisch für das England des 19. Jahrhunderts und des 20. Jahrhunderts, bis etwa 1980. Der Staat durfte nicht selbst die Prüfungen durchführen – das widersprach dem liberalen Staatsverständnis. Der Staat wurde sehr beobachtet von den gesellschaftlichen Gruppen daraufhin, dass er seine Befugnisse nicht überzog. Er musste der Gesellschaft Freiheiten lassen. Also wurde den Universitäten die Aufgabe zugeteilt, Prüfungen durchzuführen. Das war für diese nichts Neues. Denn die Universitäten Oxford, Cambridge und London betrieben bereits Bildung im Lande durch Vorlesungen und Kurse an vielen Orten. Ziel vieler Teilnehmer war es, eine von der Universität angesetzte Prüfung zu bestehen oder auch eine von der Handwerkergilde Londons organisierte Prüfung. Jedoch war es nicht die Absicht der Prüflinge, zur Universität zu gehen, sondern es ging ihnen darum, eine Prüfung nachweisen zu können. So wurden die Universitäten mit ihrem akademischen Personal in Anspruch genommen, um Prüfungen auch für Schulen durchzuführen, die nun von den Gemeinden eingerichtet werden konnten. Es waren Sekundarschulen –vorwiegend für ältere Schüler, nicht selten auch für Erwachsene.

So kommen also in dieser Zeit in England ganz ungleiche Dinge zusammen: Whiskysteuer, Mäßigungsbewegung, Sekundarschulen, Universitäten, Prüfungen.

Diese sonderbare Mischung hat die Geschichte des englischen Schulwesen stark geprägt. Denn es kristallisierte sich der Grundsatz heraus**, dass der Staat seine Steuermittel nur an überprüfte Bildungsinstitute weitergibt**. Dieser Grundsatz hatte zur Folge, dass die Prüfung in England im Mittelpunkt der Bildung steht.

Der **liberale Staat** konnte und wollte sich lange Zeit nicht selbst zum Herrn des Schul- und Universitätswesens aufschwingen – ganz anders als in Deutschland und insbesondere in Preußen. Aber er wollte Schulen und Universitäten unterstützen, sozusagen als Wohltäter und Mäzen, im Sinne des *charity*-Gedankens. Doch er war den Steuerzahlern Rechenschaft schuldig – und so wollte er für alle Bürger transparent machen, dass Steuergeld nur an solche Institute geht, die es verdienen, weil sie gute Prüfungsergebnisse nachweisen. Einen solchen Gedanken kennen wir in Einzelbeispielen auch aus Deutschland. Schon Johann Bernhard Basedow (1724–1790) bemühte sich, die zahlenden Eltern und die Wohltäter durch öffentliche Prüfungen seiner Zöglinge zu überzeugen. Im Grunde wendete der Staat in England ein Mittel an, das auch schon Kirchen und Privatschulen und Universitäten anwendeten: Nur solche Schüler bekamen eine Unterstützung – ein Stipendium oder einen Freiplatz in der Internatsschule –, die gute Prüfungsergebnisse nachwiesen.

II. Zur Geschichte der Prüfungen mit 16 Jahren und mit 18 Jahren

Die englische Schule als Prüfschule zu bezeichnen, ist durchaus berechtigt, denn Bildung wird in England und Wales unter dem Gesichtspunkt der Prüfung betrachtet. Von zentraler Bedeutung sind die Prüfung mit 16 Jahren und die Prüfung mit 18 Jahren. Man nennt die Altersstufe, nicht die Klassenstufe, da es ein Sitzenbleiben nicht gibt und daher die Schüler einer Klasse in der Regel gleich alt sind. Die Prüfung ist ein separater Akt neben der Bildung. Sie wird nicht als letzter Akt in einer pädagogischen Kommunikation zwischen Schülern und Lehrern angesehen, sondern als ein eigener Vorgang, bei dem die Prüfer für die Schüler Unbekannte sind. Die Prüfungen sind also prinzipiell extern, sie stehen unter der Regie von Prüfungsagenturen (*examining boards*), die von den Schulen unabhängig sind. Sie sind sogar im Falle der Prüfungen mit 18 Jahren unabhängig vom Schulministerium (*Department for Education*). Es gilt der Grundsatz, dass Prüfer nicht Schüler prüfen, die sie selbst unterrichtet haben. Die Korrektoren sind in der Regel Lehrer oder ehemalige Lehrer, aber nicht solche, die möglicherweise die Prüflinge selbst unterrichtet haben. Denn eine solche Prüfung würde nicht als objektiv betrachtet. Die Prüfungen sind schriftlicher Art, heutzutage gibt es auch schon online-Prüfungen, aber nicht mündlich. In einer mündlichen Prüfung hätte der Prüfer die Chance,

Prüflinge durch kleine Hinweise auf die richtige Antwort zu lenken, aber auch das wäre gegen den **Grundsatz der Objektivität**.

Die Prüfungsagenturen geben Lehrpläne bzw. Prüfungspläne heraus (genannt: *syllabi*), in denen die Aufgabenarten beschrieben werden, die in den Prüfungen vorkommen, und zugleich Lehrstoff und Lernaufgaben aufgeführt sind, mit deren Hilfe Schüler im Verlaufe von zwei Schuljahren auf die jeweilige Prüfung vorbereitet werden können. Die Schulen richten sich danach und bereiten ihre Schüler in den letzten beiden Jahren vor den Prüfungen auf solche Arten von Aufgaben vor. Die Prüfungsagenturen nehmen von den Prüfungskandidaten Prüfungsgebühren, die nach Fach differieren und pro Fach zwischen 20 und 50 englische Pfund betragen (nachgesehen bei der Agentur AQA). Es gibt keinen Zwang, sich prüfen zu lassen. Es gibt fünf große Prüfungsagenturen, die zahlreiche Lehrer bzw. ehemalige Lehrer als Gestalter von Prüfungsaufgaben beschäftigen und einige Zehntausend als nebenamtliche Begutachter. Es kommt bei der Gestaltung der Prüfungsaufgaben darauf an, dass sie den gewünschten inhaltlichen Standard repräsentieren und dass sie eine abgestufte Bewertung erlauben, also Antworten unterschiedlicher Niveaustufen zulassen. In Deutschland kennen wir diese Schwierigkeit, Prüfungsaufgaben in der richtigen Weise zu konstruieren, erst seitdem wir einen Teil der Abiturprüfungen pro Bundesland zentralisieren.

In England arbeiten solche **Prüfungsagenturen** schon seit dem 19. Jahrhundert. Zunächst waren es Agenturen der Universitäten. Erst in den sechziger und siebziger Jahren des 20. Jahrhunderts verselbständigten sie sich, wurden kommerziell, also gewinnorientiert, und es begann eine »Marktbereinigung«, d. h. wenige große blieben übrig. Die heutigen fünf Prüfungsagenturen arbeiten für England, Wales und Nordirland, und die Schulen können zwischen ihnen wählen. Die Schulen entscheiden also, bei welchen *examining boards* ihre Schüler die Prüfungen ablegen können, dafür vergleichen sie die *syllabi* der Agenturen und wählen für die Fächer einzeln oder evtl. für die gesamte Schule die Agentur, die ihnen am passendsten erscheint. Die Gebäude der Prüfungsagenturen befinden sich meist auf einem Universitäts-Campus, weil sie mit den Universitäten zusammen arbeiten, denn in den Prüfungen der 18jährigen sollen sich die Erwartungen spiegeln, welche die Universitäten an das fachspezifische Wissen der neu immatrikulierten Studenten haben. Schottland, wo der *A-level* schon mit 17 Jahren erreicht wird, ist den Weg der Kommerzialisierung nicht mitgegangen, dort gibt es nur eine staatlich kontrollierte Prüfungsagentur.

Man kann also in England **ein auf Prüfungen spezialisierter Lehrer** sein. (Warum nicht mal ein Auslandspraktikum bei einer englischen Prüfungsagentur machen statt an einer Schule?) Ein solcher Lehrer ist begehrt bei den Prüfungsagenturen. In der Regel verkaufen Prüfungsagenturen auch Prüfungen ins Ausland, z. B. Südafrika, Singapur, Australien, Hong Kong. Es gibt einen Prüfungsmarkt in den meisten englisch sprechenden Ländern, auf dem international und national tätige Prüfungsagenturen konkurrieren. Auch die bekannten englischen Universitäten verkaufen ihre Prüfungen international. Die englischen Prüfungsagenturen sind nicht nur tätig auf dem Gebiet schulischer Prüfungen, sondern auch auf dem Gebiet der beruflichen Prüfungen und in der Akkreditierung und Qualitätsprüfung von lehrenden Institutionen.

Die **Prüfungen mit 18 Jahren** führen zu dem **General Certificate of Education (GCE-A-level)**. Man nennt die Prüfung GCE-A-level. Sie wird abgelegt, wenn die Jugendlichen die sog. **Sixth Form** durchlaufen haben, die für die Altersstufe 17 bis 18 Jahre vorgesehen ist und nur solche Schüler aufnimmt, die sich in der Prüfung der 16jährigen dafür qualifiziert haben. Sie ist eine eigene Schule, also nicht nur eine Oberstufe. Sie steht im Einflussbereich der Universitäten, die ihren Einfluss vermittelt über die Prüfungsagenturen ausüben. Die Universitäten wünschen eine starke Spezialisierung in der *Sixth Form*, sie möchten ein hohes Eingangsniveau der eintretenden Studenten im gewählten Fachgebiet haben. Der Gedanke der »Allgemeinbildung«, wie wir ihn für Deutschland kennen, hat in England geringere Bedeutung, er bezieht sich hauptsächlich auf das Lernen bis 16 Jahre in der Gesamtschule (*comprehensive school*).

Die Schüler spezialisieren sich in der *Sixth Form* auf **zwei große Hauptfächer**, erst in jüngerer Zeit wurde durchgesetzt, dass sie noch zwei weitere Fächer wenigstens als Nebenfächer lernen. Diese müssen aber nicht geprüft werden in der GCE-A-Level-Prüfung. Für das Schulministerium ist es seit langem wünschenswert, das Wissensspektrum in der *Sixth Form* zu erweitern, und es gab in der jüngeren Vergangenheit mehrere Lösungen dafür. Zurzeit ist es so, dass die Schüler im ersten Jahr der *Sixth Form* mit vier Fächern beginnen (wir würden sagen: in der 11. Klasse, aber nach englischer Lesart muss man sagen: in der 12. Klasse, weil die Schüler schon mit 5 Jahren in die Infant School eintreten). Unter diesen vier Fächern wählen sie dann zwei für das zweite Jahr der *Sixth Form* aus und legen darin das *GCE-A-level* ab. Sie bewerben sich dann in der Regel an einer Universität für ein Studienfach, das eng mit diesen beiden Fächern oder einem der beiden Fächer verwandt ist.

Wenn sie von ihrer Wahl abweichen und doch etwas anderes studieren wollen, so müssen sie sich sehr gut auf das **Zulassungsgespräch** vorbereiten und riskieren die Ablehnung, aber schließlich werden sie eine Universität finden, vielleicht eine Universität mit geringerem Ansehen. Zulassungsgespräche oder gar Zulassungstests können von den Universitäten selbst eingesetzt werden und gerade die höchst angesehenen Universitäten machen davon Gebrauch. Die Unterschiede zwischen den Universitäten sind groß, alle Universitäten werden in einer sog. Ranking-Liste geführt, also einer Art von Leistungstabelle, bei der natürlich alle Universitäten lieber einen oberen als einen unteren Platz haben möchten. Die Universitäten entscheiden über die Annahme der Bewerber.

Im Grunde war es früher auch für die **Prüfungen der 16 jährigen** genauso hart. Diese Prüfung hieß *General Certificate of Education-Ordinary Level: GCE-O-level.* Denn die Prüfungen für die 16 jährigen waren gedacht als eine Auslese für die *Sixth Form*. Sie wurden ebenfalls von den Prüfungsagenturen durchgeführt, waren also ganz extern. Die Folge war, dass nur etwa 25 % der Schüler mit 16 Jahren an diesen Prüfungen teilnahmen. Um in die *Sixth Form* zu gelangen, musste man in fünf wissenschaftlichen Fächern eigener Wahl geprüft sein und in jedem wenigstens ein »C« erreicht haben (ungefähr = befriedigend). Ein Teil der Schüler begnügte sich auch mit Prüfungen in weniger als fünf Fächern. Damit konnten sie nicht in eine *Sixth Form* übergehen, aber ein Zeugnis über ein einziges Fach nützte ggf. auch im Berufsleben. Die meisten Schüler gingen mit 16 Jahren in eine Arbeit oder nahmen eine berufliche Ausbildung wahr, sofern es solche Angebote überhaupt in ihrer Umgebung gab. Für die **Gesamtschulen** (bis 16 Jahre) war das nicht schlecht. Sie brauchten nur für die Schüler, die sie als befähigt für den Übergang in die *Sixth Form* ansahen und die diesen Übergang anstrebten, eine Prüfungsvorbereitung betreiben. Spätestens ab 14 Jahren wurden diese Schüler in eigenen Gruppen unterrichtet. Für die übrigen Schüler entwarfen die Schulen eigene Unterrichtspläne und hatten darin eine große Freiheit.

III. Die Prüfungen der 16jährigen und der 18jährigen heute

Aber in den achtziger Jahren des 20. Jahrhunderts begann der Staat in die Prüfungen für die 16jährigen einzugreifen, obwohl diese ursprünglich nach liberaler englischer Auffassung von politischem Einfluss frei bleiben sollten. Der Staat änderte die Aufgabenstellung der Prüfung für die 16jährigen. Mehr Schüler sollten mit 16 Jahren zur Prüfung gehen. Man änderte dafür auch den Namen der Prüfung: Seit 1986 heißt die Prüfung: **General Certificate of Secondary Education: GCSE.**

Heute gehen tatsächlich ca. 90 % der 16 jährigen zu einer solchen Prüfung. Man erreichte das, **indem man die Prüfung differenzierte**. Es gibt nach wie vor Fachprüfungen für Schüler, denen man den Übergang zur *Sixth Form* zutraut. Das sind die anspruchsvollsten Prüfungen: Man kann die Noten A, B, C, oder D erreichen. Das »C« als Mindestleistung in fünf Fächern ist nach wie vor Bedingung für den Übergang in die *Sixth Form*. Dann gibt es Fachprüfungen geringerer Schwierigkeit, in denen man erreichen kann ein D, E, F, oder G. Wenn eine Leistung nicht einmal mit G gewertet werden kann, bekommt sie ein »U« (= *unclassified*). Man sagt nicht »durchgefallen«, sondern dem Sinne nach »nicht in der Notenskala«. In den letzten zwei Jahren der Schulzeit gibt es in den wissenschaftlichen Fächern **zwei Züge** (*tiers*): der Zug, welcher auf die oberen Noten vorbereitet, ist der höhere Zug (*Higher*), der andere Zug, der auf die niederen Noten vorbereitet, ist der elementare Zug (*Foundation*). Durch Probeklausuren in der Schule vergewissern sich die Schüler und Lehrer, ob die Schüler dem vorgesehenen Prüfungstyp gewachsen sind. Man könnte meinen, die Noten D, E, F, G seien eigentlich nichts wert. Aber für den Eintritt in eine Firma sind diese Noten nicht bedeutungslos und auf jeden Fall besser als keine Note.

So lockte die Regierung also mehr Schüler in diese Prüfungen mit 16 Jahren, die als schwierig und selektiv bekannt waren. Darüber hinaus durchbrach die Regierung für die Prüfung der 16jährigen die strikte Externalität der Prüfung. So wurde in das GCSE auch eine individuelle Arbeit in Form eines Essay oder einer Aufgabenlösung eingeführt, bei der Lehrer beratend zur Seite stehen dürfen und auch die Note geben. Der Umfang variiert je nach Fach. Man nennt diese individuelle Arbeit, die im Unterricht vorbereitet wird, ***coursework***. Immerhin geht die Note für das *coursework* mit 20 % in die Endnote des GCSE-Examens ein.

Man könnte meinen, dass damit ein Neudenken über das Examen eingesetzt hätte, indem es ein Stück weit als ein pädagogischer Vorgang begriffen würde. Aber gefehlt! Schon entstand die Sorge, es könne sich Subjektivität einschleichen, vielleicht gar fremde Hilfe in Anspruch genommen werden, und das *coursework* würde allmählich zur generellen Anhebung des Notendurchschnittes im GCSE-Examen führen. Also wurde im Dezember 2010 verfügt, das *coursework* sei eine Art Klassenarbeit, die nach strengen Regeln unter Aufsicht in der Schule durchzuführen ist. Man nennt das »controlled assignment«, wir könnten sagen Klassenarbeit oder Klausur, in der es individuelle Themen oder Aufgaben gibt. Die Prüfungsagenturen machen jetzt Themenvorschläge für das »controlled assignment« und sie haben Bewertungsschlüssel veröffentlicht, an welche die Lehrer sich halten müssen bei der Notenvergabe. Angesichts der sozialen Probleme vieler verarmter Familien und Immigranten ist in der Tat kaum zu erwarten, dass die Schüler zu Hause die Chance haben, etwas Größeres selbständig auszuarbeiten.

Die Regierung griff noch tiefer in diese Prüfung ein, als sie drei Fächer für die Ablegung dieser Prüfung verbindlich machte: Englisch, Mathematik und »Naturwissenschaft« (als ganzes). Ferner setzte sie eine Agentur zur Aufsicht über die Prüfungsagenturen ein. Es ist das *Office of the Regulators of Qualifications*. Ferner wird das GCSE nicht mehr in einem schulfremden Raum geschrieben, sondern die Schüler schreiben die Prüfungen heute in Räumen ihrer Schule. An diesen Maßnahmen erkennt man das Ziel, möglichst alle Schüler in die Prüfung der 16jährigen einzubeziehen, wenngleich dieses Ziel Wunsch bleibt, weil immer noch ca. 10 % der Schüler nicht an den Prüfungen teilnehmen.

IV. Das Nationale Curriculum als Maßstab für die kontinuierliche Bewertung des Leistungsfortschritts

Man könnte meinen: Na ja, Prüfungen gibt es überall. Aber es ist noch lange nicht alles gesagt über Prüfungen im englischen Schulwesen. Denn das gesamte sog. Curriculum, das **National Curriculum**, also die Aufstellung der Lehrziele für die Schule, zwingt die Lehrer zu regelmäßigen Bewertungen und Kontrollen. »Bewertung« (**assessment**) ist das Schlüsselwort für die Lehrer und Schüler. Das nationale Curriculum ist kein Lehrplan, der die Unterrichtsstoffe nennt und erläutert und Ziele und Methoden für den Unterrichtsstoff aufzeigt, sondern das National Curriculum ist angelegt als ein aufsteigender Pfad von Lehrzielen, die überprüft werden müssen.

Dabei ist jedes Fach unterteilt in sog. Lehrziel-Gebiete (*target areas*, neuerdings auch bezeichnet als *attainment targets*). Nehmen wir die englische Muttersprache. Es gibt drei Lehrziel-Gebiete: 1. »Sprechen und Verstehen« = »speaking and listening«, 2. Lesen, 3. Schreiben. Für jedes Lehrziel-Gebiet gibt es auf die ganze Schulzeit bis 14 Jahre gerechnet **acht Niveaus** der Beherrschung des Lehrziel-Gebietes. Stets soll der Fortschritt des Schülers von Niveaustufe zu Niveaustufe beachtet werden. Um genauer zu erfassen, auf welcher Niveaustufe ein Kind sich gerade befindet in einem Lehrziel-Gebiet, werden die Niveaustufen noch unterteilt in A, B, C. Das bedeutet z. B.: Der Schüler ist gerade am Anfang dieser Niveaustufe, oder: Er ist jetzt mitten in dieser Niveaustufe, oder: Er ist durch diese Niveaustufe schon hindurchgegangen und greift die nächste Niveaustufe an. Es gibt also eine Norm für das Voranschreiten, an der jeder Schüler gemessen werden kann.

Die Lehrer und Lehrerinnen müssen jeweils für jedes der Lehrziel-Gebiete (z. B. drei im Fach Englisch) wissen, welches Niveau ein Schüler schon bewältigt hat. Dazu müssen sie Testarbeiten schreiben oder andere Überprüfungen vornehmen. Für diese gibt es Vorgaben in den zahlreichen Broschüren, aus denen das gesamte nationale Curriculum besteht. Es werden in den Broschüren Schülerarbeiten vorgestellt und es wird genau begründet, warum sie zu einer bestimmten Niveaustufe gehören. Die Lehrer von Parallelklassen müssen sich regelmäßig abstimmen und am Beispiel einzelner Schülerleistungen zeigen, warum sie die Erreichung eines Lehrzieles zuerkannt haben. Erst wenn ein Lehrziel bewältigt wurde, soll der Schüler zum nächsten Lehrziel weitergehen. Im Unterricht muss also viel differenziert und individualisiert werden – beim Unterrichten und beim Bewerten. Die Lehrerinnen und Lehrer müssen die Folge der Niveaustufen gut kennen und wissen, welches Leistungsbild eine Niveaustufe darstellt. In Mathematik z. B. gibt fünf Lehrziel-Gebiete (Verfahren in der Mathematik, Zahl, Algebra, »Form, Raum, Maße« (=Geometrie) und Daten-Verarbeitung). Und wiederum acht Niveaustufen für jedes dieser fünf Lehrziel-Gebiete.

Es könnte ja sein, dass die Lehrerinnen nicht genau genug bewerten. Die Bewertung muss kontrolliert werden. Dazu gibt es nationale Tests. Diese Tests werden durchgeführt in Englisch, Mathematik und »Naturwissenschaft«, letzteres mit 11 Jahren zum ersten Mal. Also: Es gibt nationale Tests für das Alter von 7 Jahren und das Alter von 11 Jahren. Die Tests für das Alter von 14 Jahren wurden im Jahre 2009 wieder abgeschafft. Im Alter von 16 Jahren wird der Test durch das GCSE-Examen ersetzt. Schon bei Eintritt in die Schule, mit 5 Jahren, werden die Kinder getestet, allerdings nicht durch einen nationalen Test, sondern durch einen schuleigenen oder regionalen Test.

Für die Erstellung und Durchführung der nationalen Tests hat die Regierung eine spezifische Agentur geschaffen (**Standards and Testing Agency**, bis 2011 unter dem Namen: Qualifications and Curriculum Development Agency). Diese Tests werden in allen englischen Schulen in den genannten Fächern einheitlich geschrieben und zentral ausgewertet. Man könnte meinen, die Lehrerinnen fühlten sich dadurch diskriminiert, als täten sie nicht schon genug für die Bewertung der Schüler. Ja, viele mögen so denken. Die Tests sollen den Lehrerinnen zeigen, ob sie noch genau sind bei ihren Bewertungen. Wenn das Testergebnis von der Bewertung der Lehrerin abweicht, muss die Lehrerin ihre Bewertung überprüfen. Das Testergebnis geht dann mit ein in die Zeugnisnote für die Schüler. Weiterhin: Die Testergebnisse werden sowohl im nationalen Maßstab als auch im Schuldistrikt pro Schule veröffentlicht, ebenso wie auch die Ergebnisse in den GCSE-Examen. Die Eltern jedes Kindes können also erkennen, ob ihr Kind über oder unter dem nationalen Durchschnitt liegt. Die Eltern haben freie Schulwahl und sollen sich über die Qualität der Schulen in ihrem Distrikt (und in ihrer Grafschaft) informieren können und ggf. eine Schule mit höheren Testergebnissen wählen.

Das Bewertungs- und Prüfungssystem in England, Wales und Nordirland scheint sehr kompliziert zu sein. In Wahrheit ist es aber in den letzten Jahren schon viel einfacher geworden. Als es eingeführt wurde, hat es viele Lehrer zur Verzweiflung getrieben. Hinter diesem System der Niveaustufen in jedem Lehrziel-Gebiet steckt ein mathematisches Modell, das von einer Punktbewertung ausgeht. Demnach soll pro Lernjahr ein Fortschritt von drei Standardpunkten (*standard scores*) erreicht werden. Dieses Maß ist nicht willkürlich angenommen, sondern beruht auf den nationalen Tests und spiegelt, wie der Lernfortschritt in den letzten Jahren wirklich war, gemessen durch die Tests. Also, die Erwartungen sind nicht willkürlich hoch, sondern, wie man überzeugt ist, realistisch. Insofern werden die Schüler an Landesdurchschnitten gemessen, also an ihrer Altersgruppe auf nationaler Ebene, nicht an ihrer Schulklasse. Es ist ganz erstaunlich, dass man in England **ein Lernsystem auf mathematischer Basis** geschaffen hat. Auch das Prüfungssystem beruht auf dieser mathematischen Basis, denn die Prüfungsaufgaben sollen auch realistisch sein, nicht willkürlich zu schwierig oder zu leicht. Es wird mit Verteilungswahrscheinlichkeiten gearbeitet. So hat das ganze Lernen und Bewerten den Charakter der Objektivität. Das ist einzigartig in Europa, nur in Australien wurde es nachgemacht.

Für die Lehrerinnen und Lehrer ist es schwierig, dass die Bandbreite zwischen den Lernfortschritten der einzelnen Schüler groß ist. Die englische Schule ist eben bis 16 Jahre eine Gesamtschule. Aber man strebt nicht an, dass die ganze Schulklasse nun etwa so voranschreiten müsste, wie es der Durchschnitt vorgibt, sondern jeder Schüler soll überwiegend individuell lernen, und daher darf sich durchaus eine Schere in den Leistungen der Schüler auftun.

IV. Pädagogische Erkenntnisse aus der Prüfschule in England

Diese Informationen mögen hinreichend verdeutlichen, warum ich die englische Schule eine Prüfschule nenne. Der Blick geht nicht auf das didaktische Gestalten, sondern auf das Prüfen und Messen des Leistungsfortschrittes. Und diese Prüfungen und Bewertungen sollen objektiv sein, d. h. sie sollen sich an den statistischen Referenzgrößen orientieren. Das didaktische Element wird beigebracht durch viele Lern- und Übungshefte, die eingesetzt werden können und auf die Niveaustufen des *National Curriculum* abgestimmt sind. Dic Grundannahme ist:

Wenn stetig und objektiv geprüft wird, so zieht das Lernen von allein an.

Es ist sicherlich durchaus positiv, dass schwächere Schüler an den stärkeren erkennen, dass die nächsten Ziele erreichbar sind. So wird Lernfortschritt erfahrbar. Das ist der Grundgedanke dahinter. Wenn dann noch der Druck der Eltern hinzukommt, die in der Zeitung lesen können, wie sich die durchschnittlichen Leistungen in der Schule ihrer Kinder entwickelt haben, so werden die Lehrer nicht untätig bleiben. Wenn die Eltern mit den Füßen über die Schule ihrer Kinder abstimmen, so geht der Schule Geld verloren und die Arbeitsplätze der Lehrer stehen in Frage. Bei der Tradition der externen Prüfungen ist es ähnlich: Wie und wo die Prüflinge etwas gelernt haben, ist nicht von Interesse, sondern nur, dass sie es in der Prüfungssituation beweisen. Das ist vielleicht auch eine Art von sportlichem Denken: Trainingsleistungen zählen nicht, im Wettkampf muss es sich zeigen. Aber auf jeden Fall steht dahinter, dass die Schulen beweisen müssen, dass sie ihr Geld wert sind, denn es ist Steuergeld.

Man könnte denken, dass die englische Schule als Prüfschule **der französischen Schule als Lern- und Prüfschule** sehr ähnlich wäre.

Aber es fällt sofort auf: In der englischen Schule gibt es kein Sitzenbleiben, aber in der französischen Schule ist das Sitzenbleiben sozusagen epidemisch, es hat einen großen Umfang und gehört einfach dazu. Es wird auch im Prinzip von vielen Eltern und Lehrern akzeptiert und sogar unterstützt. Wie kommt es zu diesem Unterschied und wie wirkt sich dieser Unterschied aus?

Wir hatten gehört, dass in Frankreich die Vorstellung herrscht, dass die Schulklasse gemeinsam im Lehrstoff voranschreitet. Wenn jemand nicht genügend Lehrstoff erlernt hat, soll er noch einmal wiederholen. Wir sprachen auch über die Kurve der Normalverteilung bei der Notenverteilung. Die Normalverteilungskurve sorgt dafür, dass es in jedem Schuljahr in jeder Schulklasse eine Anzahl von Schülern gibt, die ein Mangelhaft (*insuffisant*) bekommen und dann sitzen bleiben. Auch Schüler, die noch ein Ausreichend bekommen haben, bleiben manchmal sitzen – freiwillig. Der Grund ist, dass sie durch die Wiederholung ihre Noten aufbessern können, und das ist wichtig, um sich in eine gute Startposition zu bringen für die begehrten Zweige in den Klassen des *Lycée* (wir würden sagen: der Oberstufe). Für die gute Startposition muss man spätestens ab der 7 oder 8. Klasse kämpfen. Der zeitliche Verlust durch das Sitzenbleiben zählt nicht viel.

Warum gibt es diesen Druck des Sitzenbleibens nicht auch in **der englischen Schule?** Die Antwort ist, dass man nicht auf die Schulklasse als Ganze schaut, sondern auf den einzelnen Schüler. Das bedeutet, die Schulklasse muss nicht als Ganze im Lehrstoff voranschreiten, sondern die Schüler arbeiten weitgehend einzeln, und in einer Schulklasse können Schüler sitzen, die auf unterschiedlichen Lernniveaus lernen. Wenn wir von den acht Niveaustufen ausgehen, die es für die meisten Lehrgebiete gibt, so sind damit in der Regel die Altersstufen von 7 Jahre bis 14 Jahre abgebildet. Jede Niveaustufe umfasst im Prinzip den Lernfortschritt eines Lebensjahres bzw. eines Schuljahres. Stellen wir uns eine Klasse der Elfjährigen vor. In einer solchen Klasse können durchaus Schüler sitzen, die noch auf der zweiten Niveaustufe verweilen, das bedeutet: Sie lernen auf dem Niveau der Achtjährigen. Sie sind also drei Jahre hinter der Erwartung zurück. Andererseits können in der Schulklasse der Elfjährigen auch solche Schüler sitzen, die schon auf der Niveaustufe sieben, vielleicht sogar acht lernen, d.h. sie sind zwei oder gar drei Jahre weiter im Lernen als die Erwartung ist. Das wären die Extreme. Auf jeden Fall bleiben all diese Schüler gemeinsam in der Schulklasse und gehen mit den anderen gleichaltrigen Schülern durch die Schule hindurch.

Für uns ist das erstaunlich. Denn wir kennen nicht nur das Sitzenbleiben, sondern auch die Praxis, dass Kinder, die in der Grundschule den anderen Schülern der Klasse weit voraus sind, eine Klassenstufe überspringen dürfen. Beides würde es in der englischen Schule nicht geben. Denn aus erzieherischen Gründen ist man dafür, dass die Gleichaltrigen zusammen bleiben. Man will nicht die Alterskluft in den Klassen haben, die es in Frankreich gibt und wesentlich abgeschwächt auch in

Deutschland. Denn die körperliche und teilweise auch die seelische Entwicklung richten sich nicht nach dem Lernalter, in das die Schule ein Kind einstuft. Aber wie gelingt es der englischen Schule, Kinder mit so unterschiedlichem Lernniveau in ein und derselben Klasse zu halten?

Damit kommen wir auch zu der wesentlichen Frage: Hat denn England nicht mindestens genauso viele Migranten wie Frankreich? Beides waren doch die größten kolonisierenden Länder und dementsprechend ziehen sie Migranten aus den früheren Kolonien in ihr Land. Wie sieht es mit Schulen in den Migranten-Stadtteilen aus? Für Frankreich hatten wir gesehen, dass man mit der Normalverteilungskurve flexibel umgeht, angepasst an das durchschnittliche Leistungsvermögen der jeweiligen Schulklasse. So verhindert man, dass es in den Schulen in den Migranten-Stadtteilen schlechte Noten hagelt, und kann einem Teil der Migranten-Schüler auch gute Noten geben, auch wenn sie weit hinter dem Niveau in einer Schulklasse in einem französischen Mittelschicht-Viertel zurückbleiben. Für diese Schüler hält man berufliche Klassen in der Oberstufe bereit und man hat sogar den Abschluss geschaffen: Berufliches Abitur, so dass es einen gewissen Anreiz gibt für Schüler mit schwachen Leistungen. Man nennt die beruflichen Schule auch *Lycée*, nämlich Berufliches *Lycée* (*Lycée Professionnel*). So fühlen sich die Schüler mit schwächeren Leistungen vielleicht nicht herabgesetzt, auch wenn sie kaum eine Chance haben, in ein allgemeines *Lycée* zu kommen.

In Frankreich hat man die Durchführung nationaler Schulleistungstests in einigen Fächern aber wieder aufgegeben. Solche Leistungstests werden ja am nationalen Durchschnitt und der nationalen Streuungsbreite geeicht, beziehen sich also nicht auf das durchschnittliche Leistungsvermögen einzelner Schulklassen. Wenn man solche Tests durchführt, gibt man den Lehrern Kontrollwerte an die Hand, die dem Lehrer sagen können, ob seine Noten einem objektiven Kriterium standhalten. Täte man das in Frankreich, so würde für die Schulen in Migranten-Stadtteilen unweigerlich folgen, dass die Lehrer sich genötigt sähen, wesentlich mehr Schüler sitzen zu lassen. Aber die Politik ist froh, wenn die Lehrer bei der Notengebung in solchen Schulklassen einen Weg finden, den Frieden in der Schulklasse einigermaßen zu erhalten. Die Niveaustufen im englischen Curriculum-System sind eben keine Noten! Sie passen nur zu einem individualisierten Unterricht, in dem der einzelne Lerner nicht am Durchschnitt seiner Gruppe gemessen wird.

In England hat man an der Praxis der nationalen Tests festgehalten. Sie werden in den Fächern Englisch, Mathematik und Naturwissenschaft (als ganzes) durchgeführt. Eine Fremdsprache kommt nicht vor in diesem Spektrum, Fremdsprache ist auch nicht Pflicht im Nationalen Curriculum, aber es werden mehrere Sprachen in den Schulen angeboten. In der Tat dienen diese Tests den Lehrern als Korrektiv, um zu überprüfen, ob ihre Zuordnung der Schüler zu den Niveaustufen und den Noten A,B,C objektiv gerechtfertigt ist. Das bedeutet für Schulklassen in den Migranten-Stadtteilen, dass ein größerer Teil der Schüler auf Niveaustufen einzuordnen ist, die unter der Erwartung liegen, dass also relativ viele Schüler auf einem niedrigeren Lernalter lernen als ihrem Lebensalter entsprechen würde. Doch im Prinzip bleibt das folgenlos. Denn der Schüler wird nicht am Klassendurchschnitt gemessen und kann auch nicht sitzen bleiben. Später, wenn es zur Prüfung der 16 jährigen kommt, gibt es das erweiterte Notenspektrum, das auch schwachen Lernern die Teilnahme an Prüfungen ermöglicht. Es gibt in England nicht das Ziel, alle Jugendlichen bis zum Alter von 18 Jahren in der Schule zu behalten, es gibt diesbezüglich auch keine Schulpflicht oder Unterrichtspflicht, daher gibt es auch nicht die Verzweigung in den Wegen der Oberstufe. Wer nicht in eine *Sixth Form* aufgenommen wird, geht einen beruflichen Weg, erwirbt z. B. ein *diploma*, oder geht sogleich in ein Arbeitsverhältnis oder wird arbeitslos.

Insofern haben **die unteren Noten in den Prüfungen** nicht dieselbe Schärfe wie die schlechten Noten sie in der französischen Schule haben. Dank der Durchführung nationaler Tests hat die Regierung einen ziemlich objektiven Überblick über das Leistungsvermögen der Schülerschaft. Die Testergebnisse werden pro Schule veröffentlicht, auf der Ebene der Grafschaften. Damit wird kenntlich, welches Leistungsvermögen eine Schule im Verhältnis zu anderen Schulen derselben Grafschaft aufweist und auch gemessen am nationalen Durchschnitt. Wenn die Eltern realistische Erwartungen an die Schule haben, muss das kein Nachteil sein. Auch eine Schule mit relativ schwachen Testergebnissen kann für einzelne Kinder die richtige sein. Aber diese Information über die Schule ihres Kindes kann Eltern auch veranlassen, eine Schule mit höherem Gesamtergebnis zu suchen, in der Hoffnung, dass dort auch das eigene Kind mehr lernen kann. Für eine Schule, die Schüler verliert, ist das meistens bitter, weil die Schulen nach Zahl der Schüler finanziert werden. Andererseits sagen die nationalen Tests auch nicht alles über das, was die Schulen tun, und was außer Testergebnissen eine Schule noch besuchenswert macht.

Während das englische Curriculum-System und die englische Prüfschule den **Lehrern** viel abverlangt und sie sogar unter Stress stellt, ist diese Schule für die **Schüler** durchaus lebbar, offensichtlich lebbarer als es die französische Schule ist. Diese ist für die Lehrer nicht unangenehm, sie haben mit der Normalverteilungskurve auf der Ebene der Schulklasse ein verlässliches Instrument und können ihre Klassen mehr oder weniger autoritär führen, während aber für die Schüler der Kampf um die Noten und das Gemessen-Werden am Durchschnitt der Klasse einen Stressfaktor darstellt.

Zu den nationalen Tests in der englischen Schule muss aber noch etwas relativ Neues gesagt werden. Die Regierung hat den Sinn dieser Tests in gewisser Weise durchbrochen und auch das mathematische Kalkül, das dahinter steht, teilweise ausgehebelt. Schon im Jahre 1994 erhöhte die Regierung die Quote derjenigen, die aus der Prüfung der 16jährigen die Zulassung zu einer *Sixth Form* mitbrachten. Sie tat das wiederum, indem sie die Notenskala erweiterte, dieses Mal am oberen Ende. Auch das war wieder ein Bruch mit dem früheren Prüfungsverfahren, das ursprünglich frei bleiben sollte von politischen Einflüssen. Doch diese Durchgriffe der Regierung begannen schon in den achtziger Jahren. Die Einführung einer neuen Note A* (A-star) im Jahre 1994, also »excellent«, zeigte, dass man mehr Schüler mit gut bestandener Prüfung mit 16 Jahren haben wollte. Wenn z. B. diese Note für 5 % der Prüfungsleistungen reserviert wird, so sind es 5 % mehr, die das Notenspektrum A*, A, B, C für sich verbuchen können. **Mehr noch:** Im Jahre 2009 erfolgte ein wirklich tiefer Eingriff der Regierung, damals regierte die Labour-Partei. Bis dahin gab es die nationalen Tests für das Alter von 7 Jahren, 11 Jahren und 14 Jahren. Im Jahre 2009 wurden die Tests für das Alter von 14 Jahren gestrichen. Bisher dienten die Tests dazu, sagen zu können, welche Schüler auf die anspruchsvolleren Prüfungen vorbereitet werden können und welche Schüler auf die weniger anspruchsvollen Prüfungen vorbereitet werden müssen. Solange es die Tests mit 14 Jahren gab, hielt die Grenze von ca. 40 % der Schüler, die später mit 16 Jahren 5 Prüfungen mit A*, A, B oder C ablegten, also das Recht erwarben, in die *Sixth Form* überzugehen. Eigentlich war diese Quote von 40 % schon sehr hoch, gemessen an früheren Werten, als noch das frühere Examen galt, das *GCE-O-Level.* Damals waren es höchstens 20 %. **Doch der Regierung waren die 40 % noch zu niedrig.** Sie wollte mehr gut bestandene Prüfungen mit 16 Jahren haben. Daher schaffte sie die nationalen Tests mit 14 Jahren ab. Außerdem setzte sie eine Behörde ein, die über die Prüfungsagenturen eine Kontrolle ausüben soll (*Qualifications and Currriculum Development Agency*).

Mit dem Fallenlassen der nationalen Prüfung mit 14 Jahren kommt **das mathematische Modell** ins Wanken, das hinter den Bewertungen durch die Prüfungsagenturen steht und auch hinter dem Nationalen Curriculum. Der Anteil der Schüler, die in den Prüfungen der 16jährigen ein A*, A, B oder C erreichten, stieg von ca. **40 %** im Jahre 1990 auf ca. **69 %** im Jahre 2010. Dabei erreichten bereits 22,6 % der Prüflinge ein A oder A* (BBC News 24. August 2010). Fraglos haben die Prüfungsagenturen unter dem Druck der Regierung darauf hin gearbeitet, mehr und mehr Jugendlichen die begehrten Noten A*, A, B, C zu ermöglichen. Die Regierungen mochten nicht mehr objektiv informiert werden. Noch wird der Anschein hochgehalten, als sei das Anforderungsniveau in den Prüfungen der 16jährigen und im Nationalen Curriculum trotz dieser Operationen dasselbe geblieben. Noch ist es nicht offensichtlich, dass das mathematische Modell, das hinter dem Nationalen Curriculum steckt, ins Wanken geraten ist. Das mathematische Modell war nötig, denn man musste wissen, welcher Leistungsfortschritt durch die Schuljahre hindurch realistisch ist. Zudem mussten die Prüfungsagenturen wissen, welches

Anforderungsniveau in den Prüfungen realistisch ist. Es ist ja in England nicht so, dass die Noten festgelegt werden, nachdem man eine Normalverteilungskurve für die Rohpunkte gemacht hat. Man will nicht an den Leistungen der Gruppe messen, sondern an den zuvor festgelegten Lehrzielen. Das darf aber nicht in der Weise schief gehen, dass die Lehrziele zu niedrig angesetzt werden und zu viele A* und A herausspringen. Und auch nicht umgekehrt, dass die Prüfungsanforderungen zu hoch angesetzt werden und zu viele E und G herausspringen. Die festgelegten Lehrziele müssen als Bewertungskriterien fest sein.

Man kann die Lehrziele nur realistisch festlegen, wenn man die Leistungen in den nationalen Tests zugrunde legt. Dann kann man auch eine Art Normalverteilung auf nationaler Ebene vornehmen. Das gesamte Lehrzielkonstrukt beruht auf dieser Normalverteilung auf nationaler Ebene. In den Lehrzielen des Nationalen Curriculum steckt die Information, welcher Prozentsatz des Altersjahrganges das Lehrziel bisher erreichte. Hinter der Notengebung in den Prüfungen steht ebenfalls ein Wahrscheinlichkeitsmodell. Wenn nun aber die nationalen Tests mit 14 Jahren wegfallen, geht die Grundlage für das Wahrscheinlichkeitskalkül verloren. Die Prüfungsbehörden könnten auch mit Hilfe ihrer bisherigen Anforderungen in den Prüfungen und ihren bisherigen Prüfungsergebnissen ein Wahrscheinlichkeitsmodell aufstellen. Aber der rasante Anstieg zwischen 1990 und 2010 – von 40 % auf 69 % guter Prüfungsabschlüsse – zeigt, dass die Prüfungsbehörden die erwartete Verteilung stetig anpassen an das Ziel, mehr gute Prüfungsergebnisse zu erreichen. Vielleicht wirkt dabei auch die Konkurrenz zwischen den Prüfungsagenturen mit. Es geht hier um das Problem der Standards. Die durch nationale Tests »geeichten« Lehrziele stellen einen Standard dar, an dem die Leistungen der Schüler gemessen werden. Doch die Standards sind beweglich geworden, dadurch verändert sich ihre Validität als Messinstrument.

Offensichtlich hat sich in der Auffassung vom pädagogischen Sinn der Prüfungen etwas geändert. Hieß es früher:

Wenn beständig und objektiv geprüft wird, zieht das Lernen von allein an, so muss man inzwischen sagen:

**Wenn beständig und objektiv geprüft wird,
und gleichzeitig die Wahrscheinlichkeit
erhöht wird,
eine gute Note zu erreichen,
zieht das Lernen von allein an.**

Noch ist die englische Schule eine Prüfschule, aber die Prüfungen werden leichter. Werden sie dadurch auch weniger wert? Die Reaktion auf das Leichter-Werden von Prüfungen kann sein, dass Schulen sich andere Prüfungsformate suchen, z. B. das *International Baccalaureate,* das schon mehrere Schulen in England inzwischen anwenden, oder vielleicht auch das *European Baccalaureate.* Eine andere Reaktion besteht darin, dass die nachfolgenden Bildungsinstitutionen, sprich in diesem Falle die *Sixth Forms* und die Universitäten, sich noch mehr differenzieren, sozusagen spreizen, und sich *Sixth Forms* und Universitäten oder Fakultäten mit hohen Eingangsforderungen von den übrigen absetzen. Es könnte dahin kommen, dass zwischen die Prüfungen der 16jährigen und den Übergang in die *Sixth Form* für einige *Sixth Forms* noch Lernphasen eingeschoben werden, um die hohen Eingangsforderungen ausgewählter *Sixth Forms* erfüllen zu können. Vielleicht gehen diese auch zu bestimmten Formen von Aufnahmeprüfungen über. Dann würde die englische Schule der französischen Schule ähnlicher und neben dem Charakter der Prüfungen würde sich für einen Teil der Schüler auch der Charakter des Lernens verändern – in Richtung auf das Lernen in der französischen Schule.

Literatur:

BBC News: Education and Family. 24. August 2010. URL: http://www.bbc.co.uk/news/education-11064110 Eingesehen am 9. 8. 2012.

7. Vorlesung
Die langsame Schule: Schweden

I. Die pädagogisch gewünschte Langsamkeit

Was kann das Attribut »langsam« in diesem Zusammenhang bedeuten? Das Lob der Langsamkeit ist in der jüngeren Vergangenheit des Öfteren gesungen worden und die Entdeckung der Langsamkeit wurde verkündet (Nadolny 1983). Geht es um die sog. Ent-schleunigung? Das bedeutet, Abstand zu nehmen von dem überdrehten Tempo unseres Lebens in der modernen Zivilisation. Damit auch von einer Schulkultur, in der alles schnell gehen muss, in der eine sog. Reform die andere jagt, in der die Eindrücke der einen Lehrstunde durch die Eindrücke der nächsten Lehrstunde wieder totgeschlagen werden, weil keine Zeit ist für das Nachklingen eines Eindrucks, für das Nach-Hören, auch nicht für das Nach-Lesen, für die Reflexion, und auch keine Zeit, sich einzustimmen auf einen neuen Eindruck? So ist auch unser Studium: Die Kurse folgen schnell aufeinander, somit auch die Klausuren, für die Hausarbeiten bleibt wenig Zeit, schnell muss die vorgeschriebene Zahl von Seiten gefüllt werden. Studenten scheinen mehr im Stress zu sein als Professoren. Alles steht unter dem Diktat des Tempos. Dennoch trösten wir uns mit der Auskunft: Unser Zeitalter ist eben schnell, auch in einem späteren Beruf wird keine Zeit zum Verweilen bleiben, man muss sich eben in der Disziplin »Schnelligkeit« trainieren. Auch die Sportarten werden immer schneller, Tempo entscheidet. Und die Finanztransaktionen, die über unsere Volkswirtschaften entscheiden, werden auch immer schneller. An den Börsen geht es hektisch zu, in Sekunden wird viel Geld verdient oder verloren, in der Politik manchmal auch. Wer heute noch gefeiert wird, ist morgen schon tief gefallen.

Tut es da nicht gut, wenn eine Schule langsam ist? Was besagt die Verbindung: »langsame Schule«? Sie enthält doch offensichtlich für den Schüler die Botschaft: »Wir sind geduldig, Wir warten auf dich, bis du kommst, also bis du das Ziel erreicht hast, bis du es kannst. Wir lassen dich nicht allein zurück, wenn du langsam voran gehst. Du wirst nicht abgehängt. Du darfst in deinem Tempo vorwärts gehen, vielleicht auch stehen bleiben, wir können langsam sein, wenn du langsam bist.« Die Schweden selbst bezeichnen ihre Schule nicht als langsame Schule, aber dieser Eindruck ergibt sich, wenn man von außen auf sie schaut.

Schauen wir uns nach einer **Schlüsselgeschichte** um. Ich wähle die Geschichte des speziellen Arbeitsunterrichts aus, der am Ende des 19. Jahrhunderts in den schwedischen Volksschulen Fuß fasste. Das bessere deutsche Wort für diesen Unterricht ist »Handfertigkeitsunterricht«, wie er damals in Österreich und Deutschland genannt wurde. Man kann das Jahr 1877 als den Startpunkt benennen. Damals besuchte der schwedische Schöpfer dieses Handfertigkeitsunterrichts, Otto Salomon, der 28 Jahre alt war, den finnischen Schulreformer Uno Cygnaeus, um von diesem mehr über den finnischen Handfertigkeitsunterricht zu erfahren. (Cygnaeus ist ein latinisierter Name, der »Schwan« bedeutet und auf einen solchen schwedischen Namen zurückgeht, welcher der Geburtsname der Mutter des Cygnaeus war.) Cygnaeus war damals schon 66 Jahre alt. In Helsingfors (der schwedische Name für Helsinki) erfuhr Salomon genug, um ein eigenes System des Handfertigkeitsunterrichts zu entwerfen, das er im Schloss Nääs bei Göteborg verwirklichte und von dort aus verbreitete. Der schwedische Name für diesen Unterricht ist »**slöjd**«, das etymologisch mit dem deutschen Wort »Schlag« verwandt ist und besagt, dass jemand den Hammer richtig führen kann. Er hat den »Schlag« (Reincke 1995).

Was hat *slöjd* mit Langsamkeit zu tun? Dieser Zusammenhang besteht in einigen Beziehungen, aber nicht umfassend. Zunächst muss man sagen, *slöjd* belebte eine handwerkliche Betätigung, die aus dem realen Wirtschaftsleben Schwedens schon weitgehend verschwunden war, also einer Vergangenheit angehörte. Dennoch wurde sie pädagogisch genutzt. Es ist manchmal so in der Pädagogik, dass vergangene Arbeitstechniken im Nachhinein als pädagogisch wertvoll erkannt werden und in pädagogischer Absicht ohne kommerziellen Zweck in der Schulerziehung wieder belebt werden. Man kann hier in Sachsen an das Klöppeln denken, das vereinzelte Schulen aus pädagogischen Gründen in ihren Lehrplan aufgenommen haben. Im *slöjd* geht es um die Herstellung von nützlichen Holzgegenständen, z. B. Besteck, Schreibgeräte, Kleiderbügel, Schemel, Gestelle, Schränke, Nistkästen, Zubehör zu Handwerkszeug wie z. B. Stiele für Hämmer, für Besen, für Hacken und Spaten und vieles andere. Solche Gegenstände wurden zu dieser Zeit bereits durch die Holz verarbeitende Industrie preiswert hergestellt. Dennoch sahen die *slöjd* – Pädagogen einen großen pädagogischen Gewinn darin, dass Kinder in der Schule lernten, was ihre Eltern oder Großeltern noch im Hause der Familie erlernt hatten. Kinder sollten Geräte und Teile herstellen, die sie zum eigenen Nutzen verwenden wollten. Jedes Kind suchte also seine Zielobjekte selbst aus. Der pädagogische Gewinn lag zusätzlich auch darin, dass die Kinder einer detaillierten Methodik folgten, in der sie Stück um Stück lernten, die Werkzeuge richtig zu benutzen und alle Arbeitshandlungen sachgerecht auszuführen. Dennoch waren keine langen Übungsphasen vorgesehen. Übungssequenzen mit dem jeweiligen Werkzeug und die Arbeitshandlung am Objekt, dem sog. Modell, folgten einander im »Reißverschlussverfahren«. Es ging darum, dass die Kinder ohne Verzug das eigene Können erleben sollten – in kleinen Schritten. Für jedes mögliche Modell war dieses Verfahren genau vorgeplant. Das Kind sollte lernen, geduldig zu sein, bis das Modell fertig war (Reincke 1995, S. 153). Es lernte auch, die schonendste Körperhaltung bei der Arbeit mit dem Werkzeug einzunehmen.

Denkt man zurück an die für England berichtete Schlüsselgeschichte, so spielte dort das Alkoholproblem hinein. Dieses spielte auch eine Rolle bei der Entstehung von *slöjd*. Denn nicht nur die industrielle Produktion mit dampfgetriebenen Maschinen war ein Grund gewesen dafür, dass in vielen schwedischen Haushalten die winterliche Handbetätigung an Holz und auch anderen Materialien aufgegeben worden war, sondern auch der Alkohol hatte dazu beigetragen. Der enorme Erfolg der Kartoffel in Schweden als Nahrungsmittel hatte zur Überproduktion geführt und in vielen Familien ging man zum Brennen von Kartoffelschnaps über, mit dem auf einfache Weise Geld zu verdienen war. Er verdarb aber auch gute Traditionen. Salomon hoffte, dass die Wiederbelebung der Handbetätigung den Alkoholkonsum eindämmen würde. Sein Wunsch war, dass die Menschen wieder viel Zeit mit der Handbetätigung verbringen würden, insbesondere in den Wintermonaten.

An dieser Schlüsselgeschichte ist für unsere Charakterisierung der schwedischen Schule besonders **das individuelle Arbeiten der Kinder** von Interesse, das in dieser Weise in anderen Konzeptionen von Handfertigkeitsunterricht nicht verwirklicht wurde. Dazu gehörte auch, jedem Kind die Zeit einzuräumen, sein jeweiliges Vorhaben, also den gewünschten Gebrauchsgegenstand, geduldig und sachgerecht fertig zu machen. Für Salomon war es kein Problem, dass *slöjd* viel Zeit erforderte. Damals sollte *slöjd* der Hauptinhalt der Volksschule für das Alter von 10 bis 14 Jahren werden, jedoch wurde *slöjd* später auf 4 Wochenstunden reduziert. In dem reduzierten Umfang wird es noch heute gelehrt. Die Idee von *slöjd*, dass jedes Kind etwas für es selbst Nützliches aus der Schule mitbringen kann und kein Kind mit leeren Händen aus der Schule kommen muss, ist in die schwedische Schule eingegangen.

II. Merkmale der langsamen Schule

Die schwedische Schule weist manche Merkmale auf, die man unter das Attribut »langsame Schule« subsumieren kann. Schon traditionell sind die **Ferien** recht lang, und zwar insbesondere die Sommerferien. In der Volksschule betrug die gesamte Ferienzeit z. B. im Jahre 1904 ca. 17 Wochen. In Deutschland betrug die Ferienzeit zu jener Zeit 10 bis 10,5 Wochen (Enzyklopädisches Handbuch (1908), S. 393 und Enzyklopädisches Handbuch (1904), S. 813.). Auch in den höheren Schulen Schwedens betrug damals die sommerliche Ferienzeit noch 10–11 Wochen und die gesamte Ferienzeit des Jahres 15–16 Wochen (Enzyklopädisches Handbuch (1908), S. 417). Auch heute noch sind die Sommerferien relativ lang: Von Mitte Juni bis fast Ende August sind es 10 Wochen. Hinzu kommen acht weitere Wochen, teils in Verbindung mit den großen christlichen Festen und teils als vierzehntägliche Ferien für jedes der beiden Halbjahre (Wintersemester, Frühjahrs-Semester). Man zählt also 18 Wochen Ferien. Die Schule ist berechtigt, ihrer Schülerschaft zusätzlich fünf schulfreie Tage im Schuljahr zu geben, wenn die Lehrer in Fortbildung gehen (European Commission 2009/2010, S. 88. – School Holidays Europe 2011). In Deutschland sind die Sommerferien sechs Wochen lang. Insgesamt kommt man auf 15 Wochen Ferien. Die Differenz zu Schweden beträgt also drei Schulwochen, bedingt durch die unterschiedliche Länge der Sommerferien.

In früherer Zeit schien es in Schweden nötig zu sein, den Kindern so lange Ferien zu geben. Zum einen wurden sie in der Sommerzeit auf den elterlichen Bauernhöfen gebraucht, zum anderen hatten die Gemeinden nicht genügend Geld, um eine längere Unterrichtszeit bereit zu stellen. Nicht wenige Schüler der Volksschule erhielten ohnehin nur die Hälfte der Unterrichtszeit, weil nicht genügend Schulraum da war, um alle Schüler an allen Tagen zu unterrichten, so dass in manchen Volksschulen die Kinder nur einen um den anderen Tag zur Schule gingen (Nohl/Pallat (Hrsg.) 1928, S. 428f). Die Kinder der höheren Schulen mussten oftmals in einer Gemeinde Gaben sammeln für den Erhalt des Schulunterrichts (Enzyklopädisches Handbuch 1908, S. 417). Auch die Lehrer benötigten diese Zeit für Nebenverdienste, weil ihr Gehalt nicht zum Lebensunterhalt reichte. Viele Eltern wehrten sich damals gegen eine Verkürzung der Ferienzeiten. Die langen Sommerferien wurden in den höheren Schulen auch dazu genutzt, den Schülern, die am Ende des Schuljahres nicht in die nächst höhere Klassenstufe versetzt worden waren, zu Beginn des neuen Schuljahres die Chance zu geben, durch eine Nachprüfung doch noch versetzt zu werden (Enzyklopädisches Handbuch 1908, S. 418). Dieses ist ein gutes Beispiel für die Haltung: *Wir warten auf dich, bis du es kannst.* Heute ist in der schwedischen Schule kein Sitzenbleiben mehr vorgesehen. Eine Nachprüfung zu Beginn des neuen Schuljahres war in der deutschen Schulgeschichte nicht üblich und ist auch heute nur in besonderen Fällen unter Zustimmung der Lehrerkonferenz möglich.

Ein weiterer Gesichtspunkt, der die gewählte Attribuierung für die schwedische Schule erhärten kann, ist der **Erhalt kleiner Schulen**. Man kann diese Tatsache bereits an der Schüler-Lehrer-Relation in Schweden ablesen. Kommen dort auf 100 Schüler ca. 8 Lehrer, so sind es in Deutschland ca. 5 Lehrer. Die Kosten, die Schweden dadurch entstehen, werden bisher nicht in Frage gestellt. Die relativ günstige Lehrer-Schüler-Relation ist sicherlich eine Bedingung gewesen für die Umstellungen im schulischen Unterricht, die sich in den letzten Jahrzehnten vollzogen haben. Damit meine ich vor allem die Individualisierung des Unterrichts. Sie ist begleitet von administrativen Veränderungen im Schulwesen, die der Schule einen größeren Autonomiestatus gegeben haben und Teile der Lehrstoff- und Unterrichtsplanung in die Schulen verlagert haben.

Ein anderer Gesichtspunkt, der für ein langsames Tempo von Seiten der Schule spricht, ist das späte Einsetzen der **Ziffernnote**, die erst in der 8. Klasse zum Zuge kommt. Ab dieser Klassenstufe gibt es halbjährlich Ziffernzeugnisse. Wir haben Gleichartiges schon von Dänemark gehört. Man zögert lange, bis man das Instrument »Ziffernnote« den Schülern in die Hand gibt. Die Auffassung ist, dass es einer persönlichen Reife bedarf, um mit den Noten richtig umgehen zu können. Es wird offensichtlich als eine Härte für die Schüler empfunden, auf einer Notenskala verortet zu werden, weil dieses die Vergleichbarkeit mit anderen Schülern impliziert. Die Noten sollen nicht auf eine Leistungsauslese hinwirken. Zudem gibt es keine Note, die ein Versagen ausdrückt, vielmehr unterbleibt in einem negativen Fall die Benotung. Hinter dieser Praxis steht die Annahme, dass mit genügender Zeitressource jeder Schüler bestehen würde (Daun/Slenning/Waldow, S. 464). Hier sieht man wiederum deutlich die Grundannahme: *Wenn wir genügend Zeit geben, schafft es schließlich jeder Schüler*. Nur leider ist die Zeit, welche die Schule einräumen kann, endlich. Jedes »Nicht-Bestanden« ist demnach ein »Noch-Nicht-Bestanden«. Auf der gymnasialen Stufe wird inzwischen die sechsstufige Notenskala A bis F angewendet, die zunächst in der neunklassigen Grundschule Einzug gehalten hatte (European Commission 2009/2010). Zuvor wurden drei Notenstufen praktiziert, die im Englischen so wiedergegeben wurden: »pass« (bestanden), »pass with distinction« (ungefähr: gut bestanden), »excellent« (Daun/Sleenning/Waldow, S. 464). Von Seiten der Schulbehörde (skolverket) sind nur die Anforderungen an die höchste Note näher beschrieben. Die niederen Noten werden von den Lehrern aufgrund ihrer Erfahrung vergeben. Diese Regelung spricht wiederum für die Tatsache, dass »Nachzügler« in der Aneignung des Lehrstoffes nicht abgehängt werden sollen, während jedoch verhindert werden soll, dass die höchste Note allzu großzügig vergeben wird.

Das Bild der »langsamen Schule« wird auch dadurch vervollständigt, dass es **kein Examen** gibt, weder am Ende der Pflichtschulzeit (9.Klasse) noch der Gymnasialschulzeit (üblicherweise 12. Klasse). Es gibt Abschlusszeugnisse mit den im Schulunterricht erreichten Noten. Ähnlich ist die Tatsache zu interpretieren, wie mit nationalen Tests in der 5. und der 9. Klasse umgegangen wird, die von allen Schülern geschrieben werden müssen. Diese werden gefordert in Schwedisch, Englisch und Mathematik, wobei für Nicht-Muttersprachler im Schwedischen ein Test für Schwedisch als Zweitsprache gilt. Die Tests dienen der Schulbehörde (Skolverket) als eine Chance, genauer in das Schulwesen hinein zu schauen. Die

Lehrer können sie auch benutzen, um ihre Benotungen kritisch zu prüfen, aber die Testergebnisse haben keinen Vorrang vor den Benotungen der Lehrer, werden auch nicht in diese eingerechnet und werden nicht veröffentlicht. Für die Notengebung sind die schuleigenen oder durch Lehrer erstellten Überprüfungsarbeiten bedeutender als die nationalen Tests. Allerdings sind die Lehrer gehalten, für Schüler, deren Testergebnisse ein Nicht-Erreichen der Lehrziele erwarten lassen, ein individuelles Lernprogramm zu erarbeiten, um Rückstände aufzuholen. Dieses soll zusammen mit den Eltern erstellt werden. Auch für die diagnostischen Tests, die Lehrern für die Schüler der zweiten und der siebten Klassenstufe angeboten werden, haben den Zweck, Schüler mit Leistungsschwächen zu identifizieren (Daun/Slenning/Waldow, S. 454).

Ein anderer Gesichtspunkt ist der **flexiblere Zeitumfang der Unterrichtsstunde**. Waren früher 40 Minuten das Maß der Unterrichtsstunde, so sind heute 60 Minuten anzutreffen, oder die Schulen schaffen einen Wert zwischen diesen beiden (Möhler, S. 22, S. 60).

Ein weiteres Beispiel für die Idee der langsamen Schule liefert der **Übergang von der neunjährigen »Grundschule« in das Gymnasium**, also die dreijährige »Oberstufe«. Diese umfasst 6 hochschulvorbereitende und 12 berufsvorbereitende Züge. Für diesen Übergang wurde ein Leistungskriterium festgelegt, das folgendermaßen lautet. In den Fächern Schwedisch, Englisch und Mathematik muss eine Mindestnote erreicht werden, neuerdings auch in fünf weiteren Fächern. Dieses Kriterium gilt für den Übergang in die berufsvorbereitenden Züge. Für den Übergang in einen hochschulvorbereitenden Zug müssen nicht fünf, sondern neun weitere Mindestnoten außer jenen drei erbracht werden. Beim Übergang gilt die sechsstufige Notenskala. **Mindestnote** (»passing mark«) sind alle Noten von A bis E, nur nicht die Note F. Schüler, welche nur ein F erreichen, bekommen ein **Individuelles Lernprogramm** in der Gymnasialschule. Im Jahre 2009 soll dieses 11 % der Absolventen der neunjährigen Pflichtschule betroffen haben (European Commission 2009/2010, S. 108). Den Übergang kann man wahrnehmen bis zum Alter von 20 Jahren. Diese Großzügigkeit erstaunt, denn mit Abschluss der Pflichtschule ist der Schüler 16 Jahre alt (European Commission 2009/2010, S. 104, S. 108).

Das Individuelle Lernprogramm auf der gymnasialen Stufe dient dem nachholenden Lernen. Die Lücken, die zu den schlechten Noten in der Pflichtschule geführt haben, sollen geschlossen werden. Dafür nahm man die Zeitdauer eines Jahres an, jedoch reicht dieses in vielen Fällen nicht aus. Es können zwei oder sogar mehr Jahre werden. Zudem nahm die Zahl derer, die ein individuelles Programm benötigen, so zu, dass das »Individuelle Lernprogramm« inzwischen der stärkste der 18 Züge ist (Daun/Slenning/Waldow, S. 440). Das **geduldige Warten** von Seiten der Schule zeigt sich hier deutlich.

Der Unterricht hat sich seit der Einführung neuer Lehrpläne im Jahre 1994 weiterhin in die Richtung gewandelt, welche bereits die Lehrpläne von 1980 vorgegeben hatten. Die inhaltliche Planung erfolgt mehr als früher auf der Ebene der einzelnen Schule, die Schüler und auch die Eltern werden dabei nicht ausgeschlossen, die Schüler sollen weitaus mehr als früher selbständig lernen und die Lehrer sollen mehr als bisher in Teams arbeiten (Möhler, S. 16). Für die einzelnen Fächer wird im Lehrplan nur eine Minimalzahl von Unterrichtsstunden angegeben, daneben auch eine Maximalzahl, als Zahl der im Schuljahr zu leistenden Unterrichtsstunden. Über den genauen Umfang der Stunden entscheiden die Lehrer. Ein wesentliches Instrument für die **Individualisierung des Unterrichts** sind die Wochenpläne. In der Regel stellen die Lehrer den Schülern Aufgaben für das Lernen in der Woche, jedoch bieten sie den Schülern nicht selten Varianten an und beziehen nach Möglichkeit Wünsche der Schüler ein. Ein Drittel bis zur Hälfte der Lernzeit wird von den Schülern selbständig bewältigt. Die Schüler legen schriftliche Dokumente an, um ihr Lernen transparent zu machen. Das sind z. B. Portfolios mit Ausarbeitungen, die in der Woche bzw. über das ganze Jahr hin entstehen, ferner ein sog. Logbuch oder auch Schülertagebuch, in welches der Schüler einträgt, zu welchen Aufgaben er an dem Tage bzw. in der Woche gearbeitet hat. Auf der gymnasialen Stufe wird die Einzelarbeit bzw. die Kleingruppenarbeit teilweise in Projekte eingebaut.

In der Zeit der individuellen Arbeit, die durchaus auch Arbeit in Kleingruppen einschließen kann, werden die Schüler von ihrem **Mentorlehrer** betreut. Jeder Schüler hat einen Lehrer als Mentor. Die Mentorlehrer betreuen etwa 15 Schüler. Dieses ist aber nicht die übliche Klassenstärke, die durchaus höher liegen kann. Am Morgen versammelt der Mentorlehrer seine 15 Schützlinge um sich und bespricht in vielleicht 15 Minuten die Aufgaben des Unterrichtstages. Am Ende des Unterrichtstages kommen diese Schüler wiederum mit dem Mentor zusammen, um zu informieren, was sie getan haben. Der Mentorlehrer muss nicht ein bestimmtes Fach unterrichten, er ist der erste Ansprechpartner für alle Fragen, die bei der individuellen Arbeit auftreten. Ein sehr wesentliches Mittel sind Arbeitsblätter, die in der Schule angefertigt werden. Heute werden sie nicht mehr unbedingt in Papierform weitergegeben, sondern sind im Intranet der Schule zugänglich (Berg 2010, S. 109). Sie sollen in großer Zahl für die Lehrer bereitliegen, so dass den Schülern möglichst bedürfnisgerecht die Aufgaben zu den Fächern zugeteilt werden können. Es ist nicht so, dass die Lehrer jede Woche für jeden Schüler neue Arbeitsblätter erstellen müssten, sie greifen vielmehr auf einen Fundus von gemeinsam erstellten Blättern zurück und finden für jeden Schüler das richtige. Diese zu ergänzen und zu erneuern ist eine Hauptaufgabe der Lehrer (Berg, S. 107f).

Die Klassenlehrer sind gehalten, mit dem einzelnen Schüler und zusammen mit seinen Eltern in regelmäßigen Abständen sog. Fortschrittsgespräche oder Entwicklungsgespräche zu führen. Sie sollen nach Möglichkeit auf Entwicklungsplänen beruhen, welche die Schule zusammen mit den Eltern für die einzelnen Schüler erstellt. Doch diese Idee scheint sich nur teilweise durchgesetzt zu haben (Daun/Slenning/Waldow, S. 454). Auch diese Praxis verdeutlicht, dass die schwedische Schule sich nach dem **Entwicklungstempo jedes Schülers** richten möchte.

Wesentlich für die Art der langsamen Schule, die wir in Schweden vorfinden, ist der **Umgang mit Fehlern**. Den schwedischen Schülern wird die Zusicherung gegeben, dass sie Fehler machen dürfen. »Unsere Lehrerin sagt uns, dass dies eine Schule ist, und wir das Recht haben, Fehler zu machen«, so eine von Heidemarie Schäfers protokollierte Schüleraussage (Schäfers, S. 126). Eine andere Art der Toleranz ist der problemlose Umgang mit Verspätungen der Schüler. Verspätet eintreffende Schüler fügen sich still in die Gruppe ein (Schäfers, S. 129).

Die Individualisierung des Unterrichts haben wir bereits als ein Merkmal der englischen Schule erkannt. Allerdings erfolgte die Individualisierung dort in Antwort auf ein Nationales Curriculum, das die Lehrziele in Niveaustufen detailliert festlegt. In Schweden erstreckt sich die Individualisierung auch auf die inhaltliche Planung des Unterrichts. Die Schüler arbeiten gemäß individuellen Wochenplänen, über deren Inhalte sie mit entscheiden. Daher arbeiten sie in ihrem individuellen Tempo. Die Anzahl der Schulstunden, in denen die Lehrerin oder der Lehrer vor der gesamten Klasse lehrend auftritt, ist begrenzt, denn ein großer Anteil der Unterrichtszeit gehört der Einzelarbeit bzw. auch phasenweise der Kleingruppenarbeit der Schüler. Somit sind genauso viele oder fast genauso viele Unterrichtsstunden, wie sie für das Lehren reserviert sind, durch **eigenständiges Lernen der Schüler** gekennzeichnet. Die Lehrer haben nicht mehr ein pflichtmäßiges Stundenpensum in Form von Unterricht abzuleisten, sondern haben Anwesenheitspflicht in der Schule über einen festgelegten Zeitraum von ca. 8 Stunden täglich. Sie sind erreichbar und ansprechbar durch die in eigener Verantwortung arbeitenden Schüler. Somit können die Lehrer nur in geringem Maße auf ein schnelleres Erfassen des Lehrstoffes hinwirken, sondern überlassen es weitgehend den einzelnen Schülern, das Tempo der Lehrstoffbearbeitung vorzugeben.

III. Erwünschte Langsamkeit und die Suche nach beschleunigenden Impulsen

Man sollte auch fragen, was die langsame Schule für den Lehrer bedeutet. Bestimmen auch die Lehrer ihr Arbeitstempo selbst? Welchen Spielraum haben sie, ihre eigene Vorstellung von Lehren und Lernen in ihren Fächern zu entwickeln?

Es war ein Kritikpunkt an der früheren Zeit bis ca. 1980, dass die zentralisierten Lehrpläne die Lehrer nicht genügend zur Eigeninitiative anregten. **Eine neue Verwaltungsweise der Schulen** sollte stimulierend wirken auf die Initiative der Lehrer. Die größere Autonomie der einzelnen Schule und die Verlagerung von Entscheidungskompetenzen auf die Kommunen wurden mit einem neuen Entlohnungssystem für Lehrer verbunden. Ihre Entlohnung wurde an die Erfüllung von Zielvereinbarungen gebunden, die mit der Kommune ausgehandelt werden. Somit werden die Lehrer individuell unterschiedlich entlohnt. Der Stellungnahme des Schulleiters kommt ein großes Gewicht bei der Festsetzung der individuellen Löhne zu, ein wesentliches Kriterium für den Schulleiter ist die Frage, in welchem Maße ein Lehrer die Schüler zur selbständigen Arbeit befähigt. Somit gibt es dem neuen Verwaltungsansatz zufolge einen Anreiz für die Lehrer, eigene Wege der Unterrichtsgestaltung zu finden.

Allerdings erweist sich die Aushandlung der Gehälter als ein mühsamer Prozess. Es gibt einerseits die zentralen Verhandlungen der beiden Lehrergewerkschaften mit der nationalen Vertretung aller Kommunen über die Rahmengrößen und andererseits die Klärung der Details auf der Ebene der jeweiligen Kommune sowie die Verständigung mit dem einflussreich gewordenen Schulleiter. Somit kann es keine rasche Rückkopplung zwischen der Initiative der Lehrer und der Belohnung geben. Das Belohnungssystem verlor seine stimulierende Wirkung zusätzlich in dem Maße, in dem sich die finanziellen Spielräume der Kommunen einengten. Die Lehrer empfinden ihre Besoldung als niedrig – im Vergleich zu anderen Berufsgruppen –, und es gibt einen beträchtlichen Lehrermangel (Berg, S. 106). Im Endeffekt hat die **Dezentralisierung** wahrscheinlich nicht die Beschleunigung der pädagogischen Entwicklung an den Schulen bewirkt, die erhofft war.

Manche einzelne Beobachtungen, die insbesondere in dem Buch von Johannes Möhler mitgeteilt werden, deuten darauf hin, dass die großzügige **Übertragung des Zeitmaßes schulischen Lehrens und Lernens von den Lehrern auf die Schüler** auch negative Folgeerscheinungen hervorgebracht hat. Von Disziplinlosigkeit wird berichtet, Lehrer beklagen ihre Machtlosigkeit (Möhler, S. 27f). Die Langsamkeit kann auch zur Langeweile führen und die Individualisierung zu einer Führungslosigkeit (Möhler, S. 30). Der frühere Schulinspektor für Stockholm, Ingemar Mattsson, sprach von der »langweiligen Schule« und der Passivität der Schüler (Möhler, S. 30).

Wenn Individualisierung des Lernens groß geschrieben wird, kann den **Eltern** nicht die Schulwahl verweigert werden. Diese hat in Schweden aber zur Segregation der Migranten beigetragen (Möhler, S. 27). Schüler zu verlieren, ist für die Schule auch ein finanzieller Verlust, der gefürchtet wird (Daun/Slenning/Waldow, S. 474). Diese Sorge muss nicht nur zu erhöhter Innovationsbereitschaft führen, sie kann diese auch hemmen. Obwohl es Privatschulen erst in der Hälfte der Kommunen gibt, wächst die Nachfrage und neue Privatschulen entstehen (Daun/Slenning/Waldow, S. 472). Insbesondere auf der Gymnasialstufe bilden sich Privatschulen. Das Motiv kann zum einen Unzufriedenheit mit den kommunalen Schulen sein, zum anderen auch religiöse Abschottung, wie bei muslimischen Schulen. Die Lernergebnisse sollen an Privatschulen höher sein als an den kommunalen Schulen (Daun/Slenning/Waldow, S. 472). Was die kommunalen Gymnasialschulen betrifft, so ist die Tatsache, dass etwa 20 % der Schüler diese vorzeitig verlassen, ein Zeichen dafür, dass das individuelle Lerntempo in vielen Fällen nicht zum Ziel führt (Möhler, S. 28).

IV. Pädagogische Erkenntnisse aus der langsamen Schule Schwedens

Die »langsame Schule« ist offensichtlich nicht nur durch einen besonderen Umgang mit der Zeit charakterisiert. «Langsamkeit« ist in diesem Falle ein pädagogisches Konzept. Es hat zu tun mit der **Ausprägung des pädagogischen Willens** auf Seiten der Lehrer. Die Lehrer in der schwedischen Schule machen ihren pädagogischen Willen gegenüber den Schülern offensichtlich nicht gerne sichtbar. Sie lehren nur begrenzt im Sinne des Klassenunterrichts, sie disziplinieren fast gar nicht (Schäfers, S. 129). »Langsam« weist in diesem Falle auch auf eine geringe Ausprägung des pädagogischen Willens bzw. eine Zurückhaltung des pädagogischen Willens hin. Das »Warten« auf den Schüler ist stärker ausgeprägt als das »Führen« des Schülers. Vielleicht empfinden die meisten schwedischen Lehrer diese Besonderheit nicht, da der Ablauf des schulischen Geschehens wenige Anlässe zum Dissens zwischen Lehrern und Schülern bietet. Die Notengebung ist jedenfalls als ein Feld des Dissenses weitgehend ausgeschaltet. Ein pädagogischer Wille enthält immer ein gewisses Maß an pädagogischer Ungeduld, die auch offen gezeigt wird. Sie ist ein Antriebsmoment, das zur Verbesserung der Leistungen und der Einstellungen beitragen kann und auch zur Beschleunigung der Arbeiten. In der schwedischen Schule scheint aber die **pädagogische Geduld** so stark ausgeprägt, dass pädagogische Ungeduld kaum anzutreffen sein dürfte. Wenn der erwähnte Ingemar Mattsson über das individuelle Lernen der Schüler und die Projektarbeit etwas süffisant sagte, sie folge angeblich dem Grundsatz »learning by doing«, aber beherzige nur das »doing«, mit anderen Worten, das Lernen finde trotz der Beschäftigung der Schüler oft gar nicht statt, so zeigt das die Schwäche einer einseitigen Betonung des selbst gesteuerten Lernens und einer Geringschätzung des Lehrens (Möhler, S. 74). Eine wesentliche Rolle für die Ergebnislosigkeit der Schüleraktivität spielt nach der Auffassung Mattssons das Internet, denn die Schüler beschränkten sich häufig darauf, Informationen aus dem Internet zu kopieren. Die alte reformpädagogische Idee der Freiarbeit bekommt eine andere Bedeutung, wenn die Schüler das Internet als die wichtigste Lernressource benutzen.

Die Ausprägung einer »langsamen Schule« in Schweden basiert auf einem Sieg der Volksschultradition über die Gymnasialtradition. Das Ringen um die Verbindung beider Traditionen dauerte etwa drei Jahrzehnte lang an, bis 1962 der Beschluss zur Einrichtung einer einheitlichen neunjährigen Grundschule fiel. Zunächst dominierte noch der Gedanke einer gegliederten Gesamtschule, jedoch setzte sich mit dem Lehrplan von 1980 der Gedanke einer undifferenzierten, aber individualisierten Gesamtschule durch, die gleichzeitig eine Leistungsauslese durch Versetzungsregeln und eine Abschlussprüfung ausschloss. Die dänische Schulentwicklung verlief ähnlich, aber in der dänischen Schule gibt es wesentlich mehr Wahlkurse als in der schwedischen Schule. Sie sind in Dänemark zwar nicht nach Leistung differenziert, aber sie können durchaus ein gewisses Maß an Differenzierung bewirken. Außerdem endet die dänische neunjährige Volksschule mit einer Abschlussprüfung.

Literatur

Berg, Andreas (2010): Lernen in heterogenen Gruppen. Ein ressourcenorientierter Weg zur Öffnung der Schule zur Schule für alle. Frankfurt/M.: Peter Lang.

Daun, Holger/**Slenning,** Kah/**Waldow,** Florian (2004): Sweden. In: Döbert/Klieme/Sroka (Hrsg.), S. 430–483.

Döbert, Hans,/**Klieme**, Eckhard/**Sroka**, Wendelin (Hrsg.) (2004): Conditions of School Performance in Seven Countries. A Quest for Understanding the International Variation of PISA Results. Münster: Waxmann.

Enzyklopädisches Handbuch der Pädagogik (1904), hrsg. von Wilhelm Rein. Band II, Zweite Auflage. Langensalza: Beyer & Mann. Artikel: Ferien, S. 810–819.

Enzyklopädisches Handbuch der Pädagogik (1908), hrsg. von Wilhelm Rein, Bd. VIII, Zweite Auflage. Langensalza: Beyer & Mann. Artikel: Schwedisches Schulwesen, S. 389–433.

European Commission (2009/2010): Eurydice/Eurybase, Education, Audiovisual & Culture Executive Agency: Organisation of the education System in Sweden. URL: http://eacea.ec.europa.eu/education/eurydice/documents/eurybase/eurybase_full_reports/SE_EN.pdf Eingesehen 9.8.2012.

Möhler, Johannes (2008): Schule der Zukunft? Vision und Realität der schwedischen Skola 2000. Münster: Waxmann.

Nadolny, Sten (1983): Die Entdeckung der Langsamkeit. Roman. München: Piper.

Nohl, Herman/**Pallat**, Ludwig (Hrsg.) (1928): Handbuch der Pädagogik. Vierter Band: Die Theorie der Schule und der Schulaufbau. Beltz Verlag.

Reincke, Hans Joachim (1995): Slöjd. Die schwedische Arbeitserziehung in der internationalen Reformpädagogik. Frankfurt: Peter Lang.

Schäfers, Heidemarie (2009): Schweden: Geteilte Verantwortung in einer individualisierenden Lernkultur. In: Höhmann, Katrin u. a.: Lernen über Grenzen. Auf dem Wege zu einer Lernkultur, die vom Individuum ausgeht. Opladen: Verlag Barbara Budrich, S. 119–136.

School Holidays Europe (2011): School Holidays Sweden. 2011 and 2012. URL: http://www.schoolholidayseurope.eu/sweden.html Eingesehen 9. 8. 2012.

8. Vorlesung
Die eilige Schule: Deutschland

I. Eilige Schule – eine Schlüsselgeschichte

Was bedeutet »eilige Schule«? Im Prinzip bedeutet es: Eine nicht geringe Lehrstoffmenge in festgelegter Zeit lehren. Sie kennen es aus Vorlesungen: Es geht oft schnell voran mit dem Stoff. Die eilige Schule hat eine ziemlich feste Vorstellung davon, wie viel Zeit sie sich für jede Stofffeinheit und jedes Thema leisten kann. Sie kalkuliert ihre Zeit. Man sieht es, wenn man als Referendar oder als Examenskandidat eine Stunde planen muss: Diese wird nach Minuten unterteilt. Nicht selten passiert es, dass der Lehrende nicht schnell genug voran gekommen ist. Dann muss er in den Schlussminuten das eigentliche Ziel der Stunde eben selber darlegen. Er kann nicht länger auf die Schüler warten. Sie brachten die gewünschte Lösung nicht, den gewünschten Begriff, die gewünschte Interpretation, auf die er hin er die Stunde geplant hatte. Jetzt muss er es selbst bringen. Das ist nicht so gut, der Seminarleiter wird etwas sauer sein, denn es soll ja eigentlich gelingen, die Schüler dahin zu führen, dass sie das Wesentliche selbst sagen. Aber es war auch viel Stoff in der Stunde und die Arbeitsweise sollte auch noch gewechselt werden. Im Referendariat lernt man also mit der Uhr in der Hand, besser gesagt im Kopf, zu unterrichten. Das gewöhnt man sich an und verlernt es nicht mehr. Wenn Schüler am Anfang der Stunde zu lange unruhig sind, bis es los gehen kann, wird schon wertvolle Zeit vertan, die vielleicht am Ende der Stunde fehlt. Wenn jemand zu spät in den Klassenraum kommt und die anderen Mitschüler lachen und feixen, ist es ganz schlecht. Es gibt eine Unterbrechung, man muss noch einmal in die Spannung der Unterrichtsstunde hinein kommen und den Faden wieder aufnehmen.

Die eilige Schule zeichnet sich also durch eine gewisse **Spannung** aus, die in den meisten Unterrichtsstunden anwesend ist. Die Spannung geht vom planenden Lehrer aus und soll sich durchaus in gewissem Umfang auf die Schüler übertragen. Sie sollen konzentriert sein. Sie sollen, wenn sie allein für sich arbeiten, gesammelt und zielstrebig sein. Die eilige Schule kennt viele Stunden, in denen Lehrstoff neu eingeführt wird, also Einführungsstunden. Denn es gibt viele Themen zu behandeln. Übungsstunden sind auch möglich, auch Wiederholungsstunden, aber die Übung und die Wiederholung wird lieber in die Hausaufgaben verlagert und den Schülern selbst aufgetragen. Die Unterrichtszeit ist wertvoll. Das erfährt der Referendar schnell. Nur zur Entspannung für die Schüler ist der Unterricht nicht da, zum Abspannen sowieso nicht. Für Studenten ist das vielleicht etwas anders als für Schüler. Studenten wissen, wie wertvoll ihnen die eigene Zeit ist, weil das gesamte Studienpensum groß ist. Schüler haben oft den Wunsch, die Unterrichtszeit möge schnell um gehen, denn was nach dem Unterricht kommt, ist interessanter als der Unterricht. Aber Studenten lieben keinen Hochschulunterricht, in dem es inhaltlich nicht weiter geht, in dem man nichts dazu lernt und nicht neu angeregt wird. Dieses Bedürfnis voran zu kommen haben auch manche Schüler, aber beileibe nicht alle. Wenn Studenten finden, eine Lehrveranstaltung brächte ihnen nichts, bleiben sie weg. Das können Schüler nicht so leicht. Aber Langeweile spüren Schüler auch. Daher lernt der Referendar: Auf keinen Fall darf eine Stunde langweilig sein. Dafür braucht sie ein gewisses Tempo.

Man kann auch zu viel **Tempo** hinein bringen. Das geht auf Kosten des Verstehens und des festen Aneignens. Also: Eine eilige Schule kann auch überdrehen. Aber wenn z. B. das Gymnasium für einige Schüler zu schnell vorangeht, so gibt es für sie eine Schule mit langsameren Tempo. Sie müssen die Schulart wechseln. Nur unter dieser Bedingung kann die Schule eilig sein. Eine Gesamtschule wie in Schweden, erst recht eine ungegliederte Gesamtschule wie in Schweden, kann keine eilige Schule sein. Die französische Gesamtschule kann eilig sein, weil sie extensiven Gebrauch vom Sitzenbleiben macht und auf der Ebene des *Lycée*, also ab Klasse 10 stark nach Leistung differenziert. Diese Differenzierung wird schon auf der Klassenstufe 9 spürbar.

Die deutsche Schule, zumindest das deutsche Gymnasium, neigt nicht zu der starken Individualisierung, die wir in England beobachtet haben und in anderer Weise auch in Schweden. Sie ist im wesentlichen immer noch eine **Lehr-Schule**. Die Lehramtsstudenten lernen schon im Studium und erst recht die Referendare lernen es, dass sie lehren sollen. Für uns ist es eigentlich ungewöhnlich, dass man Schule auch anders sehen kann und das Lehren relativ stark einengen kann. Daher wünscht auch die deutsche Schule im Prinzip, dass die Schüler gemeinsam voranschreiten im Lehrstoff. Denn wir präferieren sehr stark das fragend-entwickelnde Unterrichtsgespräch. Der Lehrer versucht, einen Dialog mit der ganzen Klasse zu führen. Er möchte Rückmeldungen aus der Klasse haben. Wir erwarten, dass Äußerungen einzelner Schüler in der Schulklasse für alle Schüler von Interesse sind. So lernen die Schüler voneinander. Geradezu glücklich ist der Lehrer, wenn wirklich mal ein Unterrichtsgespräch zwischen den Schülern gelingt, also ohne dass der Lehrer sich einschaltet. Doch bis eine Schulklasse solche Gespräche führen kann, bedarf es einer ziemlich langen Übungszeit. Wir möchten im Grunde, dass die Schüler sich gegenseitig belehren, sich gegenseitig überzeugen. Es ist für alle Mitschüler motivierend, wenn ein Mitschüler eine komplexe Aussage macht und diese mal nicht vom Lehrer kommt. Die Mitschüler erfahren, dass einer der ihren es schon verstanden hat, das bedeutet für die übrigen: Es kann nicht zu schwer für die übrigen sein. Der Lehrer hofft immer, in der Klasse Mitstreiter für sein Unterrichtsthema und sein Stundenziel zu finden. Er möchte nicht nur einzelne Schüler überzeugen, er möchte einen Gruppenprozess auslösen.

Der Lehrer drückt zwar manchmal aufs Tempo, aber er muss die Schüler ja mitnehmen. Er ist nicht Alleinunterhalter wie manchmal der Professor in der Vorlesung. Doch auch der Professor spricht nicht ungestraft an den Studenten vorbei. Manchmal spricht man vom pädagogischen Takt des Lehrers. Dazu gehört vor allem das Fingerspitzengefühl: Wie schnell darf ich sein bei meiner Stoffvermittlung, wann lohnt es sich zu verweilen und den Schülern Zeit zu geben, ohne zu drängen. Ich weiß nicht, ob dieser Takt den Referendaren hinreichend vermittelt wird. Insgesamt dominieren in unserer Ausbildung die Einführungsstunden. Die abwechslungsreiche Übung und die immanente Wiederholung werden zu selten vorgeführt, sie sind aber wichtig. Denn die Einführungsstunde veranlasst die Schüler zum Einatmen des Stoffes, die Übungsstunde und die Wiederholung in etwas anderer Form sind sozusagen das Ausatmen, das genauso wichtig ist.

Schauen wir einmal auf ein **Beispiel aus der deutschen Schulgeschichte**, in dem es um schnelles konzentriertes Lernen ging, um das Aufholen und Einholen, ja sogar Überholen. Es ist eine Geschichte vom Ende des 19. Jahrhunderts und sie soll die **Schlüsselgeschichte** für das heutige Thema sein. Ich meine die außerordentliche Geschichte, als zum ersten Mal junge Frauen in Deutschland zu einem Abitur geführt wurden, das ihnen volle Studienberechtigung an den Universitäten gab. Es waren nur sechs junge Frauen, die sozusagen die Männerfestung »Abitur« und »volle Studienberechtigung« eroberten. Das war im Jahre 1896 in Berlin. Ihre Anführerin und Lehrerin war die damals bekannte Vorkämpferin für das Wahlrecht der Frauen, Helene Lange. Sie war Lehrerin an einer privaten höheren Mädchenschule in Berlin und leitete den »Bund deutscher Frauenvereine«, zusätzlich auch den »Allgemeinen deutschen Lehrerinnenverein«. Denn es war eines ihrer Ziele, dass Frauen auch die Chance bekommen sollten, Gymnasiallehrerin zu werden nach einem vollwertigen Universitätsstudium. Dazu mussten junge Frauen aber das Abitur erwerben – und ein solches konnte man nur an einem Knabengymnasium ablegen. So nahm sie sich vor, einige junge Frauen, welche eine höhere Mädchenschule abgeschlossen hatten, zum Abitur zu führen.

Höhere Mädchenschule – das waren, aufbauend auf einer Vorbereitungsschule, fünf oder sechs Schuljahre, also etwa einem Realschulabschluss entsprechend. Das Vorhaben Helene Langes konnte nur in privater Vorbereitung geschehen, denn es gab keine Schulen, die Mädchen auf ein Abitur vorbereiteten. Sie organisierte also für die entschlossenen Mädchen einen privaten Kursus, in dem sie alles erlernen sollten, was an Knabengymnasien gelehrt wurde, um das Abitur zu erreichen. Und sie wählte das vielleicht schwierigste Abitur, das altsprachliche Abitur, mit den Hauptfächern Deutsch, Latein und Altgriechisch, daneben Französisch, Geschichte, Geographie, Mathematik, Biologie, Physik, Religion. Sie führte mit den Mädchen einen Oberstufenkurs durch, zugleich musste noch manches nachgeholt werden, was in Knabengymnasien bis zur 10. Klasse gelehrt wurde, in höheren Mädchenschulen aber nicht vorkam. Das was die Mädchen in höheren Mädchenschulen Besonderes erlernt hatten, z. B. in der Hauswirtschaft, in den künstlerischen Fächern, auch in Englisch, zählte für dieses Abitur gar nicht oder nur in geringem Maße. Helene Lange fand männliche Lehrer von Knabengymnasien, die bereit waren, sich an diesem besonderen Kurs an Nachmittagen zu beteiligen und die Mädchen zu unterrichten. Helene Lange wünschte sogar, dass die Mädchen zusätzlich das Fach Ökonomie erlernten, weil sie dadurch ihre Berufschancen in der männlich dominierten Wirtschaftswelt erhöhen würden. Die Mädchen hatten bedeutend weniger Unterrichtsstunden, als die Knaben sie an den Gymnasien hatten, weil die Lehrer und Helene Lange sie nur nachmittags unterrichten konnten. Alles war ja freiwillig. Die Mädchen mussten zusätzlich auch noch Geld verdienen oder im Geschäft der Eltern mitarbeiten, denn das erwartete man von Mädchen um die 16 bis 18 Jahre, und außerdem war der Kurs nicht kostenlos.

So war wenig Zeit vorhanden und alles kam auf den Willen der jungen Frauen an. Diesem Willen vertraute Helene Lange. Vier Jahre lang führte sie diesen Kurs und dann schafften sechs junge Frauen das Abitur an einem altsprachlichen Knabengymnasium bei den dortigen Lehrern. Es war das Königliche Luisengymnasium in Berlin. Es war nicht nur ein Kampf gegen eine misstrauische Bürokratie, gegen eine misstrauische Schulwelt der Knabengymnasien, sondern auch ein Kampf gegen die knappe Zeit. Alles musste konzentriert gehen und die Mädchen mussten zu Hause viel Unterrichtsstoff lernen. Es gelang dank des starken Willens der Beteiligten und es war ein Durchbruch, wenn auch nicht der letzte, der nötig war, um Mädchen und Frauen im höheren Schulwesen und in den Universitäten gleichberechtigt zu machen. Es war sozusagen ein Intensivkurs »Gymnasiale Oberstufe der altsprachlichen Richtung« in vier Jahren. Ihm folgten weitere Gymnasialkurse für Frauen, junge und auch schon erwachsene, zum Beispiel ausgebildete Volksschullehrerinnen, bis 1906 endlich Gymnasien mit Abiturprüfung für Mädchen eröffnet wurden. Wie erwartet, waren nicht wenige der Beteiligten dem Pensum der Gymnasialkurse nicht gewachsen und mussten aufgeben, das hinderte aber nicht den beispiellosen Gesamterfolg dieser Kurse (Komander 2006).

II. Indikatoren für die eilige Schule in Deutschland

Vieles spricht dafür, dass die Schule in Deutschland mit einem gewissen Tempo arbeitet. Nehmen wir die **Einschulung mit 6 Jahren**. Schweden hat die Marke von 7 Jahren. In Sachsen müssen normalerweise Kinder, die am 30. Juni sechs Jahre alt sind, eingeschult werden. Kinder, die noch bis zum 30. September sechs Jahre alt werden, werden ebenfalls eingeschult, wenn die Eltern es wünschen. Man sagt manchmal: Es sind Kann-Kinder. Es gibt auch die Möglichkeit einer früheren Einschulung, wenn die Eltern es wünschen. Wenn man einen statistischen Durchschnittswert des Einschulungsalters haben will, muss man berücksichtigen, dass das neue Schuljahr in den Bundesländern zu unterschiedlichen Terminen beginnt. Man rechnet meist, dass es am 1. August beginnen würde. Das bedeutet: In Sachsen sind die »Muss«- Kinder mindestens 6 Jahre und einen Monat alt. In Berlin z. B. heißt es von Seiten der Schulbehörde, dass die Kinder, die bis zum 31. 12. fünf Jahre alt geworden sind, im darauf folgenden Jahr eingeschult werden. Kinder, die erst bis zum 31. 3. fünf Jahre alt werden, können auf Antrag der Eltern eingeschult werden. Das bedeutet: Pflichtmäßig einzuschulen sind Kinder ab dem Alter von 5 Jahren, sieben Monaten, und auf Wunsch der Eltern geht es auch bei Kindern ab dem Alter von 5 Jahren, vier Monaten. Nordrhein-Westfalen und Niedersachsen sind mit 5 Jahren und 10 Monaten für pflichtmäßige Einschulung dabei. Es gibt also Unterschiede. Da diese Stichtage manchmal auch gesetzlich geändert werden, ergibt sich insgesamt eine Bewegung zu einem früheren Einschulungsalter, allerdings in Grenzen. Nach Auskunft des Präsidenten des Deutschen Lehrerverbandes, Josef Kraus, lag das durchschnittliche Einschulungsalter 2004 noch bei 6,4 Jahren, 2009 aber bereits bei 6,2 Jahren (Süddeutsche Zeitung 2009).

Die Diskussion um das Einschulungsalter war stark angeregt worden durch PISA-Forscher, die glaubten, dass Deutschland **Lernpotential** seiner kleinen Kinder verschenke. Aber die extremen Forderungen von 4 Jahren oder 5 Jahren als Einschulungsalter werden inzwischen nicht mehr erhoben. Auch einige Politiker hatten sich solche Forderungen zu eigen gemacht. Darunter auch die Bundesministerin für Bildung, denn die Bundesminister für Bildung standen bisher stärker hinter den PISA-Untersuchungen als die Landesminister für Bildung. Auch Nordrhein-Westfalen war eine Zeitlang stark für die frühere Einschulung. Gesetzlich hat Nordrhein-Westfalen das Einschulungsalter gesenkt, indem als Stichtag der 31. 12. festgelegt wurde. Das bedeutet, dass Kinder in diesem Bundesland im Alter von fünf Jahren, sieben Monaten schulpflichtig werden. Die Landesregierung arbeitet jetzt offensichtlich an einer Rück-Änderung des Gesetzes, um wieder den Stichtag 30. September gelten zu lassen, wie es vorher war. Interessant war, dass mit dem Gesetz, das die frühe Einschulung erzwingen wollte, die Entscheidung der Eltern einen anderen Charakter bekam. Bei den sog. Kann-Kindern war es bisher den Eltern überlassen, einen Antrag auf Einschulung zu stellen, wenn das Kind erst nach dem Stichtag sechs Jahre alt wurde. Die Eltern konnten demnach die Frage einfach ungeklärt lassen und ihr Kind eben zum Termin des nächsten Jahres einschulen lassen. Im nordrhein-westfälischen Gesetz, das offensichtlich bald wieder revidiert werden soll, müssen die Eltern einen Antrag stellen, wenn sie wünschen, ihr Kind noch ein Jahr länger von der Schule fernzuhalten, falls der sechste Geburtstag des Kindes in die zweite Jahreshälfte fällt. Die Eltern müssen also eine Entscheidung gegen die frühe Einschulung treffen, sonst ist das Kind schulpflichtig (Stranz 2012). Früher hieß die Botschaft an die Eltern: ›Wenn du willst, dass dein Kind früher als vorgesehen zur Schule kommt, stelle einen Antrag! Dann nimmst du selbst das Risiko auf dich, weil du dir etwas davon versprichst – zum Guten oder zum Schlechten für dein Kind.‹ Jetzt heißt die Botschaft in Nordrhein-Westfalen: ›Wenn du wirklich willst, dass das Lernen deines Kindes verzögert wird, dann stelle eben einen Antrag. Dann nimmst du das Risiko auf dich, dass dein Kind wertvolle Lernzeit vertut.‹

Inzwischen wurden **Untersuchungen** veröffentlicht, die zeigen, dass vorzeitig eingeschulte Kinder keineswegs durchschnittlich eine bessere Schullaufbahn haben als Kinder, die zu den früher gültigen Terminen eingeschult werden, im Gegenteil zeigen sich bei einem Teil von ihnen im späteren Schulverlauf Krisen wie z. B. Sitzenbleiben. Die Befunde deuten darauf hin, dass einigen Kindern die Zeit in der Entwicklung gefehlt hat. Die Wahrscheinlichkeit, das Gymnasium zu erreichen, soll bei den früher eingeschulten Kindern geringer sein als bei den zum normalen Zeitpunkt eingeschulten Kindern. Es gibt sogar Untersuchungen, die bei einigen Kindern einen Zusammenhang zwischen früher Einschulung und dem Auftreten von AD(H)S sehen. Damit wurde eine Grenze für die Vorverlegung des Schuleintritts aufgezeigt (Hagemeister 2009. – Hagemeister 2011. – Puhani/Weber 2006).

Als einen Kompromiss in dieser Frage kann man die Auffassung der »Interessengemeinschaft Kind und Hochbegabung« ansehen, die eine frühere Einschulung an die Höhe des gemessenen IQ binden möchte. Die Gruppierung ist ein Elternverein, der Familien vertreten möchte, deren Kinder als besonders begabt gelten. Kinder mit einem überdurchschnittlichen IQ-Wert brauchen nach ihrer Überzeugung ein schnelleres Lerntempo und einen schnelleren Durchlauf durch das Schulsystem. Hintergrund für diese Forderung sind entsprechende Studien aus den USA (IKUH e.V. o.J.). Der frühere Beginn und der schnellere Durchlauf werden als **Akzeleration** bezeichnet. Die Beschleunigung des Lernens wird in dieser Auffassung auf die Schnelligkeit des Intelligenzwachstums bezogen.

Als eine breitenwirksame Lösung wurde die **flexible Schuleingangsstufe** ins Spiel gebracht, bei der die ersten beiden Schuljahre als eine Einheit betrachtet werden. Das Kind kann wie bisher den Lehrstoff in zwei Jahresetappen bewältigen oder aber schneller durchlaufen oder langsamer, also z. B. drei Jahre in der Schuleingangsstufe verweilen. Bei der flexiblen Schuleingangsstufe hapert es allerdings an der Jahrgangsmischung, also der Aufhebung der Trennung von erstem und zweitem Schuljahr. Sie erfordert zumindest mehr Lehrerstunden, die in den Bundesländern unterschiedlich gewährt werden. Einer Untersuchung des Deutschen Jugend-Instituts in München zufolge, wurde die Jahrgangsmischung in der Regel nur in Schulversuchen durchgeführt, ansonsten blieb sie Empfehlung (Berthold 2008). Interessant ist die flexible Schuleingangsphase unter dem Gesichtspunkt der Erhaltung kleiner Grundschulen.

In Deutschland wird die Einschulung mit einer **Schulfähigkeitsprüfung** verbunden. Diese gibt es in Schweden nicht. In Deutschland hat diese Prüfung, die meist mit Hilfe von Tests geschieht, zu Zurückstellungen vom Schulbesuch geführt, so dass die Einschulung der betreffenden Kinder erst mit sieben Jahren erfolgte. Am Beginn der Schullaufbahn wird also eine Einschätzung vorgenommen, die darauf zielt festzustellen, ob vom Kind der durchschnittliche Lernfortschritt in der Grundschule zu erwarten ist.

Gehen wir einen Schritt weiter und schauen auf das **Erlernen der Schriftsprache**, den Schriftspracherwerb, der sich im Lese-Schreiblehrgang vollziehen soll. Selten wird zwar der Leistungsstand, welcher am Ende des ersten Schuljahres erwartet wird, quantitativ ausgedrückt, aber folgende Aussage dürfte nicht aus dem Rahmen fallen. »Möglichst viele Lernende sollten dann (gemeint ist: am Ende des ersten Schuljahres – D.W.) in der Lage sein, einen unbekannten, nach Umfang (60–100 Wörter) und Inhalt altersangemessenen Text selbstständig zu erlesen, laut vorzulesen und über seinen Inhalt Auskunft zu geben. Sie sollten ihn abschreiben können und eine kurze, selbst formulierte Mitteilung an einen Adressaten aufschreiben können.« Das Zitat findet sich in einem Studienmaterial aus dem Jahre 2003/04 von Prof. Lurger, der u. a. in Koblenz im Lehrgebiet ›Deutsch Grundschuldidaktik‹ lehrte (Lurger 2003/04). Der angegebene Zahlenbereich für die Wörter erscheint nicht unrealistisch, wenn man bedenkt, dass Grundschulpädagogen einen zu übenden Grundwortschatz für die Grundschulzeit von 1000 Wörtern ansetzen (Füssenich/Löffler 2005, S. 124). Aus den Angaben wird ersichtlich, dass im ersten Schuljahr viel verlangt wird. Man sagt heute nicht mehr wie früher, der Lese-Schreiblehrgang müsse nach einem Jahr abgeschlossen sein, er darf noch in das zweite Schuljahr hineinreichen, zumindest für einen Teil der Schüler. Vergleichsdaten zum Tempo des Schriftspracherwerbs kann ich nicht vorlegen, aber es ist bekannt, dass die Waldorfschule sich doppelt so viel Zeit nimmt.

Die nächste Station, an der wir den Charakter unserer Schule bestätigen können, ist die Erteilung der **Bildungsempfehlung**. Sie wird in der Mitte des vierten Schuljahres gegeben, also nach dreieinhalb Jahren Unterricht. Dann entscheidet sich, ob das Kind in das Gymnasium geht oder in die Mittelschule. Zumindest vorläufig gilt diese Entscheidung, sie kann korrigiert werden. Der Zeitraum, in dem die Grundschullehrerinnen sich über das Kind so weit klar werden müssen, dass sie eine Empfehlung geben können, ist also nicht lang.

Im **Gymnasium** gibt es dann in der Tat einen erheblichen Zeitdruck. Das haben wir in Deutschland bemerkt, als nach und nach alle Bundesländer auf das achtjährige Gymnasium umstiegen. Um ein Jahr wurde in den meisten Bundesländern die Zeit gekürzt, dennoch sollten die Anforderungen nicht gesenkt werden. In Bayern und teilweise in Baden-Württemberg haben Eltern Protest erhoben, der Druck auf ihre Kinder sei zu stark. Schon auf der 10. Klassenstufe müssen die Entscheidungen über die Grund- und Leistungskurse getroffen werden. Für eine Selbst-Erprobung der Schüler bleibt kaum noch Zeit.

Es gibt auch einen Druck, mit bestimmtem **Fachunterricht früher zu beginnen**. Der Beginn des Unterrichts in Englisch ist bereits seit längerem in die Grundschule verlegt worden, beginnend in der dritten Klassenstufe. Anfänglich war ein Fach »Begegnungssprache« in der Grundschule geschaffen worden. In Sachsen wurde es in einigen Schulen, besonders den grenznahen Schulen, für die Sprachen Polnisch oder Tschechisch genutzt. Die überwiegende Zahl der Schulen wählte Englisch. Der Unterricht in der Begegnungssprache wurde aber bald darauf in ein Fach Fremdsprachenunterricht umgewandelt, und zwar in der Sprache Englisch. Von dem Fach Begegnungssprache blieb übrig, dass Englisch in der Grundschule oftmals nur als mündliche Sprache unterrichtet wird. In Nordrhein-Westfalen wurde Englischunterricht ab Klassenstufe 3 im Jahre 2003 eingeführt. Englisch als schriftliche Sprache beginnt in der 5. Klassenstufe. Jedoch wird in nicht wenigen Schulen in der 5. Klassenstufe schon mit einer zweiten Fremdsprache begonnen, und zwar in mündlicher und schriftlicher Form. Thüringen unternahm 2003/04 einen Schulversuch mit 40 Schulen (Regelschulen und Gymnasien) in dieser Richtung. Die 2. Fremdsprache erhielt dabei zwei Wochenstunden. Zwei Fremdsprachen beginnen also parallel in der 5. Klassenstufe als schriftliche Sprachen. Das scheint in diesen Fällen nötig, um für beide Sprachen die genügende Zahl von Schuljahren zu erreichen. In manchen Schulen wird der Einsatz der zweiten Fremdsprache auf die sechste Klasse verschoben. Der Thüringer Schulversuch sieht zugleich vor, bis zur 10. Klassenstufe drei Pflichtfremdsprachen im Lehrplan unterzubringen.

Doch das Tempo erhöhte sich noch. In Baden-Württemberg ist seit 2005 Englischunterricht sogar ab der 1. Klassenstufe verpflichtend, Nordrhein-Westfalen folgte dem im Jahre 2009 und Hamburg schloss sich im Jahre 2010/2011 an, allerdings verzichtete Hamburg im Unterschied zu den beiden anderen Bundesländern auf den Pflichtcharakter der Sprache und hält den Fremdsprachenunterricht ab der 1. Klassenstufe als Angebot bereit. Der Unterricht sieht auf den ersten Klassenstufen so aus, dass täglich eine Viertelstunde Englisch unterrichtet wird. Das Schriftbild zu zeigen wird nicht ausgeschlossen, aber es geht um Hörverstehen und Sprechen (Dierks 2012).

Im naturwissenschaftlichen Unterricht ist ebenfalls eine allmähliche **Vorverlagerung des Unterrichts** zu beobachten. Bisher ist die Regel, dass die drei naturwissenschaftlichen Fächer im Jahresabstand eingeführt werden, mit Biologie auf der Klassenstufe 5 beginnend. Nunmehr wird der gleichzeitige Beginn aller drei Fächer auf der Klassenstufe 5 erprobt, allerdings als ein gemeinsames Fach unter der vorläufigen Bezeichnung »Naturwissenschaftliche Grundbildung«. Es sind vorwiegend einige Fachgesellschaften, die dafür werben. Ein Hauptargument ist, dass es für die Fächer Physik und Chemie eine zu große Zeitlücke gebe zwischen dem Ende des Sachunterrichts in der Grundschule und dem Beginn dieses Fachunterrichts auf den Klassenstufen 6 und 7 (Deutsche Physikalische Gesellschaft u. a. 2005). Einige Gymnasien haben diesen Gedanken bereits aufgegriffen und einige Kultusminister bieten den Gymnasien an, entsprechende Profilklassen (sog. Nawi-Klassen) mit 3 Wochenstunden für dieses Fach zu bilden.

Das Land Berlin hat zunächst den Sachunterricht der Grundschule in »Naturwissenschaften« umbenannt (Rahmenlehrplan Grundschule: Naturwissenschaften). Diese Entscheidung trifft sich mit dem Argument, das in dieser Frage ebenfalls geltend gemacht wird. Mädchen könnten ihren Rückstand in dem Interesse für naturwissenschaftlich-technische Bildung nur wettmachen, wenn die naturwissenschaftliche Bildung früher einsetze, und zwar in der Grundschule bereits, so dass sich eine distanzierte Haltung nicht festsetzen könne (Kaiser/Wilkens 2008).

Man sieht an diesen Beispielen, wie sich durch curriculare Änderungen Unterrichtsgegenstände in ein früheres Schüleralter verschieben. Für die »eilige Schule« ist das Bemühen charakteristisch, **Zeitreserven** zu erschließen. Diese werden vorwiegend im frühen Kindesalter vermutet. So werden Unterrichtsgegenstände vorverlagert. Der andere Aspekt der »eiligen Schule« besteht darin, in eine Zeiteinheit mehr Unterrichtsstoff zu füllen als es bisher der Fall war. So muss z. B. im Falle des gleichzeitigen Beginns zweier Fremdsprachen als Schriftsprachen die erste Sprache wenigstens eine Unterrichtsstunde abgeben an die zweite, ohne deshalb den Stoffumfang mindern zu können. Auch in ein integriertes Fach »Naturwissenschaft« auf den Klassenstufen 5 und 6 muss mehr Unterrichtsinhalt aufgenommen werden als zuvor gegeben war.

Die Zahl der Unterrichtsstunden zu vergrößern, ist eine weitere Möglichkeit, um die Beschleunigung zu ermöglichen. Im Falle der Umstellung auf das achtjährige Gymnasium, die in der Mehrheit der Bundesländer inzwischen vollzogen wurde, ist von dieser Möglichkeit extensiver Gebrauch gemacht worden. Die durchschnittliche

Wochenstundenzahl für die Schüler stieg von 30 auf 33. Zur Unterstützung dieser Entscheidung wurde an Bildungsforscher bzw. PISA-Forscher die Erwartung herangetragen, Zeitreserven zu erschließen. Der Koordinator der PISA-Untersuchungen, Professor Manfred Prenzel aus Kiel, formulierte im Jahre 2008: »Es kommt nicht allein auf die Menge der Unterrichtszeit an. Entscheidend ist die effektive Nutzung der Unterrichtszeit für das Lernen«. Aus Sicht der Bildungsforschung sind mithin noch **Reserven für Beschleunigung** erschließbar (Prenzel 2008).

In der Oberstufe wird in mehreren Fächern relativ zielstrebig auf das Abitur vorbereitet, denn wir haben in den meisten Bundesländern inzwischen ein **Zentralabitur**. Dabei werden die Gymnasien mit drei Jahren Zeitvorlauf informiert, welche Arten von Aufgaben gestellt werden sollen und welche Bewertungskriterien angelegt werden sollen. Ich erinnere daran, dass Schweden gar kein Abitur kennt.

Das deutsche Gymnasium leistet sich nicht solch eine ausgedehnte Zeit für individuelles Lernen der Schüler wie z. B. die englische Schule und die schwedische Schule. Die deutschen Lehrer führen den Unterricht stärker. Sie unterrichten in der Regel die ganze Klasse, sei es im Frontalunterricht oder im fragend-entwickelnden Unterrichtsgespräch. Das sind ohne Frage die Hauptformen. Dabei bestimmt der Lehrer das Tempo des Voranschreitens, er orientiert sich dabei meist an einigen Schülern, die er vielleicht für durchschnittlich schnell in der Auffassung hält oder eventuell für etwas unterdurchschnittlich. Wenn sie verstanden haben oder signalisieren, sie hätten verstanden, kann er weiter gehen. Ein Teil der Schüler mag das Tempo ganz gemächlich finden, aber andere haben Not mitzuhalten. Es gibt eben die Notenskala und Fünfen kommen durchaus vor, wenn auch die Lehrer nur annähernd nach der Normalverteilung vorgehen. Ebenso gibt es das Sitzenbleiben, damit wird deutlich angezeigt: Man muss das Tempo mithalten, sonst muss man schließlich das Gymnasium verlassen und in die Mittelschule übergehen. Etwa 3 % der Schüler bleiben in Deutschland jährlich sitzen. Wenn man rechnet, wie viele Schüler wenigstens einmal in der Schullaufbahn sitzen geblieben sind, so ist das ein bedeutend höherer Anteil. Bis zum Alter von 15 Jahren betrifft es 23 % unserer Schüler (Klemm 2009). In den nordischen Ländern ist der Anteil bedeutend geringer, in der Schweiz allerdings etwas höher.

III. Pädagogische Erkenntnisse aus der eiligen Schule in Deutschland

Es soll nicht gesagt sein, dass es pädagogisch oder gar ethisch verwerflich sei, wenn eine Schule oder ein Schulsystem eilig sind. Ebenso wenig soll gesagt sein, dass eine langsame Schule von Nachteil sei. Es soll hier nicht verglichen werden. Es sollen nur einige Eigenarten der jeweiligen Schulspezifik deutlich gemacht werden, ohne sie zu bewerten. In einer sich beschleunigenden Zivilisation kann die eilige Schule angemessen sein, zumindest ist es verständlich, dass auch die Schule beschleunigt werden soll. Vom pädagogischen Gesichtspunkt aus ist es nicht unbedingt schädlich, manchmal ein hohes oder sogar zu hohes Tempo anzuschlagen. Die pädagogische Ungeduld kann manchmal hilfreich sein. Es soll nicht sein, dass Schüler, die mehr lernen könnten, sich hinter den langsamen verstecken. Es geht, wie gesagt, um den pädagogischen Takt, das richtige Maß für jede Klasse zu finden. Schwedische Pädagogen empfinden offensichtlich keine Scham darüber, dass ihre Schule eine langsame ist. Deutsche Pädagogen müssen auch keine Scham darüber empfinden, dass ihre Schule eine eilige ist. Für den Reisenden ist es hilfreich, etwas über das Gefährt zu wissen, das ihn befördert. In jeder Schulspezifik sind pädagogische Annahmen enthalten. Eine davon ist, dass langfristig am meisten erreicht wird, wenn die Lehrer auf die Schüler warten. Letztlich bestimmen sie das Tempo, denn sie sollen ja lernen. Eine andere ist die Annahme, dass in der Organisationsweise und in der didaktischen Praxis der Schule noch viele Zeitreserven stecken, die man nutzen kann. Unter dieser Annahme muss das Lernen stark durch Lehren gesteuert werden. Beide Annahmen sind bedenkenswert, und es gibt in jedem Schulsystem Situationen, in denen wir die eine oder die andere Annahme entdecken können. Letztlich müssen beide Annahmen nebeneinander existieren.

Literatur

Berthold, Barbara (2008): Einschulungsregelungen und flexible Eingangsstufe. Recherche für den nationalen Bildungsbericht 2008 im Auftrag des Deutschen Jugendinstituts Stand: Frbruar 2008. URL: http://www.grundschulpaedagogik.uni-bremen.de/schuleingangsphase/bb20080203seph_synopse_DE.pdf Eingesehen 12. 8. 2012.

Deutsche Physikalische Gesellschaft u. a. (2005). Naturwissenschaftlicher Unterricht in den Jahrgangsstufen 5 und 6. URL: http://www.dpg-physik.de/dpg/gliederung/ag/ags/informationen/nawi5_6.pdf

Dierks, Hildegard (2012): Fremdsprachenunterricht. In: Schulbuchzentrum online. Magazin. Hrsg. von Bildungshaus Schulbuchverlage. URL: http://www.schulbuchzentrum-online.de/magazin/magazin_artikel.php?id=416 Eingesehen 13. 8. 2012.

Füssenich, Iris/**Löffler**, Cordula (2005): Schriftspracherwerb. Einschulung, erstes und zweites Schuljahr. München: Ernst Reinhardt.

Hagemeister, Volker (2009): Statistische Ergebnisse zum Einschulungsalter und zu Teilaspekten des Schulerfolges, hergeleitet aus PISA-Daten. In: Bildungsforschung, Jahrgang 6, Ausgabe 2, S. 111–136. URL: http://www.bildungsforschung.org Eingesehen 12. 8. 2012

Hagemeister, Volker (2011): Wissenschaftliche Artikel zu aktuellen pädagogischen Fragen. »Langfristig nachteilige Folgen einer frühern Einschulung«. Berlin. URL: http://www.pisa-kritik.de/langfristig-nachteilige-folgen-einer-fruhen-einschulung.html Letzte Änderung 17. 1. 2011. Eingesehen am 12. 8. 2012.

IKUH e.V. (o.J.): Interessengemeinschaft Kind und Hochbegabung. Bergisch-Gladbach. Informationen zur vorzeitigen Einschulung. URL: http://www.ikuh.de/cms2/index.php?id=182,0,0,1,0,0 Eingesehen am 12. 8. 2012.

Kaiser, Astrid/**Wilkens**, Martina (2008): Mädchengerechter naturwissenschaftlicher Unterricht. Google book. URL: http://www.gender-in-bildung.de/Texte/PDFs/Maed%20Nat%20Unterricht2.pdf Eingesehen am 13. 8. 2012.

Klemm, Klaus (2009): Klassenwiederholungen – teuer und unwirksam. Eine Studie zu den Ausgaben für Klassenwiederholungen in Deutschland. Gütersloh: Bertelsmann Stiftung.URL: http://www.bertelsmann-stiftung.de/bst/de/media/xcms_bst_dms_29361_29362_2.pdf Eingesehen 13. 8. 2012.

Komander, Gerhild H.M. (2012): Wie sich Frauen den Zutritt zur Universität erstritten. Eine mächtige, an die Wurzeln unserer Kultur greifende Bewegung. In: Berliner Lindenblatt, Die Zeitung für Berliner Geschichte, 12. August 2012 (Nachdruck von Nr. 4 vom Dezember 2006). URL: http://www.berliner-lindenblatt.de/content/view/270/321/Eingesehen am 12. 8. 2012.

Lurger (2003/04): Deutsch Grundschuldidaktik. Erstlesen. Schriftspracherwerb. URL: http://mitglied.multimania.de/danielavarga/erstlesen.doc. Eingesehen am 8. 12. 2001. Nähere Angaben zu Prof. Lurger konnten nicht ermittelt werden.

Prenzel, Manfred (2008): Umstellung auf das achtjährige Gymnasium eröffnet Chancen. In: Bildungsklick: Pressemeldung vom 8. 5. 2008. URL: http://bildungsklick.de/pm/60157/prof-manfred-prenzel-umstellung-auf-das-achtjaehrige-gymnasium-eroeffnet-chancen/ Letzte Änderung 13. 8. 2012. Eingesehen 13. 8. 2012.

Puhani, Patrick A./**Weber**, Andrea M. (2006): Fängt der frühe Vogel den Wurm? Eine empirische Analyse des kausalen Effekts des Einschulungsalters auf den schulischen Erfolg in Deutschland. Diskussionspapiere der Wirtschaftswissenschaftlichen Fakultät der Universität Hannover. URL: http://www3.wiwi.uni-hannover.de/Forschung/Diskussionspapiere/dp-336.pdf Eingesehen am 8. 12. 2012.

Süddeutsche Zeitung (2009): Einschulungsalter wird immer niedriger. Beilage Karriere vom 18. 8. 2009. Seite 1. URL: http://www.sueddeutsche.de/karriere/fruehkindliche-bildung-so-jung-so-schlau-so-ueberfordert-1.156055-2 Eingesehen am 12. 8. 2012.

Stranz, Gerhard (2010): NRW will immer frühere Einschulung im Schuljahr 2012/13 stoppen. In: Bildungsklick.de 9. 12. 2010. (Betreiber und Redaktion: Redaktionsbüro Diehl in Osnabrück.) URL: http://bildungsklick.de/blog/76355/nrw-will-immer-fruehere-einschulung-im-schuljahr-2012-2013-stoppen/html Letzte Änderung 10. 8. 2012. Eingesehen am 12. 8. 2012.

9. Vorlesung
Die individuelle Schule: Niederlande

I. Der Freiheitsbegriff der individuellen Schule

Was kann »individuelle Schule« bedeuten? »Individuell« bedeutet ja: einer für sich, einzeln, besonders, sich unterscheidend. Man kann das Attribut auf die Schule als ganze beziehen, die sich von anderen unterscheidet. Man kann es auch auf den Schüler beziehen, der sich allein durchkämpft, der auf sich gestellt ist. Schulen und auch einzelne unterscheiden sich natürlich meistens und nahezu überall. Aber es können sich auch die Schularten unterscheiden, es kann mehrere Schularten geben und innerhalb der einzelnen Schulart noch weitere Spezialitäten. Eine auf das Individuum bezogene Schule ermöglicht dem einzelnen **Wahlen**, erzieht den einzelnen zur Kalkulation seiner Chancen und zu deren Wahrnehmung, bindet ihn nicht allzu sehr an die Gruppe und orientiert ihn auch auf den Wettkampf, sofern es um hierarchische Ebenen geht. In der Orientierung auf den einzelnen spricht sich ein spezifisches Freiheitsverständnis aus. Es ist die Freiheit, die einen möglichst großen Handlungsspielraum haben möchte, sich mehrere Optionen verschaffen möchte und Vorteile nutzen möchte.

Hat diese Orientierung auf den einzelnen eine tiefere Verankerung in der Geschichte des niederländischen Schulwesens? Der **Freiheitsbegriff**, den die niederländische Schule verkörpert, weist die Komponente der Zusammengehörigkeit nicht so deutlich auf, wie wir es von Dänemark gehört haben. In Artikeln über die Schule in den Niederlanden stößt man öfter auf den Ausspruch: »Qual der Wahl« (z. B. Tigges/Huijnen 2008). Dieser Ausspruch kennzeichnet die Situation der niederländischen Eltern gut, die eine Schule für ihr Kind aussuchen. Der Freiheitsbegriff der niederländischen Schule bezieht sich vor allem auf die individuelle Freiheit, während der Gesichtspunkt der Gemeinschaft weniger wichtig ist. Denn es ist durchaus nicht gesagt, dass ein Kind zusammen mit den Nachbarkindern in dieselbe Schule geht. Es wird gesagt, dass man den Fall beobachten könne, dass in einem Dorf mit 100 Kindern drei Schulen existieren. Wenn also auch in den Niederlanden des Öfteren das Prinzip der kleinen Zahl zu beobachten ist, wie es in Dänemark durchgängig der Fall ist, so rührt es im Falle der Niederlande von der Pluralität des Schulwesens.

Um diesen Zusammenhang zu erläutern, soll wiederum eine **Schlüsselgeschichte** erzählt werden, ganz ähnlich der über den Pastor Grundtvig. Es geht um fast dieselbe Zeit im 19. Jahrhundert, als um die Freiheit in den Kirchen, die Freiheit des Staates von der Kirche und um die Freiheit der Kirche vom Staat gestritten wurde. Es geht wieder um eine Persönlichkeit, die wahrlich kein Vorreiter liberaler Ideen war und dennoch diese Schulwahlfreiheit in den Niederlanden bewirkt hat. Wieder ist es ein Kirchenmann, wieder einer, der sich auch ins Parlament wählen ließ und dort Einfluss gewann. Wieder ist es ein Protestant, aber kein Protestant lutherischer Prägung, sondern calvinistischer Prägung. Da liegt offensichtlich eine bedeutende Differenz, die wir vielleicht bis heute in den Unterschieden des Freiheitsbegriffs in Dänemark und den Niederlanden spüren. Er schrieb theologische und politische Schriften, keine Gedichte und Lieder. Es ist **Abraham Kuyper** (1837–1920).

Er war Kirchengründer, Universitätsgründer und Premierminister der Niederlande. Was tat er? Die Kirche, die er gründete, nannte er »Die reformierten Kirchen in den Niederlanden«, das war eine Abspaltung von der reformierten Staatskirche. Den sprachlichen Unterschied kann man nicht übersetzen, er besteht nur im Niederländischen. Die Staatskirche hieß: »Hervormde Kerk«, Kuypers Kirche hieß: »Gereformeerde Kerken in Nederland«. Er wählte den Plural: Er wollte einzelne Kirchgemeinden unter seiner Dachkirche vereinen. Um seine Kirche zu stärken, gründete er 1880 die Freie Universität Amsterdam: Sie sollte seiner Kirche die Theologen ausbilden.

Zu jener Zeit war der niederländische Staat überhaupt nicht gesonnen, die kirchlichen Schulen zu unterstützen. Es sollten kommunale Schulen aufgebaut werden und nur diese sollten Geld aus staatlichen Steuermitteln erhalten. Kuyper kämpfte dagegen, er verlangte staatliche Unterstützung für christliche Schulen ohne Einmischung des Staates in die Schule. Der Staat, so meinte er, solle das Äußerliche bereitstellen, ohne das Innere zu bestimmen. Er entwickelte die These von der Souveränität der Sphären. Die Sphären von Staat und Kirche waren beide souverän, keine Sphäre sollte die andere beherrschen oder in sie eingreifen. Sie mussten gleichgestellt sein.

Diese Lehre trug Kuyper vor in der Rede, mit der er **1880** die Freie Universität von Amsterdam einweihte. Natürlich berief er sich auf die Bibel, denn im 1. Kor. 15, Vers 23 steht die kleine Wendung: »ein jeglicher aber nach seiner Ordnung«. Eine kleine Wendung – mit großen Folgen. Eigenartigerweise hat das protestantische Nordamerika, die USA, genau die umgekehrte Schlussfolgerung daraus gezogen wie die Niederlande. In den USA heißt die Schlussfolgerung: Keinerlei öffentliche Steuermittel dürfen an kirchliche Einrichtungen fließen. In den Niederlanden heißt es umgekehrt: Der Staat muss die kirchlichen Schulen zu 100 % finanzieren.

Kuyper war damals noch weit davon entfernt, dieses zu erreichen. Er war ein radikaler Prediger seines Glaubens, des Glaubens seiner Kirche, und der Papst und die katholische Kirche waren für ihn Diener des Teufels. Doch Kuyper war auch

Politiker genug, um im entscheidenden Moment mit der katholischen Partei eine Koalition zu bilden gegen Liberale und Sozialisten. Für wenige Jahre wurde er so Premier der Niederlande und setzte durch, dass die Absolventen seiner Freien Universität Amsterdam nicht mehr durch eine staatlichen Universität geprüft werden mussten, und legte den Grundstein für den berühmten Schulkompromiss der Niederlande, der 1917 besiegelt wurde. Er besagt, dass der Staat alle konfessionellen und freien Schulen genauso wie die kommunalen Schulen finanziert.

Gewiss, die Souveränität der Sphären bedeutete für Kuyper keineswegs, dass im Inneren jeder Sphäre Freiheit herrschen musste. Wenn es um das rechte Glaubensbekenntnis ging, so entfernte er Abweichler ohne Erbarmen von seiner Freien Universität. Noch heute stellt es ein Dilemma für den niederländischen Staat dar, wie denn innerhalb der konfessionellen Sphären Freiheit gewährleistet werden soll. Vom Gesetz her darf es keine religiöse Diskriminierung geben. Was nun, wenn ein katholischer Lehrer sich an einer protestantischen Schule bewirbt, aber wegen seiner Kirchenzugehörigkeit abgelehnt wird? Der Staat will dieses unterbinden und es kommt zu Konfliktfällen. Der Staat möchte eine Gleichheit der Bürger herstellen, aber zugleich muss er die anderen »Sphären« achten.

Kuypers Einsatz für die protestantischen Schulen kam natürlich auch den katholischen Schulen zugute und allen freien Schulen. Wieder galt: Was ein orthodoxer Kirchenmann für seine Kirche erstritt, wurde schließlich ein allgemeines Freiheitsrecht.

Aus diesem Schulstreit heraus entstand die sog. **Versäulung** in der niederländischen Gesellschaft: *verzoiling*. Man spricht von der katholischen Säule, der protestantischen Säule und einer dritten, die manchmal als sozialistisch, manchmal als humanistisch bezeichnet wird. Letzteres ist die Säule der kommunalen Einrichtungen. Im Schulwesen müsste man von vier Säulen sprechen, denn neben katholischen, protestantischen und kommunalen Schulen gibt es auch einen Sektor freier Schulen, der ca. 7–8 % der Schüler erreicht. Dieses sind die Reformschulen, wie z. B. Montessorischulen, Waldorfschulen, Freinetschulen. Heute sagt man, dass die Gesellschaft sich wieder ›entsäule‹, die Konfessionsbindungen zunehmend an Bedeutung verlören. Man misst es daran, dass z. B. im Jahre 2010 insgesamt 10 Parteien ins Parlament gelangt sind. Die Sperrklausel ist auf 1 % festgelegt. Früher entsprachen die Parteien jeweils den »Säulen«.

II. Die individuelle Schule der Niederlande als Chance und als Überforderung

Was bedeutet die nachhaltige Wirkung des Schulkompromiss von 1917 bis heute? Man sagt heute, der Staat regiere auf Distanz. Er hat es immer leicht gemacht, Schulen zu gründen. Wenn nachgewiesen wurde, dass für den ersten Jahrgang 20 Kinder da sein würden und in der Ausbaustufe 100, konnte eine Schule gegründet werden. Heute geht das nicht mehr so einfach, denn der niederländische Staat drängt darauf, die Zahl der Schulen zu verringern und kleine Schulen zusammenzulegen. Dennoch kann der Staat in dieser Frage nicht zu weit gehen: Er hat seinen Schutz für die kleinen Dorfschulen ausgesprochen. Ein Dorf darf eine Schule behalten, wenn es wenigstens 23 Schulkinder zusammenbringt, gemeint ist bis zum Alter von 12 Jahren.

Niederländische Autoren betonen oft, dass die **Freiheit der Schulwahl** ein besonderer Vorzug des niederländischen Schulwesens ist. Eine Wahl ist nicht nur möglich, sondern sie ist nötig angesichts der Pluralität des niederländischen Schulwesens. Die Frage nach der Wahl der Schule tritt zum ersten Mal auf, wenn das Kind 4 Jahre alt ist. Denn die weitaus meisten niederländischen Eltern schicken ihre Kinder mit vier Jahren zur Schule. Schulpflicht besteht allerdings erst, wenn das Kind fünf Jahre alt ist. Es ist die sog. ***basisschool***, die Grundschule, die acht Jahre lang besucht wird: im Alter von 5 bis 12 Jahren. Im Alter von 4 und 5 Jahren werden die Kinder noch beschäftigt wie im Kindergarten, abgesehen von sehr kurzen mehr didaktisch angelegten Einheiten. In den Jahren 2006/07 gingen nur 31 % der Kinder im Grundschulalter in eine sog. öffentliche Schule, also eine kommunal getragene Schule, aber 34 % in eine römisch-katholische und 28 % in eine protestantische und weitere 7–8 % in eine private, aber nicht konfessionelle Schule. Die nicht-kommunalen werden vom Staat in gleicher Höhe unterstützt wie die kommunalen. Dieser staatliche Zuschuss soll alle Kosten decken, seit 2009 wird sogar von allen Schulen erwartet, dass sie auch die Nebenkosten des Schulbesuchs wie z. B. für Schulmaterialien, Schulbücher und Ausflüge decken. Der Schülertransport wird teilweise gedeckt. Dennoch können die nicht-kommunalen Schulen die Eltern auch um Spenden bitten, können also ggf. auch etwas mehr bieten an Lehrmaterial und schulischen Unternehmungen als die kommunalen Schulen.

Zum Gedanken der Individualität gehört die Großzügigkeit des Staates in Hinsicht auf die Chance, private Schulen zu gründen. Kleine Schulen werden geduldet, so ist es auch für **Migranten** möglich, Schulen unter dem Gesichtspunkt ihrer Religion zu gründen. Auch diese werden zu 100 % vom Staat finanziert. Es gibt also auch muslimisch und hinduistisch geprägte Schulen, in denen die Religion und auch die Sprachen der Migranten gepflegt werden. Obwohl der Staat von allen Schulen verlangt, bestimmte Eckwerte des Lehrplans einzuhalten und in niederländischer Sprache zu unterrichten sowie Lehrer zu beschäftigen, die nach niederländischen Bedingungen als Lehrer ausgebildet sind, belässt er es bei Nichtbeachtung dieser Forderungen bei Ermahnungen. Das Prinzip der Individualität hat also durchaus Konsequenzen in Hinsicht auf eine Separierung zwischen der autochthonen (ursprünglich ansässigen) niederländischen Bevölkerung und der allochthonen (von der Ferne hinzugekommenen) Migrantenbevölkerung. Kinder von Migranten besuchen selten die konfessionellen Schulen, obwohl diese heute keineswegs mehr streng sind in ihrer Konfessionalität, sie bevorzugen kommunale Schulen. Man spricht etwas respektlos von »weißen« und »schwarzen« Schulen. So können sich in Amsterdam Schulen beider Färbungen nahe beieinander befinden – die eine als konfessionelle oder z. B. als Montessori-Schule, die von »weißen« Niederländern besucht wird, die andere als kommunale Schule, die von Migranten besucht wird. Immerhin sind etwa 14 % der Bewohner der Niederlande Migranten, mit einer Konzentration in den großen Städten Amsterdam, Rotterdam, Den Haag und Utrecht, wo 30 bis 50 % der Bevölkerung Migranten sind, wobei es einzelne Stadtteile gibt mit einem Anteil von 80 % so genannter »schwarzer« Schulen.

Nach Abschluss der basisschool, also mit 12 Jahren, stellt sich die Frage der **Schulwahl** in noch wesentlich erschwerter Form. Es geht einerseits um die Trägerform der weiterführenden Schule, andererseits gibt es eine Mehrzahl von Schularten auf der Sekundarstufe. Wieder kann es heißen, je nach Größe der Ortschaft und Dichte des Angebotes: Sollen wir eine kommunale oder private, eine religiöse oder eine konfessionell neutrale, aber pädagogisch alternative Schule wählen? Zusätzlich aber muss man auch die Optionen unter den Sekundarschulen überschauen. Es gibt die **Vorwissenschaftliche Bildung** (»vwo«), also eine universitätsvorbereitende Bildung, die man bis zum Alter von 18 Jahren besucht, also sechs Jahre lang nach Vollendung der basisschool. Diese verzweigt sich nach einem Jahr in eine Schulform, die altsprachlich geprägt ist, mit dem Namen Gymnasium, und eine Schulform, die keine alten Sprachen lehrt, aber trotzdem Athenäum heißt. Wenn beide Schularten vereint sind, heißt diese Form der höheren Bildung ›Lyzeum‹ und bietet noch Kombinationsmöglichkeiten in Hinsicht auf Fächer.

Als zweite Schulart der Sekundarschule gibt es die **Allgemeinbildende Sekundarschule**, (»havo«), die fünf Jahre lang dauert. Wenn man sie abschließt, kann man noch in die universitätsvorbereitende Bildung überspringen, muss allerdings ein Schuljahr zugeben. Man kann auch in eine höhere berufsbildende Schule übergehen, die man manchmal auch als Fachhochschule bezeichnet.

Aber um die Wahlmöglichkeiten noch einmal wesentlich zu steigern, wird in diesen beiden höheren Schularten der Sekundarschule nach zwei Jahren eine gleichartige Profilbildung vorgenommen, also sowohl in der universitätsvorbereitenden Schule als auch in der Allgemeinbildenden Sekundarschule. Nach zwei Jahren teilen sich beide Schularten in vier Profile: 1. Natur und Technik, 2. Natur und Gesundheit, 3. Ökonomie und Gesellschaft und 4. Kultur und Gesellschaft. Also gibt es wiederum Wahlen nach zwei weiteren Jahren.

Eine weitere Option ist der **vorbereitende Berufsunterricht** (»vmbo«). Das ist eine vierjährige Schulart, die die Altersspanne von 13 bis 16 Jahren umfasst. Sie nimmt die Mehrheit der Schüler auf, die von der *basisschool* kommen, etwa 60 %. Sie ist angelegt auf einen Übergang in eine mittlere oder auch eine kurze Berufsausbildung, also entweder eine zweijährige Berufsausbildung oder eine vierjährige Berufsbildung. In dieser Schule, die Vorbereitender Berufsunterricht (»vmbo«) heißt, gibt es wiederum vier sog. Lernwege. Im Grunde sind es vier Schularten in einer Schulart. Als erstes ist eine Schulart zu nennen, die eigentlich nicht berufsbildend ist, sondern allgemeinbildend auf einem einfacheren Niveau, der sog. *Theoretische Lernweg*, der zu einer langen vierjährigen Berufsbildung z. B. im öffentlichen Dienst hinführen soll. Man kann von dem Theoretischen Lernweg auch noch hinüberspringen zur Allgemeinbildenden Sekundarschule (»havo«). Daneben gibt es einen *Gemischten Lernweg*, der schon einige berufsbildende Teile hat und auch den Übergang zur vierjährigen Berufsbildung ermöglicht. Ferner gibt es einen *Berufsvorbereitende Lernweg* auf unterem Niveau, den Lernweg für die Fachausbildung, der stärker berufsbildend ist, und auch noch eine Art von Ausbildung für wenig Begabte, den *Basislernweg*, der nur auf eine zweijährige Berufsbildung vorbereitet.

Damit sieht es fast so aus, als gebe es für jeden Schüler die passende Schulart. In der Tat, das Wahlspektrum vergrößert sich zunehmend. Die Wahlmöglichkeiten sind zahlreich und nach jeder Entscheidung tun sich neue Entscheidungsmöglichkeiten auf. Zusätzlich ist es auch möglich, Optionen, die man zunächst ausgelassen hat, später doch noch zu realisieren, z. B. den Übergang auf eine höhere Form der Sekundarbildung. Das bedeutet: Die Entscheidungen, die man trifft, sollen möglichst keine Tür verschließen, die Möglichkeiten sollen so weit es geht offen bleiben. Insofern soll jeder das für ihn Optimale finden.

Der Gesichtspunkt der Individualität gilt in gewissem Maße auch für die Schulen selbst. Die Schulen sollen eine Autonomie genießen. Die einzelnen Schularten haben die Möglichkeit, Profile und auch Lernwege in sich aufnehmen, je nachdem, wie viele sie verkraften und wie viele Schüler sie haben. Die Autonomie bezieht sich jedoch auch auf ihre Haushaltsführung. Die Schulen bekommen vom Staat eine Finanzierung pro Schüler. Diese Finanzierungsweise soll aus der Sicht des Staates die völlige Gleichbehandlung aller Schulen garantieren. Erst in jüngerer Zeit wurde der Gesichtspunkt der Autonomie hinzugefügt: Die Schulen dürfen mit dem Geld völlig selbst schalten, die Verwendung wird nicht mehr vorgeschrieben.

Das bedeutet: Sie können in sachliche Mittel investieren oder auch mehr Lehrpersonal einstellen. Diesen schwierigen Entscheidungen soll ein gemeinsam erstellter Arbeitsplan der Schule zugrunde liegen. Nun ist es aber längst nicht mehr so, dass der Staat das Geld aus großem Füllhorn über die Schulen ausgießen kann. Das bedeutet: Bei allen Entscheidungen für Investitionen und Ausgaben muss klar sein, dass vielleicht an anderer Stelle eingespart werden muss und vielleicht nicht alle Projekte durchgeführt werden können, vielleicht auch die Klassen größer werden müssen und Lehrer mehr Kinder übernehmen müssen, ja die Lehrervergütung eingefroren werden muss. So ergibt sich aus der Autonomie ein ständiger Spannungszustand. Die Lehrer müssen sehr viel rechnen, was materielle Ausgaben betrifft und Aktionen mit den Schülern, was Weiterbildungen betrifft, den Ankauf von Lehrmaterial und von Tests und anderes. Die Schulen werden als Wirtschaftseinheiten begriffen, die betriebswirtschaftlich planen und arbeiten müssen, aber ihr Geld ist knapp geworden.

Auch den **Schülern** soll aber das Prinzip der Individualität zugute kommen. Das erklärte Ziel ist, dass sie Zeit haben, um nach eigenen Wünschen und Plänen zu arbeiten. Dazu bekommen sie durch die Lehrpläne feste Stundenvorgaben. Die Lehrpläne sehen überhaupt nur die Ziele vor und die Zahlen für die Stunden der Fächer. Diese Vorgaben werden in absoluten Jahresstunden gegeben. Durch diese Vorgaben versucht der Staat, eine Gleichheit des Bildungsniveaus in den Schulen zu erhalten. Er ist strenger geworden in der Betonung dieses Gleichheitsgedankens, weil die Schulen in ihrer Leistungsfähigkeit mehr als früher auseinanderstreben. Diese Tendenz resultiert einerseits aus der Separierung der Schulen nach »weiß« und »schwarz«, zum anderen aus der sozialen Separierung, weil ein Teil der nichtkommunalen Schulen die finanziell gut gestellten Familien als Klientel anzielt. Man sollte meinen, dass die Schüler auf Grund der Stundenvorgaben viel zu Hause arbeiten müssten für die Schule. Aber das ist nicht gemeint. Denn dann würden Schüler mit schlechten häuslichen Bedingungen benachteiligt. Die privaten Schulen würden sich leistungsmäßig vielleicht noch stärker von den kommunalen Schulen abheben. Die Stunden sind in der Schule zu verbringen bzw. auch bei schulischen Aktionen wie Exkursionen.

Die Schulen sind frei darin, wie sie die **Lernzeit** (Studienzeit), die für jedes Fach vorgesehen ist, über das ganze Jahr verteilen, und sollen einen Anteil davon als selbständige Arbeit der Schüler ausweisen. Für die Sekundarstufe I sind für ein Jahr 1040 Stunden vorgesehen. Daraus können etwa 6 Stunden pro Unterrichtstag errechnet werden. In der Sekundarstufe II sind es 1600 Jahresstunden, also 40 Stunden pro Woche bei 40 Wochen im Jahr. Mit der Regelung, dass ein Teil der Stunden dem Selbststudium der Schüler dienen soll, wurde ein Tor geöffnet. Denn durch Lehrermangel und andere Einschränkungen sehen sich die Schulen genötigt, immer mehr Stunden der selbständigen Beschäftigung der Schüler zuzuweisen. Aber wie soll das gehen? Die Schüler brauchen doch Anleitung, Betreuung und Kontrolle. Das können die Lehrer aber nicht im gewünschten Umfang leisten. Es wird sogar berichtet, dass die Hälfte der Stunden der selbständigen Arbeit der Schüler überlassen würde. Das klingt fast unglaubwürdig (Tigges/Huijnen 2008). Wohl gewährleisten die Schulen nach Möglichkeit, dass wenigstens die Hälfte dieser Stunden auf regulären Unterricht entfällt. Jedoch auch für diese minimale Gewährleistung müssen bereits große Klassen gebildet werden, mit 30 Schülern, und das ist viel in der niederländischen Tradition der relativ kleinen Schule. Ist das schon schwer genug, so wird die andere Hälfte der Stunden, in denen die Schüler selbständig arbeiten sollen, eher ein Albtraum, denn es wird auch von Gewalt berichtet, weil die Schüler nicht mehr angeleitet sind.

Man spricht von der Schule als **Studierhaus**, also Haus des eigenständigen Lernens. Und ebenso spricht man von **Studierlast**, das ist die Zahl der Stunden, welche die Schüler in der Schule verbringen müssen bzw. auch mit Exkursionen und anderen schulbezogenen Tätigkeiten. In den Jahren 2007 und 2008 z. B. haben Zehntausende von Schülern der Sekundarstufe I gegen die Norm von 1040 Jahresstunden protestiert. Entweder müsse die Norm gesenkt werden oder sie müsse mit Unterricht oder anderen Angeboten sinnvoll ausgefüllt werden, bei denen sie auch betreut und beaufsichtigt würden. Das Alleingelassenwerden in der Schule führt offensichtlich dazu, dass manche Schüler einfach die Schule verlassen. Aber das Schulgesetz von 1969 sieht vor, dass Schüler ab 12 Jahren, also jenseits der basisschool, für ihren regelmäßigen Schulbesuch selbst verantwortlich sind. Diese Bestimmung bedeutet nicht, dass sie die Schule bei Wunsch einfach verlassen dürfen, sondern dass sie für ihren Schulbesuch selbst verantwortlich gemacht werden. Das Gesetz droht ihnen bei Fernbleiben von der Schule Strafen an, Geldbußen und sogar Gefängnisstrafen. Faktisch werden sie nicht durchgesetzt. Aber immerhin wurden die Gemeinden verpflichtet, Beamte einzusetzen, die nach Schulschwänzern Ausschau halten und sie zurückbringen zur Schule. Das ist eine eigenartige Situation: Eigentlich soll doch die Individualität den Schülern auch Autonomie geben, aber eben nicht so weitgehend, dass sie die Schule auch aus eigenem Antrieb verlassen dürfen. Es scheint, dass der Staat Furcht vor seinem eigenen Grundsatz bekommen hat.

Diesen **Zwiespalt des Staates** sieht man auch an einer anderen Regelung. Gewiss wäre es auch im Sinne der Lehrer gewesen, wenn die Norm der Anwesenheitsstunden für die Schüler gesenkt worden wäre. Aber dem steht entgegen, dass es eine externe Qualitätskontrolle der Schulen gibt, nämlich durch die Schulaufsichtsbehörde, die darauf achtet, dass die Norm an Stunden auch erfüllt wird. Die Schulaufsichtsbehörde besucht jede Schule etwa viermal im Jahr und überprüft auch das finanzielle Gebaren der Schule. Der Staat hat sich Kontrollmöglichkeiten vorbehalten, da er sonst befürchten müsste, dass die Autonomie missbraucht würde oder die Schulen durch die Autonomie überfordert würden, und dadurch die Ungleichheit größer würde. So müssen die Lehrer darauf achten, dass die Schüler ihre Stunden auch wirklich in der Schule absitzen oder sie müssen etwas Interessantes außerhalb der Schule organisieren, aber dazu fehlt ihnen selbst die Arbeitszeit. Da die Schulaufsichtsbehörde die Schwierigkeiten in einem Teil der Schulen nicht in den Griff bekommt, arbeitet sie jetzt auch mit finanziellem Druck und verhängt gegen Schulen, die nach ihrem Urteil schlecht arbeiten, empfindliche Finanzbußen, so dass das Budget spürbar gekürzt wird und die Schule sich gänzlich neu orientieren muss (Frouws 2009).

Eine Folge dieser schwierigen Situation ist die starke **Zunahme des Lehrermangels**. Die autonome Finanzierung führt dazu, dass die Schulvorstände die Vergütung der Lehrer einschränken, und dass angesichts der harten Bedingungen an manchen Schulen die Neigung zum Lehrerberuf stark abnimmt. Einen wesentlichen Grund bilden die allmählich größer werdenden Klassen, also erhöhte Klassenstärken. Die Regierung behilft sich vorerst mit Quereinsteigern ohne pädagogische Ausbildung. Allerdings ist die Lehrerbesoldung so niedrig, dass kaum fachlich gut qualifizierte Quereinsteiger angelockt werden können. Um auf das europäische Durchschnittsgehalt für Lehrer zu kommen, muss der niederländische Lehrer 18 Jahre lang in der Schule gearbeitet haben. Die Schulen stellen daher auch unqualifizierte Personen ein, wenn sie sich parallel in ein Fernstudium einschreiben. Die Regierung beschloss daher, dass der Bachelor-Abschluss für den Lehrerberuf ausreicht. 2008 streikten die Lehrer, um gegen den Lehrermangel zu demonstrieren. Es fehlten 15 % an der benötigten Zahl der Lehrer (Deutschlandfunk 2008). Schulen werben sich gegenseitig Lehrer ab, indem sie Gehaltszuschläge versprechen. Es werden professionelle »Personalabwerber« beauftragt. Ganz offensichtlich ist aus dem gut gemeinten Gedanken der Individualität eine Spirale der Schwächung der Schulen entstanden, der die Regierung nicht mehr gegensteuern kann. Überraschend ist die Tatsache, dass trotz der erheblichen Schwierigkeiten die Ergebnisse der 15jährigen niederländischen Schüler auch im PISA-Test 2009 besser als durchschnittlich waren (OECD 2010).

Was die **Abschlussprüfungen** an den Sekundarschulen betrifft, so behält sich der Staat eine Teilkontrolle vor. Teile der jeweiligen Prüfungen sind zentral organisiert, was Aufgabenstellung und Bewertung der Schülerarbeiten betrifft. So hofft der Staat, trotz der großen Entscheidungsfülle der einzelnen Schulen doch in gewissem Umfang gleichartige Leistungsmaßstäbe durchzusetzen. In einem Teil der Fächer in den Prüfungen endet also der Spielraum für die Individualität der Schulen.

Noch ein weiterer Widerspruch entsteht aus dem Prinzip der Individualität.

Dieses wird den Schulen zugesprochen, aber muss konsequenter Weise auch den **Eltern** zugestanden werden. Das zeigt sich beim Übergang von der *basisschool* in eine Schule der Sekundarstufe, der für die Kinder mit 12 Jahren erfolgt. Am Ende der *basisschool* gibt es zwei Überprüfungen für die Schüler. Die eine ist ein nationaler Test, der durch das zentrale Institut für Testentwicklung CITO in Arnheim geliefert wird. Die andere ist die dreitägige Schulprüfung in der *basisschool.* Diese wird von einer externen Institution betreut bzw. überwacht. Aus den Informationen beider Prüfungen erarbeitet die *basisschool* eine Empfehlung im Sinne einer Prognose, die besagt, in welcher Schulart der Schüler vermutlich Erfolg haben wird. Die schuleigene Prüfung zählt für die Schule im Allgemeinen mehr als der zentrale Test, der als ein Korrektiv funktioniert. Die Schule gibt ihre Empfehlung nicht nur in die Hand der Eltern des Schülers, sondern sendet sie auch an die Schule, die sie als geeignet empfohlen hat. So möchte die *basisschool* die Eltern ein wenig nötigen, der Empfehlung auch zu folgen. Aber dennoch behalten sich die Eltern nicht selten die Entscheidung vor und bewerben sich ggf. für ihr Kind an einer anderen Schule. Dann liegt es aber bei der betreffenden Sekundarschule, eventuell eine Prüfung mit dem Schüler durchzuführen und ihn ggf. auch abzulehnen.

III. Pädagogische Erkenntnisse aus der individuellen Schule der Niederlande

Die **individuelle Schule** möchte also viele Wahlen und Entscheidungen erzeugen für die Schüler und für die Eltern. Sie möchte auch viele Entscheidungsmöglichkeiten für die Schulvorstände erzeugen. Sie setzt darauf, dass die Existenz von Optionen stimulierend wirkt, den Leistungswillen anreizt und den Einzelnen hilft, das für sie Optimale zu finden. Vom Einzelnen wird ein hoher Grad an Informiertheit, an Zielklarheit und an Eigeninitiative erwartet. In der Tat können diese Fähigkeiten zu hervorragenden Leistungen führen. Sie führen u. a. zu Schulgründungen und zur Profilierung von Schulen. Von 39 privaten »Gymnasien« (einem Zweig der ›Wissenschaftlichen Vorbereitung‹ – »vbo«) haben 5 ein Hochbegabtenprofil (Hoogeveen/van Steen 2011). Familien, in denen diese Fähigkeiten der Informiertheit, der Zielklarheit und der Eigeninitiative erworben wurden, können sie weitergeben an die jüngere Generation. Die Schüler werden als Individualitäten respektiert, indem ihnen vertraut wird, dass sie einen großen Teil der Anwesenheitszeit in der Schule in Eigeninitiative positiv ausfüllen können. Freiheit wird also zugestanden. Freiheit ist eigentlich kein Gegenstand der Erziehung, d. h. es ist schwer zu erkennen wie zum verantwortlichen Umgang mit Freiheit hingeführt wird. »Freiheit in Gemeinschaft« als ein anderes Attribut der Schule, das wir für Dänemark reflektiert haben, besagt, dass der Einzelne in der Gemeinschaft zum Gebrauch der Freiheit geführt wird, also in gegenseitiger Motivierung und Korrektur.

Der Staat versteht sich nicht als die übergreifende Gemeinschaft, aber er hat gelernt, dass er angesichts der Entscheidungsfülle, die auf die Einzelnen und die Schulen zukommt, doch Kontrollpositionen einrichten muss. Er sieht Erscheinungen der Separation in der Gesellschaft und im Schulwesen ungern, aber er hat kaum Mittel gegenzusteuern. Die These von der Trennung und Gleichberechtigung der »Sphären« schwebt immer noch über Staat und Gesellschaft. Es schien zunächst so, dass Abraham Kuyper einen großen Sieg errungen hat, als er die vollständige Finanzierung der kirchlichen Schulen durch den Staat ertrotzte. Aber dieser Sieg erwies sich in der Länge der Zeit als ein Pyrrhus-Sieg. Er hat dazu beigetragen, dass die konfessionellen »Säulen«, was ihre Glaubensbindung betrifft, ausgehöhlt wurden, weil sie ihre Schulen (und sozialen Einrichtungen) nicht wirklich als die ihren betrachten konnten, da sie für diese Schulen nicht mit ihrem eigenen Geld aufkommen durften. Die Kirchen haben an bindender und »versäulender« Kraft verloren, auch weil der Staat die Finanzierung übernommen hat und ein eigener finanzieller Beitrag der Gläubigen für ihr Schulwesen nicht mehr nötig ist. Das Spenden für die eigene Schule wurde erst in jüngerer Zeit gestattet und hat noch keine Tradition, da man gelernt hat, sich auf die staatliche Finanzierung zu verlassen.

Insofern hat das staatliche Interesse an der völligen Gleichbehandlung der »Säulen« diesen auch ihre Seele genommen. Kuyper hat das nicht vorausgesehen, aber seine amerikanischen Glaubensbrüder haben es gesehen. In den USA wollte noch der Präsident George W. Bush die Gläubigen für sich gewinnen, indem er den kirchlichen Schulen staatliches Geld anbot, doch diese lehnten ab. In den Niederlanden hat sich das Modell der staatlichen Finanzierung bei gleichzeitiger Zurückweisung staatlicher Eingriffe mit der Vorstellung von Demokratie eng verbunden. Erst wenn die Finanzkraft des Staates weiter nachlässt und die Schulen von der staatlichen Alimentierung nicht mehr existieren können, könnte eine neue Art der Individualisierung entstehen, in der die Einzelnen finanzielle Verantwortung für ihre Schule übernehmen. Aber dadurch wird die Ungleichheit wachsen. Ironischerweise könnte dieses aber die Lektion der neuen moslemischen und hinduistischen Schulen für die christlichen Schulen sein. Was den Schüler betrifft, so erfährt er in der individuellen Schule, dass er in starkem Maße auf sich gestellt ist, dass er besonders ist, vielleicht auch allein ist. Alleingelassen-Werden kann die Kehrseite der individuellen Freiheit sein.

Literatur

Deutschlandfunk (2008). Deutschlandradio Kultur: Lehrer verzweifelt gesucht. In den Niederlanden tobt der Wettbewerb um gute Pädagogen. 21.10.2008. URL: http://www.dradio.de/dlf/sendungen/europaheute/863484/Eingesehen 13.8.2012.

Frouws, Swier (2009): Das niederländische Schulwesen. URL: http://www.int-v.org/downloads/badwildbad__frouws.pdf (Es handelt sich um einen Vortrag eines Leiters der »Säule« der protestantischen Schulen für ein deutsches Publikum.) Eingesehen am 13.8.2012.

Hoogeveen, Lianne/**van Steen**, Harry (2011): Schulische Akzeleration in weiterführenden Schulen in den Niederlanden. ECHA (European Council for High Abilitiy) News 2011, Ausgabe 25. URL: http://www.netzwerk-akzeleration.de/uploads/Hoogeveen%20-%20van%20Steen.pdf Eingesehen 13.8.2012.

OECD (2010), PISA 2009 Ergebnisse: Zusammenfassung. URL: http://www.oecd.org/pisa/pisaproducts/46619755.pdf Eingesehen 13.8.2012.

Tigges, Johanna/**Huijnen**, Pim (2008): Das Bildungssystem der Niederlande. Westfälische Wilhelms-Universität Münster, Niederlande Net. http://www.uni-muenster.de/NiederlandeNet/nl-wissen/bildungforschung/vertiefung/bildungforschung/gebuehren.html Aktualisierte Fassung. Eingesehen 13.8.2012.

10. Vorlesung
Die Soziale Schule: Italien und Sizilien

I. Schule und soziale Fürsorge – Schule und Kultur

Unterschiedliches könnte man unter einer sozialen Schule verstehen. Es kann eine Schule sein, in der Schüler und Lehrer verständnisvoll miteinander umgehen, also eine Schule, in der es ein gutes Miteinander gibt, man könnte auch sagen: eine Schule, in der es eine gutes soziales Klima gibt, also eine Schule ohne Streit, ohne Gewalt, stattdessen mit Hilfsbereitschaft und Freundlichkeit. Es wäre eine pädagogische Aufgabe, eine Schule in diesem Sinne zu einer sozialen Schule zu entwickeln.

Andere würden vielleicht darunter eine Schule verstehen, in der es eine Chancengleichheit gibt, in der also Kinder mit unterschiedlichem sozialem Hintergrund versammelt sind und auch Kinder mit weniger guten Lebensbedingungen gefördert werden. Chancengleichheit oder Chancengerechtigkeit könnte dabei vielleicht auch als Chancenausgleich verstanden werden. Es wäre dann eine Schule, die vorhandene soziale Nachteile ausgleicht oder kompensiert. In einer solchen Schule würde es Förderunterricht geben, es würde Zeit genug geben, Lehrstoff nachzuholen, man würde die Leistungsentwicklung jedes Schülers genau beobachten, um jedem aus einer Leistungsschwäche heraushelfen zu können. Den Ausgleich für die Benachteiligten zu schaffen müsste gelingen, ohne den weniger Benachteiligten Chancen zu nehmen.

Schließlich kann man unter einer sozialen Schule auch eine Schule verstehen, die sich um mehr kümmert als nur das Lernen und die schulischen Leistungen. Das wäre eine Schule, die sich bemüht, die notwendigen Voraussetzungen und Bedingungen des Lernens zu verbessern. Sie wäre eine **soziale Schule im Sinne von sozialer Hilfe und sogar Fürsorge**. Sie ist besonders nötig, wenn Kinder unter Armutsbedingungen aufwachsen, also unter Mangelbedingungen. Unter solchen Lebensbedingungen ist die Schule oft die einzige Institution, die soziale Hilfe leisten kann. Man kann zunächst an materielle Lebensbedingungen denken, in denen Mangel herrscht, aber denkbar sind auch Lebensbedingungen, die zu einer psychischen Verarmung führen. Bei einer solchen Schule vermischen sich die pädagogische und die sozialpolitische Aufgabe. Die soziale Hilfe, welche eine solche Schule leistet, dient nicht nur der Verbesserung des schulischen Lernerfolges, sie ist eine Aufgabe, die aus sich heraus begründet ist. Sie wird als Notwendigkeit akzeptiert, weil es um Gesundheit, Kleidung, Nahrung geht.

Ich konzentriere mich auf die dritte Möglichkeit, weil sie elementar ist. Heute können wir uns schwer vorstellen, das eine Schule solch elementare Aufgaben übernehmen muss. In unserer heutigen Gesellschaft ist die Arbeitsteilung weit vorangeschritten. Dennoch gibt es auch für die heutige Schule soziale Aufgaben, wenngleich diese vorwiegend unter dem Gesichtspunkt gesehen werden, die Leistungsfähigkeit der Schüler im schulischen Lernen zu unterstützen. Für die Charakterisierung der »sozialen Schule« habe ich Italien ausgewählt, weil Italien in seiner ökonomischen und sozialen Entwicklung zeitverzögert war im Vergleich zu anderen europäischen Staaten. Noch bis in das 20. Jahrhundert hinein musste die italienische Schule soziale Aufgaben erfüllen, die man heute kaum noch zu den schulischen Aufgaben zählt. Dennoch ist es wichtig, sich ein Beispiel einer »sozialen Schule« zu vergegenwärtigen. Denn wir finden auch heute noch in vielen Regionen der Welt, in denen Armutsbedingungen herrschen, Schulen, die diese Aufgaben mit übernehmen. Zudem lenkt es unseren Blick darauf, dass keineswegs bei allen Schülern die elementaren Voraussetzungen für schulisches Lernen gegeben sind. Wir sollten unseren Blick für die soziale Lage der Schüler schulen, denn bei manchen werden wir Hemmnisse für die Bildungsentwicklung entdecken, die aus der sozialen Lage resultieren.

Gewiss, dem höheren Schulwesen wird meistens die Annahme zugrunde gelegt, dass die Elternhäuser die notwendigen sozialen Voraussetzungen schaffen, die den Kindern ein optimales Lernen in der Schule ermöglichen. Ja, darüber hinaus erwarten die Pädagogen der höheren Schulen, dass die Elternhäuser auch kulturelle Voraussetzungen für die Aufnahmefähigkeit der Schüler schaffen, was das Bildungsgut der Schule betrifft. Zumindest ein größerer Teil der Elternhäuser sollte aus Sicht des höheren Schulwesens selbst einen guten Bildungsstand aufweisen. Daher gibt es im höheren Schulwesen kaum eine Tradition der Auseinandersetzung mit sozialen Voraussetzungen schulischen Lernerfolges. Ja, es ist geradezu so, dass die Pädagogik des höheren Schulwesens sich auf die Erhaltung und Weiterentwicklung der kulturellen Güter konzentriert, während die Pädagogik des Volksschulwesens sich auch den sozialen Bedingungen des schulischen Lernens widmet. Beides ist durchaus verständlich und auch berechtigt. Denn die Sorge um die kulturelle Entwicklung ist genauso anerkennungswert wie die Sorge um die soziale Entwicklung.

Allerdings geht mit den unterschiedlichen Sichtweisen auch eine **Trennung im Schulwesen** einher. Das höhere Schulwesen und das Volksschulwesen hatten über Jahrzehnte, ja sogar über Jahrhunderte keine Berührung miteinander. Das gilt insbesondere für Italien, das ja schon früher als andere Länder ein hoch stehendes Kulturland war. In der Renaissance war Italien berühmt für seine Universitäten und Akademien, seine wissenschaftlichen Gesellschaften, seine literarischen Gesellschaften und Kunstgesellschaften und seine lateinischen Schulen. Diese kulturelle Tradition wurde auch in späten Jahrhunderten weitergeführt, wenngleich viele Bildungsinstitute wieder unter den Einfluss der römischen Kirche gerieten und neue Bildungsinstitute vor allem in kirchlicher Regie entstanden. In der katholischen Kirche wurden zahlreiche Theologische Hochschulen gegründet, allein in Rom gab es sieben. Fünf von ihnen gehörten jeweils einem Orden: dem Jesuitenorden, dem Dominikanerorden, dem Salesianerorden, dem Benediktinerorden und dem Franziskanerorden. Weitere theologische Hochschulen gab es in Neapel, Cagliari und Mailand. Das Volksschulwesen wurde demgegenüber stark vernachlässigt, und es waren fast nur die kirchlichen Orden, die sich soziale Aufgaben aus dem Geist der Barmherzigkeit zu eigen machten. Sie unterhielten Elementarschulen, ebenso gab es einzelne Gönner, die Schulen einrichteten. Der Aufbau des Volksschulwesens kam erst nach der Landeseinigung im Jahre 1870 in Gang, und es war und ist ein langer Kampf gewesen, Brücken zu bauen zwischen dem Volksschulwesen und dem höheren Schulwesen. Das Volksschulwesen war lange Zeit mehr vom sozialen Gedanken erfüllt als vom Bildungsgedanken. Die jüngere Geschichte der Schule in Italien ist geprägt von unterschiedlichen Kompromissen, die zwischen der kulturellen Tradition der höheren Schulen und dem sozialen Gedanken der Volksschulbildung geschlossen wurden.

Grundsätzlich gilt das für die meisten europäischen Staaten, aber die Ausgangslage Italiens war im 19. Jahrhundert und noch im 20. Jahrhundert für eine Verbreitung der Bildung besonders ungünstig. Italien war nach Kriegen zwar formell geeinigt worden im Jahre 1870, aber Separationsbestrebungen gingen weiter, zugleich auch das Bestreben, noch weitere Gebiete, die aus dem nationalen Gesichtspunkt zu Italien gehörten, wieder mit Italien zu vereinen. Italien war ein Flickenteppich aus Königreichen, Erzherzogtümern, Herzogtümern, Fürstentümern und dem Vatikanstaat gewesen. Das gilt in ähnlicher Weise auch für Deutschland, aber in Italien waren wesentliche Landesteile in der Hand ausländischer Herrscher gewesen: des österreichischen Kaisers, des französischen Königs und des englischen Königs. Die meisten Landesteile Italiens waren bei der staatlichen Einigung sehr unterentwickelt, die Differenzen zu den wenigen besser entwickelten Regionen waren groß. Damit war die Ausgangslage für die Durchsetzung einer allgemeinen Volksschulbildung in den Regionen sehr unterschiedlich und im Ganzen gesehen äußerst misslich. So ist es zu erklären, dass **die italienische Volksschule lange Zeit soziale Aufgaben** übernahm, noch bis weit in das 20. Jahrhundert hinein, die wir heute nicht mehr als Aufgaben der Schule betrachten. Ebenso ist zu erklären, dass die italienische Volksschule nur in geringem Maße gegen die kulturelle Tradition des höheren Schulwesens aufkam.

Dennoch: Müssen wir nicht auch heute die Schule als eine soziale Institution begreifen? Ist es klug, den sozialen Gedanken vom Bildungsgedanken abzutrennen? Müsste nicht die Schule stärker auf den Verfall sozialer Lagen reagieren, der manche Familien oder Elternteile betrifft, deren Kinder zur Schule gehen? Andernfalls arbeitet sie zumindest für einen Teil der Schülerschaft ins Leere hinein. Sie kann die Schüler mit schulischer Bildung kaum noch erreichen, **weil soziale Probleme bedrängender sind als die Bildungsziele der Schule.** Kann die Schule auf Dauer darauf verzichten, auch sozial aktiv zu werden?

II. Die soziale Volksschule im Italien des 19. und 20. Jahrhunderts

Schauen wir zurück in das Volksschulwesen des 19. und 20. Jahrhunderts. Der Staat hatte erst spät ein Interesse an der Unterrichtung des einfachen Volkes erkennen lassen. Das erste Gesetz, das Mindestvoraussetzungen für das Volksschulwesen benannte, war ein Gesetz aus dem Jahre 1859. Es war verfasst von dem liberalen Unterrichtsminister des Piemont **Gabrio Casati** (1789–1873). Das **Piemont** war damals der politisch bedeutendste Teilstaat. Seine Hauptsstadt war und ist Turin. Es stand unter dem König von Sardinien aus dem Hause Savoyen, war liberal gesinnt und erzwang letztlich die Einigung Italiens. Das Gesetz Casati war also noch vor der Einigung Italiens verfasst worden und wurde erst danach zum italienischen Gesetz. Es war auf Hoffnung gebaut. Es forderte eine laizistische Schule, also eine Schule ohne kirchlichen Einfluss. Solch eine Forderung leistete sich damals die liberale politische Elite! Der Vatikanstaat und der Jesuitenorden waren wegen der geistigen Unterdrückung verhasst unter der geistigen Elite Italiens. Als Gegenbild leuchtete damals Frankreich, das die Kirche aus dem öffentlichen Schulwesen verbannt hatte, ihr allerdings einen privaten Schulsektor zugestand.

Das Gesetz Casati bestimmte, dass die Gemeinden, **die öffentlichen Kommunen**, die Volksschulen einrichten sollten. Man wählte nicht eine Übertragung des deutschen Namens Volksschule, sondern den französischen Namen Elementarschule (scuola elementare). Im Bereich der höheren Schulen gab es bereits staatliche Anstalten und zusätzlich auch kirchliche und private, von Wohltätern gegründete Einrichtungen. Jedoch fanden sich nur wenige Träger ein, um Elementarschulen zu gründen. Diese waren dem guten Willen einiger Städte in Italien überlassen. So war die Rate der **Analphabeten** in einigen Landesteilen erschreckend hoch, am schlimmsten im **Süden**. Einer Volkszählung aus dem Jahre 1901 zufolge waren in südlichen Landesteilen 70 bis 80 % der Menschen Analphabeten, in Turin, der damals entwickeltsten Stadt, noch 13 %, in Mailand, der Metropole der Lombardei, 20 % (Enzyklopädisches Handbuch 1910, S. 828). Zugleich bestimmte das Gesetz Casati, dass die Elementarschulen kostenfrei sein sollten. Das war bei den höheren

Schulen nicht der Fall, auch nicht bei den sog. Mittelschulen. Die Mittelschulen waren Schulen, die auf den Besuch der höheren Schulen vorbereiteten, aber auch für sich allein stehen konnten. Sie ersparten es bürgerlichen Familien, die Bildung für ihre Kinder anstrebten, diese auf die Elementarschulen zu schicken.

Das **Gesetz Casati** war auf Hoffnung gebaut. Es forderte einen obligatorischen Elementarunterricht für alle Kinder. Daran war auch in kommenden Jahrzehnten noch nicht zu denken. Es sollten **vierklassige Elementarschulen** eingerichtet werden. Diese waren in je zwei Klassenstufen geteilt, die ersten beiden Jahre waren die Unterstufe, die beiden folgenden die Oberstufe. Wenn überhaupt, so war man in den meisten Gemeinden froh, eine zweijährige Schule auf die Beine stellen zu können. Das war die ganze Bildung für die große Mehrheit der Bevölkerung – und das im 20. Jahrhundert. Das Gesetz bestimmte auch, dass die **Schulgebäude** auf Reinlichkeit zu überprüfen waren. Das war ein sehr wichtiger Punkt der sozialen Vorsorge und er galt nicht nur für Elementarschulen, sondern auch für die Mittelschulen und für höhere Schulen. Mit der Sorge für die Gebäude begann die soziale Aufgabe der Schule. Für Touristen sehen die mittelalterlichen Gebäude, vor allem die Renaissance- und Barockgebäude der alten Städte Italiens faszinierend aus, aber da sie kaum renoviert wurden, waren sie alles andere als gesund für den Aufenthalt der Kinder. Viele Schulen befanden sich in alten klösterlichen Gebäuden, seitdem viele Klöster aufgelassen und enteignet worden waren, in der Zeit als Napoleon über Italien herrschte, so dass die Gebäude von den Gemeinden übernommen wurden und nun genutzt werden sollten. In vielen Fällen boten die Räume wenig Licht, weil die Fenster klein waren und die Gebäude eng beieinander standen, die Durchlüftung war schlecht, die Fußböden bestanden aus bröckelnden Ziegeln, die Flure waren bis zur Höhe von 1,5 Meter mit dunkler Ölfarbe gestrichen. Die alten Gebäude konnte man nicht umbauen, aber für neu errichtete Schulen galten wesentlich bessere Normen. Diese wurden erst im Jahre 1900 erlassen. Der Bedarf an Klassenräumen stieg ständig. Die Sparkassen wurden verpflichtet, den Gemeinden günstige Darlehen zum Schulhausbau auszureichen. Es sollte eine Modernität Einzug halten. Die Schulen sollten Toiletten bekommen, Duschen oder Badewannen sollten eingebaut werden, eine Küche wurde gefordert, Turnhallen und Turnplätze nahe der Schule wurden angestrebt, der Direktor sollte ein eigenes Zimmer bekommen, die Lehrer ein Lehrerzimmer.

Eine wichtige Forderung eines weiteren Gesetzes lautete, ein **Krankenzimmer** einzurichten. Damit wurde eine zweite wichtige Dimension sozialer Vorsorge benannt, die Krankenversorgung und die Gesundheitsprävention. Schon der Einbau von Duschen und Toiletten diente der Verbesserung der Hygiene. Alle Kinder sollten wenigstens einmal in der Woche geduscht und wenigstens alle vierzehn Tage einmal gebadet werden. Gegen diese Vorschrift der Körperpflege regte sich religiöser Widerstand, weil Kirchenvertreter sich dagegen wendeten, dass die Mädchen sich ganz ausziehen sollten. In Mailand wurde z. B. über die Zahl der durchgeführten Bäder Statistik geführt. Die Mädchen erhielten deutlich weniger Bäder als die Jungen. Was den Widerstand betrifft, so muss man bedenken, dass die Liberalen Italiens es nicht wagten, die Koedukation einzuführen. Nur in Schulen in solchen Dörfern, die nur 50 Kinder zusammen brachten, durften Jungen und Mädchen in einem Klassenraum sitzen, in getrennten Reihen. Außerhalb Italiens dagegen war die Volksschule in aller Regel eine koedukative Schule, wenn auch als einzige Schulart.

Heizen durften die Schulen weiterhin mit Öfen, als geeignete Temperatur wurde eine Wärme zwischen 14 und 16 Grad vorgesehen. Die Gemeinden wurden verpflichtet, **Medizinalbeamte** einzustellen, die den Provinzärzten unterstanden. **Bezirksarmenärzte**, die unter ihrer Leitung standen, sollten die Schulen ihres Versorgungsgebietes täglich besuchen (Enzyklopädisches Handbuch 1910, S. 797). In Turin wurden als Ergebnis der Arztbesuche z. B. Brillen für die kurzsichtigen Kinder bereitgestellt, orthopädische Apparate angepasst und Lebertran verabreicht. Die Gemeinden und Schulen mussten unangemeldete Visitationen durch einen Medizinalbeamten gestatten. Die Schulen sollten diesem Beamten die Krankheitsvorkommen melden. Kinder sollten Impfbescheinigungen in der Schule vorzeigen bzw. ein Attest, dass sie die Pocken schon hatten, Lehrer sollten ein ärztliches Gesundheitsattest nachweisen. Man sieht an diesen Vorschriften, dass die Schulen eingespannt wurden in den **Kampf um Volksgesundheit**. Ein Hauptgefahrenherd war die **Malaria**, die damals noch in Teilen Italiens verbreitet war. Daher war es eine hygienische Vorschrift, die Fenster der Gebäude in malariaverseuchten Gebieten mit Gaze zu verschließen, um Mücken abzuwehren. Weiter war das **Trachom** verbreitet, eine bakterielle Augenentzündung, die zur Erblindung führen kann. Heute ist es in tropischen Ländern noch verbreitet und trägt weltweit dazu bei, dass etwa sechs Millionen Menschen erblindet sind. Häufig ist verunreinigtes Wasser daran Schuld, das an die Augen gerät. Damals wurde gesagt, dass in Italien 14 % der Schüler von Trachoma infiziert seien. Verbreitet waren damals auch **Hautkrankheiten** wie Ekzeme und Flechten, in Deutschland fasste man sie unter ›Grind‹ zusammen. Man begann, Schulheime für Trachom-erkrankte Kinder and solche für Kinder mit Grind einzurichten, um sie täglich behandeln zu können, die Hygiene beachten zu können und dennoch die Kinder weiter zu unterrichten (Enzyklopädisches Handbuch 1910, S. 797). Die Schulen sollten in ihren Krankenzimmern eine so genannte Hygienische Kassette bereithalten, also eine kleine Apotheke, um bei Erkrankungen handeln zu können.

Ein weitere Art der Mitwirkung an sozialer Unterstützung war die Gründung einer **Schulhilfsgenossenschaft** (Cooperativa scolastica) (Enzyklopädisches Handbuch 1910, S. 813). Das Genossenschaftswesen fasste am Endes des 19. Jahrhunderts auch in Italien Fuß ähnlich wie schon zuvor in Deutschland. Es sollte helfen, Produkte preiswerter einzukaufen und an Mitglieder weiter zu verkaufen, sowie auch den Aufbau einer Ersparnis durch kleine regelmäßige Beiträge zu leisten. Die Schulgenossenschaftshilfe kaufte z. B. preiswert Kleidung ein, die an Schüler weiter verkauft wurde. Wenn die Gemeinden solche Genossenschaften gründeten, so konnten sie einen finanziellen Sockel bereitstellen, um bedürftige Schüler auch unter dem Einkaufspreis zu bedienen. Ein anderer Name für die Schulhilfsgenossenschaft war: *Stiftungen der gegenseitigen Hilfe unter den Schülern der Gemeindeschulen.* Um die gegenseitige Hilfe ging es. Von eigenen Beiträgen wurde niemand befreit, aber es waren wöchentlich nur Pfennige (Centesimi) festgesetzt. Daraus entstand für jeden eine Summe, mit der er eines Tages einen Einkauf tätigen konnte. Wenn Schüler selbst diese Beträge nicht aufbringen konnten, sollten sie sich an Wohltätigkeitsorganisationen wenden. 10 % dieses Geldes wurde für gegenseitige intellektuelle Hilfe reserviert, d. h. Schüler konnten auch manchmal ein Buch kaufen.

Damit geschah auf der Ebene der Elementarschule etwas, das es auch auf der Ebene der höheren Schule gab, aber dort viel einfacher zu bewerkstelligen war. Denn die sog. **Patrone**, also Wohltäter aus Adel oder begütertem Bürgertum, die Schulen unterstützten, stellten oftmals eine Fonds zur Verfügung, aus dessen Erträgen Schülern auf preiswerte Art geholfen werden konnte bzw. auch teilweise das Schulgeld bestritten werden konnte. In den Elementarschulen wurde dagegen das Prinzip der gegenseitigen Hilfe befolgt, das pädagogisch gesehen wertvoller war als ein Patronat. Der Gedanke der **Gegenseitigkeit** griff sogar noch weiter. Man folgte Ideen aus Frankreich und Belgien. Auch die Kranken- und Altersvorsorge konnte sich auf den Gedanken der Gegenseitigkeit stützen, indem entsprechende Hilfskassen gebildet wurden, die mit kleinen und kleinsten Beiträgen vieler Mitglieder aufgebaut wurden. An solche Kassen schlossen sich auch Schulen an. Wenn die Eltern eines Schülers krank wurden, so konnte durch die Mitgliedschaft der Schule eine Entschädigung gegeben werden, um den Lohnausfall zu kompensieren und so den Schüler davor zu bewahren, zum Lebensunterhalt seiner Familie beizutragen anstatt zur Schule zu gehen. Ebenso half die Schule Eltern, in die Nationale Altersversorgungskasse aufgenommen zu werden und auch in die Invaliditätskasse, also Vorsorge zu betreiben für das Alter und den Fall der Erkrankung, die keinen weiteren Verdienst mehr erlaubte (814). Diese Einrichtungen wurden am Beginn des 20. Jahrhunderts ins Leben gerufen, als in anderen Ländern diese Versorgungssysteme bereits vom Staat geregelt wurden.

1904 kam ein Schulgesetz heraus, das bestimmte, dass alle Kinder bis zum 12. Lebensjahr in eine Elementarschule gehen müssten. Die **Elementarschule wuchs auf fünf Jahre** an: die Unterstufe umfasste jetzt drei Jahre, die Oberstufe zwei Jahre.

Sogar eine sechste Klassenstufe wurde ins Auge gefasst. 1911 wurde das Elementarschulwesen per Gesetz in die staatliche Regie überführt. Aber auch diese Gesetze waren wieder auf Hoffnung gebaut. Für 1911 wurde festgestellt, dass die Analphabetenrate, auf ganz Italien gerechnet, noch bei 47 % lag, und zehn Jahre später sollen es noch 27 % gewesen sein (Brinkmann 2002, S. 223). Dahinter verbergen sich für große Landesteile noch immer Zahlen von weit über 50 %. Erst nach dem Zweiten Weltkrieg konnte man erste Versuche unternehmen, eine Brücke zwischen Volksschule und höheren Schulen, Lyzeen, herzustellen.

Eine neue Schule sollte die Kluft zwischen der Elementarschule, die heute Primarschule heißt, und der höheren Sekundarschule schließen. Diese neue Schule umfasst die Klassenstufen 6 bis 9 und hieß zunächst Mittelschule bzw. einheitliche Mittelschule und seit 2004 heißt sie Sekundarstufe I. Die Regierung gab den Grundsatz der Kontinuität aus, um einen möglichst geradlinigen 13jährigen Schulgang von der Primarschule über die Mittelschule bis ins Lyzeum zu schaffen. Doch hat bis heute der Lateinunterricht eine trennende Wirkung. Zunächst gehörte er pflichtmäßig in die Mittelschule, heute ist er angebotsmäßig Teil der Sekundarstufe I. Von den sechs Zweigen der lyzealen höheren Sekundarschule führen vier den Lateinunterricht weiter (das *Liceo Classico* mit den alten Sprachen, das *Liceo Scientifico* mit angewandten Naturwissenschaften, das *Liceo Linguistico* mit drei Fremdsprachen, und das *Liceo delle Science Umane*, das u. a. auf den Lehrerberuf vorbereitet). Nur wer den Lateinunterricht schon in der Mittelschule wahrnimmt, hat eine Chance, eine der vier Arten des Lyzeum erfolgreich zu durchlaufen. Das Lateinische und überhaupt die alten Sprachen haben im italienischen Schulwesen eine größere Bedeutung behalten als in anderen europäischen Schulsystemen. So bleibt eine Kluft zwischen einer sozial motivierten Volksschule und einer vorwiegend humanistisch-sprachlich orientierten Sekundarstufe II.

Heute sind die Sozialdienste, der Gesundheitsdienst, die Krankheitsvorsorge und die Altersvorsorge von den Schulen losgekoppelt und sind eigene Dienstleistungssysteme. Dennoch kann man sich die Frage stellen, ob von der großen sozialen Aufgabe, die der damaligen Elementarschule mitgegeben wurde, etwas erhalten geblieben ist. Man könnte meinen, dass heute die Versorgung und Betreuung der Kinder und Jugendlichen in institutionell geregelten Bahnen verläuft. Das ist in manchen Städten oder Regionen auch der Fall, z. B. in Südtirol. Dennoch gibt es auch heute noch Beispiele dafür, dass Schulen sich an die schwierigen Lebenslagen von Armut und auch Ausbeutung anpassen müssen. Ich bringe **eine Geschichte aus Sizilien**, die sich etwa von 1950 bis 1980 hinzog. Sie soll als eine **charakteristische Geschichte** gelten, die zeigt, wie ein Pädagoge zunächst für die Erfüllung der elementaren Lebensbedürfnisse der Menschen kämpfen musste, ehe er eine Schule ins Leben rufen konnte.

III. Die Geschichte eines sozial und pädagogisch engagierten Menschen in Sizilien

Es geht um **Danilo Dolci**, der von 1924 bis 1997 lebte. Eigentlich hatte er Architektur studiert, aber die Korruption im Bauwesen stieß ihn ab, und er entschloss sich, seine Arbeitskraft einem vernachlässigten und verarmten Fischerdorf an der sizilianischen Westküste zu widmen, obwohl er aus Triest stammte. Es liegt in der Region von **Partinico**. Heute ist es in einem wesentlich besseren Zustand. Damals jedoch stieß Dolci auf den Widerstand der Profiteure dieser Region. Sein Ansatz war, die Menschen zu Genossenschaften zusammenzuführen, sie also aus der Vereinzelung herauszuführen. Er wollte ihnen helfen, die eigenen Ressourcen gegen fremden Zugriff zu behaupten. In diesem Falle bedeutete es, die Menschen dahin zu führen, den Reichtum ihrer kleinen Region selbst für ihre Entwicklung zu nutzen und ihn den Händen fremder Profiteure zu entziehen. Es ging darum, die Wasserressourcen, die gewonnenen Früchte und den Wein selbst zu verarbeiten und zu vermarkten – in genossenschaftlichen Zusammenschlüssen. Auf dieser Lebensgrundlage aufbauend konnten die Erwachsenen schließlich ihren Kindern eine Schule schaffen, in der die Lebensbedürfnisse der Kinder im Mittelpunkt stehen sollten.

Im Falle Danilo Dolcis war diese Anstrengung in einem Umfeld zu leisten, in dem ein Mafiaclan die Herrschaft ausübte und die Politik und das Rechtswesen durchsetzt hatte, bis hin zur höchsten Ebene in Rom. Immer wieder haben integre und mutige Menschen wie z. B. Journalisten, Schriftsteller, Richter, Priester, manchmal auch Politiker, die Verschlingung des öffentlichen Lebens in Sizilien mit der Mafia aufgedeckt und bekämpft, nicht wenige von ihnen wurden ermordet. Auch Danilo Dolci war manchmal gefährdet, wurde eingeschüchtert durch Verhaftung und Bedrohung, aber seine Gegenwehr bestand darin, eine Öffentlichkeit zu schaffen, in der über die Methoden der herrschenden Kreise offen gesprochen wurde, in der man sich ermutigte, aus dem Schweigen herauszutreten und über das selbst Erlebte, die Beraubung, Erpressung und Ausbeutung zu sprechen und zu schreiben. Der Weg zu kooperativem Handeln war lang und mühsam. Ein Mittel z. B. war der »umgekehrte Streik«.

Die Regierung vernachlässigte die Region, legte keine Straßen an, so dass die Produkte nicht auf den städtischen Markt gebracht werden konnten, und Investitionen nicht möglich waren, z. B. der Bau eines Staudamms, mit dem verhindert werden sollte, dass die ergiebigen Regenfälle des Frühjahrs ohne langfristige Wirkung ins Meer abflossen, während das Flusstal landwirtschaftlich unerschlossen blieb. Im Sommer fiel es regelmäßig trocken. Dies ist ein Beispiel für **Vergeudung**, und Vergeudung war ein Thema der Gespräche, die Dolci mit den Menschen der relativ kleinen westsizilianischen Region führte, in der er sich niedergelassen hatte – von außen kommend, weil er an den Ort ziehen wollte, der seinem Vater viel bedeutet hatte – in ein Fischerdorf an der Küste im Westen Siziliens, das Dorf Trappeto. Die Menschen mussten begreifen, dass es nicht nur um Vergeudung von Wasser ging, sondern dass Vergeudung ein Grundzug der Herrschafts- und Wirtschaftsweise der herrschenden Clans war: Vergeudung fruchtbarer Erde, Vergeudung von Bausubstanz, Vergeudung der Arbeitsleistungen der Menschen und vor allem Vergeudung ihrer Fähigkeiten, ja sogar Vergeudung von Menschenleben durch Nicht-Bekämpfung von Krankheiten oder sogar durch Tötung. Um eine Öffentlichkeit zu erzeugen, war es wichtig, dass die Menschen nicht nur auf Einzelheiten schauten, wie z. B. den Staudamm, sondern erkannten, dass solche Einzelheiten in einem Zusammenhang standen, der ihr ganzes Leben betraf und das ihrer Gemeinschaft aus Kleinbauern, Tagelöhnern, Handwerkern und Fischern. Die Mehrheit der Männer war ohne bezahlte Beschäftigung.

Dolci organisierte den umgekehrten Streik, das heißt die Männer begannen ohne Auftrag und Bezahlung die Straße in die Stadt instand zu setzen. So zeigten sie der Regionalregierung, dass genügend Arbeit da war, dass auch genügend Arbeitswillige da waren, dass es nur am Willen der Regierung fehlte, diese Männer auch einzusetzen und zu bezahlen: eine Vergeudung von Arbeitswillen und Arbeitskraft. Die Regierung schickte stattdessen die Polizei und ließ Dolci und einige der Männer inhaftieren. Dolci machte Untersuchungen über die Vergeudungen, um Zahlen zu haben und die Menschen überzeugen zu können: von der vergleichsweise hohen Kindersterblichkeit über die mangelhafte ärztliche Versorgung, die manchen Menschen einen frühen Tod brachte, die schlechte Qualität der Wasserversorgung, die viel Wasser infolge schadhafter Rohre verloren gehen ließ, die primitive Kanalisation, die zu Kloaken unreinen Wassers führte, ähnlich das Auswerfen des Mülls in die Landschaft, die hohe Arbeitslosigkeit, die Analphabetenrate von 55 %, der Mangel an Wohnraum mit durchschnittlich 4,8 Menschen je Zimmer, die Feuchtigkeit von 70 % der Räume, die Undichte von 36 % der Dächer, das Fehlen von Glasfenstern, das Fehlen von Aborten in über 80 % der Häuser, das Fehlen von Kochherden in 60 % der Wohnungen, die hohe Zahl von Abtreibungen, das Zugrunderichten von Menschen in Gefängnissen u. a. m. Er weitete seine Erhebungen auch auf Palermo aus und veröffentlichte seine Befunde als »Bericht aus Palermo«. Darin standen Aussagen über schockierende Zustände, z. B. dass es in einem Stadtteil Palermos für 260 Familien nur eine Toilette gab, und manche Betten von acht Personen benutzt werden mussten. Das Buch wurde zunächst von einem Gericht verboten, aber nachdem das Gericht eine Untersuchung der Beschreibungen vor Ort veranlasst hatte, wurde seine Verbreitung wieder erlaubt, weil sie als zutreffend befunden wurden (SPIEGEL 1958). Das war immerhin in den 50er Jahren des vorigen Jahrhunderts, nicht im Mittelalter oder im 19. Jahrhundert.

Der tiefe Fatalismus hatte die Menschen unter dem Terror der Mafia niedergedrückt. Danilo Dolci mietete einen Raum, den er *Centro Studie ed Iniziative* nannte, und lud die Menschen zu Gesprächen ein. Dieses Angebot wurde zögerlich angenommen, denn was wollte der fremde Mann? Dolci wurde auch Schriftsteller. In seinem Buch «Sizilianische Geschichten« porträtierte er einige Menschen, auch einige Mafiosi, die er kennen lernen musste, und in dem Buch «Vergeudung«, das 1962 erschien und schon 1965 in deutscher Sprache im Union Verlag Berlin, also in Berlin-Ost erschien, protokollierte er einige der Gespräche im *Centro*, die er auf Tonband aufgenommen hatte. An den Gesprächen nahmen schließlich im Durchschnitt 20 bis 30 Menschen teil, meist aus einer Nachbarschaft, und sie sollten selbst entscheiden, worüber gesprochen werden sollte. Dolci selbst hielt sich zurück, stellte meist nur Fragen, um die Meinungsäußerung eines Teilnehmers deutlich zu machen. Die Gespräche behandelten nicht nur das Mafia – Regime, sondern auch das eingewurzelte Verhalten der armen Bevölkerung, z. B. die Blutrache betreffend und die Unterdrückung der Frauen und Mädchen. Die Gespräche führten die Menschen auf das, was sie selbst tun können. In stumpfer Wut sagten manche: ›Das ganze Land sollte man verbrennen‹. Aber es kam auch die Einsicht: ›Nicht das Land soll zerstört werden, sondern der Mensch. Denn der Mensch ist es, der die großen Fehler begeht. Das Land, die Straßen, die Häuser, die sprechen nicht, weder belästigen noch beleidigen sie uns. Wir sind es, die uns gegenseitig beschimpfen… wir, die wir im Jahre 1961 leben, wir sind so rückständig, dass wir uns immer noch diesen Leuten unterwerfen, die uns wie Sklaven behandeln.‹ (Dolci 1967, S. 282 f.) Das Gespräch endete, indem eine Frau alle zu einem gemeinsamen Singen einlud und die Frauen zu einem Lese- und Schreibkurs.

In den Gesprächen erfuhr Dolci, dass viele Kinder nicht zur Schule gingen, weil sie sich vor dem Zustand des Gebäudes ekelten und weil sie so viel geschlagen und angebrüllt wurden (Mangano 1998, S. 148). Die Kinder, welche die Schule aushielten, kamen ohne Lernerfolg aus ihr heraus. Dolci nannte das ›die schulische Vergeudung‹. Er führte zahlreiche Gespräche mit Kindern und Erwachsenen, führte mit vielen Menschen Seminare durch, zog Fachleute herbei, um zu wissen, welche Schule zu planen war und wie sie arbeiten sollte. Dolci betrachtete diese Gespräche und Befragungen auch als Chance für einen Prozess der Bewusstwerdung der Menschen. Ohne eine solche Bewusstwerdung der Menschen hätte er für den Bau und die Durchführung einer neuen Schule keine Chance gesehen. Daher ließ er viel Zeit verstreichen, bis er an den Bau an einer neuen Schule ging. Der Architekt Dolci hatte die Vorstellungen und Wünsche erforscht, ehe er ein Gebäude mit umliegendem Grundstück und Offenheit zur Natur plante. Nach 25 Jahren war Dolci kein unbekannter Mann mehr in Italien und vor allem im Ausland, er bekam Preise, die Geld einbrachten für den Schulbau und es kamen Spenden.

Dolci wusste sehr gut, dass Schulen Misserfolg haben können, wenn sie den Bedürfnissen der Menschen, Kinder und Erwachsene, nicht gerecht werden. Die Schule wurde schließlich in den Jahren 1979/80 in der Stadt Partinico im Stadtteil Mirto gebaut. Auch für die Pädagogik, die in der Schule gelten sollte, machte Dolci wieder umfangreiche Befragungen, auch bei externen Pädagogen. Als Ergebnis kam als oberstes Prinzip heraus, dass es eine **gewaltlose Schule** sein müsse. Man kann sich den Widerstand mafioser Kreise gegen die Errichtung der neuen Schule ungefähr vorstellen, Dolci trat in einen Hungerstreik, um die Behörden zum Bau einer Straße und Brücke zur Schule zu zwingen. Darin folgte er seinem Vorbild Mahatma Gandhi (Mangano, S. 190).

Als Lehrkräfte wollte er Personen aus der Region haben, die ihm in den zahlreichen Gesprächen besonders im *Centro* aufgefallen waren. Er organisierte ein Komitee aus Fachleuten, die bereit waren, diese Personen auf den Lehrerberuf vorzubereiten. Außer Lehrerinnen wurden auch ein Sozialarbeiter und ein sog. psychopädagogischer Berater eingestellt. Die Schule wurde als private Schule gegründet, da jedoch dieser Status auf Dauer finanziell ungewiss war, wandelte man sie in eine staatliche Pilotschule um. Sie wurde also nunmehr vom italienischen Staat getragen. Vielleicht war dieses ein Fehler. Der Staat hatte die Schule zwar formell übernommen, aber überwies kein Geld, um die Lehrer zu bezahlen. Er machte zwar viele einschränkende Auflagen, aber zahlte nicht. Die meisten Lehrer arbeiteten mehr als ein Jahr ohne Gehalt, es begann ein Nervenkampf um Geld, das jetzt vorwiegend aus dem Ausland kommen musste. In der Schule brach Streit aus. Lehrer gingen weg. Die Schule blieb ein Jahr lang geschlossen. Nur mit ausländischem Spendengeld konnte sie wieder geöffnet werden. Erst 10 Jahre nach der Eröffnung war die Stadt Partinico bereit, die Schule in ihre Trägerschaft zu übernehmen. Dolci bot sich als ihr Berater an. Dolci wollte unabhängig bleiben, darum schloss er sich keiner formellen oder informellen Gruppierung in Italien an. So fehlte ihm in Italien selbst eine Machtbasis. Dieses Schicksal war fast unausweichlich zur damaligen Zeit in Sizilien (Dolci 1987, S. 38–44).

Dieses ist ein Beispiel dafür, wie jemand unter schwierigen Bedingungen Öffentlichkeit schuf – also eine wachsende und sich vertiefende Kommunikation, die schließlich zu gemeinsamem Handeln führte. Danilo Dolci hat dieses Engagement drei Jahrzehnte durchgehalten. Dennoch kann man nicht mit Gewissheit sagen, dass der ganze Einsatz von Erfolg gekrönt war. Im Ausland wurde Dolci mehr anerkannt als in Italien. Im deutschsprachigen Raum wurden Übersetzungen seiner Bücher zunächst für Verlage in der Bundesrepublik angefertigt, später auch für Verlage in der Schweiz. Auch Verlage in der DDR brachten seit den sechziger Jahren einige der Bücher Danilos heraus, z. T. als Lizenzausgabe westdeutscher Verlage, zum Teil als originäre Edition. In der Bundesrepublik Deutschland war die Diakonie einer seiner Unterstützer. In den neunziger Jahren zog Dolci sich zurück aus öffentlichen Projekten. Dolcis Gesprächsmethodik ist inzwischen unter Leitung seines Sohnes Amico Dolci in einer internationalen Zusammenarbeit systematisch weiterentwickelt worden für die Erwachsenenbildung und in einer ausführlichen Abhandlung dargelegt worden (Dolci/Amico 2009).

Dolcis Schule ist im genannten Sinne eine soziale Schule. Ihr Gründer erkundete die sozialen Schädigungen, welche die Menschen in der Region, denen er helfen wollte, erlitten. Er half den Erwachsenen, sich gegen die erniedrigenden Mächte zu behaupten und ihre Gemeinschaft ökonomisch und sozial neu aufzubauen. Die Gemeinschaft hatte gelernt, sich auf ihre eigenen Kräfte zu besinnen und ihre wirtschaftliche Tätigkeit in eigenen Genossenschaften zu organisieren. Erst auf dieser Grundlage ging er mit sorgfältiger Planung an den Schulbau heran. Er baute den Kindern eine gesunde moderne Schule in landschaftlich schöner Umgebung. Er sah dafür auch Erzieher mit besonderer Ausbildung zusätzlich zu den Lehrkräften vor. Es schien so, dass die Schule eingebettet war in eine Gemeinschaft, die in der Lage war, ihre neu gewonnenen materiellen, sozialen und pädagogischen Werte zu bewahren und von den Kindern die negativen Einflüsse der Verarmung fern zu halten. Dennoch hatte er wohl kein Vertrauen, dass die Gemeinschaft die Schule finanziell aus eigenen Kräften erhalten könne, wenn er sich selbst zurückzöge. Nach dreißig Jahren war dieser Wunsch verständlich. Daher übergab er sie dem Staat, der den besonderen Status der experimentellen Schule verlieh, der dazu dienen sollte, das ursprüngliche pädagogische und soziale Konzept zu erhalten. Jedoch trog die Hoffnung in den Staat, der offensichtlich verschiedenen Einflüssen unterlag. Heute werden die Ziele Danilo Dolcis weiter verfolgt in dem »Zentrum für Kreative Entwicklung Danilo Dolci« (Centro per lo Sviluppo Creativo – »Danilo Dolci«) in Palermo, geleitet vom Sohn Dolcis, das nicht nur auf diese eine Schule blickt, sondern sozialpädagogische Projekte für Schulen und Erwachsenenbildung betreibt.

Noch **jüngere Beispiele für soziale Schulen in Sizilien** sind zwei Schulen, die von der kleinen evangelischen Kirche der Waldenser unterhalten werden. Diese sehr kleine reformatorische Gemeinschaft hatte sich schon im Mittelalter in ein Bergtal des späteren Piemont zurückgezogen, seitdem sie verfolgt wurde, insbesondere in Frankreich. Ihr Wahlspruch ist »Das Licht leuchtet in die Finsternis«, dementsprechend will sie in der »Finsternis« arbeiten, so hatte sie auch den Mut, im Mafiagebiet Siziliens ein diakonisches Werk zu gründen. Ihr Pfarrer **Tullio Vinay** (1909–1996), der durch soziales, politisches und pädagogisches Engagement auch außerhalb Italiens bekannt wurde, begann im Jahre 1961 in der Stadt Riesi in Sizilien mit dem *Servizio Cristiano*, zu dem auch eine Grundschule und eine Berufsschule gehörten. Die Schulen wurden eingebettet in die neu aufgebaute Wirtschafts- und Sozialstruktur von sog. Kooperativen, also Genossenschaften, die es den zusammen lebenden Menschen ermöglichen, sich der Zugriffe der Mafia zu erwehren und ihre Agrarprodukte und handwerklichen Produkte selbst zu nutzen und zu vermarkten. Kindergarten, Schule und ein Landwirtschaftsbetrieb bestehen noch heute.

Ein möglicherweise noch schwierigeres Umfeld weist die Schule mit dem Namen *Instituto Valdese* im sozialen Problemviertel »La Noce« in Palermo auf, die als soziale Schule bezeichnet werden muss, da sie einen sog. Häuslichen Erziehungsdienst umfasst, den drei bei der Schule beschäftigte Sozialpädagogen durchführen, die für ihre Hausbesuche den Schutz des Gerichts und des Jugendamtes genießen. Etwa 10 % der Schüler in dieser Schule sind körperlich oder geistig behindert, ein weiterer Teil sind milieugefährdete Kinder. Einige von ihnen leben auf Veranlassung des diakonischen Werkes der Kirche in einer Wohngemeinschaft. Dieses Werk ist anders als dasjenige in Riesi ganz auf Kinder und Jugendliche ausgerichtet. Es geht insofern über den Rahmen der Schule hinaus, als auch Projekte für mafiagefährdete Kinder im Umfeld der Schule durchgeführt werden. Solche Projekte der Gegenwehr gegen die Herrschaft von Mafiosi können nur erfolgreich sein, weil sie, ähnlich wie bei Dolci, international vernetzt sind und immer wieder Besucher und Praktikanten aus dem Ausland zu Gast haben, so dass eine Öffentlichkeit besteht, die lokale Mafiosi von verbrecherischen Aktivitäten gegen die Kirche abhalten kann. Im Übrigen wollen diese Schulen keinesfalls religiös provozieren, insbesondere wollen sie nicht die katholische Kirche herausfordern, daher erteilen sie keinen konfessionellen Religionsunterricht und führen keine Schulgottesdienste durch, sondern lehren eine allgemeine Religionskunde. Ihre Schwäche als private Schulen ist die Angewiesenheit sowohl auf Spenden als auch auf ein relativ hohes Schulgeld der Eltern, daher verlieren sie Schüler (Menzel 1999. – Deml 2011. –Centro Diaconale 2002).

IV. Pädagogische Erkenntnisse aus der Sozialen Schule In Italien und Sizilien

Wir kennen alle die Sorge von Lehrern, dass **aus dem sozialen Umfeld** schädliche Einflüsse auf die Schüler einwirken können. Die Lehrer bemühen sich, das Lernen in der Schule möglichst sachgerecht und zielgerichtet zu erhalten. Äußere Einflüsse aber tangieren auch das schulische Verhalten der Kinder und Jugendlichen, wirken in die Schule hinein. Beunruhigend kann das Internet-Verhalten der Kinder und Jugendlichen sein, auch die Cliquen, die sich innerhalb und außerhalb der Schule bilden, die Zugänglichkeit von Genussgiften kann zu Veränderungen der Persönlichkeiten führen, generell werden Kinder und Jugendliche von Konsumangeboten und Werbestrategien animiert, gesellschaftliche Gruppierungen werben um Jugendliche, vor allem die familiären Situationen stellen manches Mal belastende und zu selten fördernde Bedingungen für die Heranwachsenden dar. Lehrer haben geringe Chancen, das soziale Umfeld der Schüler positiv zu beeinflussen, eher fühlen sie sich in der Schule mitunter wie in einer Festung. Sie wehren Negativeinflüsse ab, z. B. durch Rauchverbot und Alkoholverbot in der Schule, Handy-Verbot in der Unterrichtsstunde, Untersagung vulgärer Sprache, Unterbindung sexueller Handlungen, Verbot von Symbolen, die auf politisch extreme Gruppen hinweisen, Eindämmung von Gewalt. Positiv ergänzt wird dieses Abwehr-Verhalten durch Aktionen für eine ästhetischen Gestaltung der physischen Bedingungen in der Schule und ihrem Gelände, durch Vermittlung von Kunsterlebnissen, durch Diskussionen über ethische Normen. Ohne die abwehrenden Maßnahmen und die Bemühungen um positive Elemente wäre kein erfolgreicher Unterricht möglich. Immer ist eine Hoffnung dabei, dass die Schule nicht nur in ihren Binnenbeziehungen verträglich und lebbar bleibt, sondern auch in das soziale Umfeld hineinwirken kann. Letzterem Wunsch scheint die Erfüllung oft versagt zu bleiben.

Daher ruhen die Überlegungen nicht, ob Schulen nicht auch über ihre Grenzen hinaus die sozialen und sogar materiellen Lebensbedingungen der Kinder und Jugendlichen verbessern können. Das bedeutet, dass die Schule in das soziale Umfeld in einem Territorium involviert ist. Sie kann dabei nicht der einzige Akteur sein. Es müssen aus dem sozialen Umfeld heraus andere Akteure in Erscheinung treten. Der Genossenschaftsgedanke, der in Italien verbreitet war und auf den auch Danilo Dolci und Tullio Vinay zurückgriffen, ist dabei ein viel versprechender Ansatz, um Gemeinsamkeit des Handelns herzustellen. Die kommunale Ebene ist dafür eine geeignetere Handlungsebene als die staatliche. Eine Aushöhlung der Gemeinschaftsformen kann sowohl von unten her, durch Beziehungslosigkeit auf der Ebene von Nachbarschaften, als auch von oben her erfolgen, durch eine staatliche finanzielle Austrocknung der kommunalen und der bürgerlichen Handlungsmöglichkeiten. In der heutigen Situation des staatlich gelenkten Schulwesens wird oftmals die Schulsozialarbeit als eine Chance angeboten, eine Ohnmachtssituation der Schule zu überwinden. Vielleicht kann sie ein Ausgangspunkt sein. Das, was z. B. Danilo Dolci unternommen hat und was die waldensischen Schulen tun, geht darüber hinaus. Was früher der Volksschule in Italien vom Staate auferlegt wurde, entsprach dem Wunsch von Politikern, das staatliche Handeln auszuweiten in der Absicht sozialer Verbesserung in der Gesellschaft. Die Volksschule war für mehrere Jahrzehnte ein institutioneller Ausgangspunkt für diese Intervention. Letztlich müssen **soziales und bildendes Handeln in einem Verbund** gesehen werden, dazu müssen gesellschaftliche Formen geschaffen werden. Der Gedanke der sozialen

Schule wird immer wieder belebt werden, die Chancen der Verwirklichung sind in den europäischen Staaten aber noch nicht gestiegen.

Der Gedanke der **Schulhilfsgenossenschaften** ist m. E. nicht einfach überholt. Mit der Ausbreitung der Armut in einheimischer Bevölkerung und Migrantenbevölkerung könnte dieser Gedanke auch in »entwickelte« Länder zurückkehren. Denn wenn die Schule die sozialen Nöte von Schülern als Hintergrund ihrer schulischen Probleme wahrnimmt, bleibt ihr eines Tages in vielen Fällen nur die Selbsthilfe. Die zunehmende Autonomie auch der staatlich gelenkten Schulen, die aus einem Rückzug der öffentlichen Zuständigkeiten resultiert, gibt dafür Spielraum. Manche Schulen werden sich als soziale Akteure begreifen, um ihre Probleme angehen zu können. In der heutigen Pädagogik bewährt sich die Genossenschaftsidee vor allem in der von Célestin Freinet ausgelösten Schulbewegung.

Literatur:

Dolci, Amico/**Amico**, Fausto (Hrsg.): Reziproke Mäeutische Methode in der Erwachsenenbildung. In: Centro per lo sviluppo creativo »Danilo Dolci«. 2009 URL: http://danilodolci.org/media/Deutsch.pdf

Brinkmann, Günter: Italien (2002). In: Döbert, Hans (Hrsg.): Die Schulsysteme Europas. Baltmannsweiler: Verlag Schneider Hohengehren, S. 221–234.

Centro Diaconale (2002). Centro Diaconale »La Noce« Palermo Istituto Valdese. URL: http://www.lanoce.org/tedesco/index.htm
Eingesehen 18. 8. 2012.

Deml, Sonja (2011): Familienerziehung in der sizilianischen Mafia. Gegebenheiten und pädagogische Gegenwirkung. Grin Verlag München. (Basiert auf einer Diplomarbeit in Regensburg aus dem Jahre 2002.)

Dolci, Danilo (1976): Der Himmel ist aus Rauch gemacht. Sizilianische Erzählungen. Berlin und Weimar: Aufbau Verlag. (Italienisches Original 1963). (Mit einer Einleitung von Christine Wolter, einer der Übersetzerinnen).

Dolci, Danilo (1987): Sizilianische Geschichten. Aus dem Italienischen von Anna Murdy und Christine Wolter. Mit einem biographischen Essay von Peter Müller. Köln: Kiepenheuer und Witsch. (Es handelt sich um eine Lizenzausgabe des Buches aus dem Aufbau Verlag von 1976: *Der Himmel ist aus Rauch gemacht*, mit neuem Titel und neuer Einleitung).

Dolci, Danilo (1967): Vergeudung. Bericht über die Vergeudung im westlichen Sizilien. Mit einem Nachwort von Günter Wirth. Berlin: Union Verlag. (Übersetzt von Edita T. Imperatori für den EVZ-Verlag Zürich, der das Buch 1965 herausbrachte. Italienisches Original 1960).

Dolci, Danilo (1961): Umfrage in Palermo. Berlin: Union Verlag. (Lizenzausgabe des Walter-Verlages in Olten und Freiburg von 1959. Italienisches Original 1957).

Dolci, Danilo (1962): Banditen in Partinico. Olten und Freiburg: Walter Verlag. (Italienisches Original 1955).

Enzyklopädisches Handbuch der Pädagogik, hrsg. Von Wilhelm Rein, 2. Auflage, 10. Band (1910), Langensalza: Hermann Beyer & Söhne. Artikel: Italienisches Bildungswesen, S. 758–859.

Mangano, Antonio (1998): Danilo Dolcis Erziehung zur positiven Freiheit. Münster: Verlag Votum.

Menzel, Peter: Evangelische Schulen in Italien. In: Scheilke, Christoph Th./Schreiner, Martin (Hrsg.): Handbuch Evangelische Schulen. Gütersloh 1999, S. 338–343.

Servizio Cristiano (2012). Servizio Cristiano. Istituto Valdese. URL: http://www.serviziocristiano.org/pages/La-Storia.html Eingesehen 18.8.2012.

DER SPIEGEL (1958): Der Ghandi von Italien. In: DER SPIEGEL, 12. Jahrgang (1958), Nr. 25 vom 18.6.1958, S. 42. URL: http://www.spiegel.de/spiegel/print/d-41761635.html Eingesehen: 18.8.2012.

Vinay, Tullio (1987): Die politische Diakonie der Kirche. Tübingen: Verlag Mohr.

11. Vorlesung
Schule der Abwechslung: USA

I. Die pädagogische Frage nach der Abwechslung in der deutschen Schule

Abwechslung muss sein, hört man manchmal. Auch in der Schule heißt es so, z. B. wenn an einem Tag ausnahmsweise ein Ausflug gemacht wird. Es wird eine Abwechslung geboten in der Art des Zusammenseins, in der Umgebung und in den Betätigungen, also eine andere Art des Erlebens. Im Schulalltag wird z. B. von Methodenwechsel gesprochen, der Lehrer soll in seiner Methodik abwechseln, er soll nicht die ganze Unterrichtsstunde in ein und derselben Methodik durchführen. Besonders bei jüngeren Schülern ist Methodenwechsel nötig. Lehrererzählung, Unterrichtsgespräch, Stillarbeit, Schülervortrag, Chorsprechen sind solche Methoden, zwischen denen man wechseln soll. Abwechslung ist nötig, um die Aufmerksamkeit der Schüler zu erhalten. Sogar den Inhalt der Stunde wechselt man bei jüngeren Schülern. Zwanzig Minuten schreiben und dann zwanzig Minuten rechnen, danach noch das neu erlernte Lied singen zum Beispiel.

Abwechslung animiert, bringt eine neue Bereitschaft hervor. Das gilt nicht nur für die Methodik, manchmal ist auch der Themenwechsel gut. Nicht jedes Thema fesselt die Aufmerksamkeit. Wir haben in unseren Schulen normalerweise den 45-Minuten-Rhythmus der Stunden. Dadurch ergeben sich fünf oder sechs Themenwechsel am Vormittag. Das kann der Abwechslung dienen, manche Pädagogen sagen allerdings, zumindest für ältere Schüler seien es zu viele Abwechslungen. Gegen die Abwechslung steht die Konzentration, also das Aushalten bei einem Thema. In manchen Gymnasien werden 90-Minuten-Einheiten gebildet. So können die Schüler länger bei einem Fachgebiet verweilen. Die Universität ist ganz auf den 90-Minuten-Rhythmus übergegangen. Früher gab es öfter die Teilung einer 90-Minuten-Vorlesung in zwei 45-Minuten-Vorlesungen an zwei Tagen. Aber das findet man heute kaum noch. Der zeitliche Rhythmus soll in Übereinstimmung sein mit physiologisch bedingten altersspezifischen Kurven von Konzentrationsfähigkeit und Erschöpfung. Daraus leitet sich die Zahl der Unterrichtsstunden pro Tag ab und die Zahl der Pausen zwischen den Stunden. Den Schülern wird ein solcher Rhythmus in der Regel vorgegeben, Studenten müssen sich ihren Rhythmus selbst schaffen.

Der Fächerwechsel am Vormittag schafft Abwechslung. Damit ist nicht ausgeschlossen, auch innerhalb eines Fachthemas noch inhaltliche Abwechslung zu schaffen. Der Fächerwechsel am Vormittag wurde nicht eingeführt, weil Abwechslung geschaffen werden sollte, sondern weil es so viele Fächer gibt, die untergebracht werden sollen im Stundenplan. Es gibt sogar Fächer, die auf manchen Klassenstufen nur mit einer 45-Minuten-Stunde in der Woche vertreten sind. Es ist also kein pädagogisches Prinzip, dass an einem Vormittag fünf oder sechs Unterrichtsfächer aufeinander folgen sollen. Es ergibt sich so, weil es als die beste Planungsmöglichkeit begriffen wird. Man kann diese Organisationsweise im Nachhinein mit dem Argument begründen, sie schaffe Abwechslung. Eigentlich rangiert Konzentration in der Schule vor Abwechslung. **Abwechslung muss sein, aber Konzentration ist noch wichtiger.** Abwechslung ist in die Organisationsweise eingebaut, sozusagen als Nebeneffekt, und Abwechslung kann auch pädagogisch bewusst in die Methodik jeder Unterrichtsstunde eingebaut werden. Bei der Stundenplangestaltung wird aber selten gefragt, ob es im Einzelfall pädagogisch wünschenswert ist, dass ein bestimmtes Fach einem anderen folgt, z. B. auf die Deutschstunde die Physikstunde folgt. Wenn z. B. Physik und Chemie regelmäßig einander folgen würden, ohne dass eine andere Stunde dazwischen tritt, könnten sich die betreffenden Lehrer absprechen, um diese Abfolge inhaltlich zu nutzen. Aber das ist selten der Fall. Ähnlich könnte es sein bei Geographie und Geschichte. Die Abwechslung ist daher eigentlich kein pädagogisches Prinzip, sie ergibt sich in den meisten Fällen aus dem organisatorischen Prinzip der Zeitverteilung.

Es gibt noch einen größeren Rhythmus der Abwechslung. Dieser betrifft den **Wechsel der Fächer im Verlauf der Schullaufbahn**. »Kleine« Fächer werden nur ein Jahr lang auf einer Klassenstufe gelehrt, andere Fächer werden über alle Jahre des Gymnasiums gelehrt, andere nur über vier, fünf oder sechs Jahre hin. Auch wenn in Halbjahren gerechnet wird, wie z. B. in der Gymnasialen Oberstufe, werden die Fächer doch in der Regel durchgehalten über die zwei Jahre der Oberstufe. Pädagogisch gesehen, halten wir es für sinnvoll, ein Fach über eine größere Zahl von Jahren zu verteilen, weil Schüler Zeit benötigen, um sich den Stoff eines Faches anzueignen. In kurzer Zeit angeeigneter Stoff wird in der Regel relativ schnell wieder vergessen. Daher haben die Schüler während ihrer Schullaufbahn relativ wenige Chancen, die Fächer zu wechseln. Wenn man sich einmal für ein Fach entschieden hat, wird es mit Schwierigkeiten verbunden sein, sich noch anders zu entscheiden. In den unteren Klassen des Gymnasiums gibt es die Wahlmöglichkeit meistens nur zwischen zwei oder drei Sprachfächern. Es ist eine wahl-obligatorische Entscheidung, denn eine Sprache muss gewählt werden, nur die Wahl zwischen zwei oder drei Sprachen ist gegeben. Die meisten Fächer aber folgen einander, ohne dem Schüler Wahlmöglichkeiten zu geben.

In der Regel wird den Schülern durch die Organisationsweise der Schule und auch durch die Methodik der Unterrichtsstunde Abwechslung vorgegeben bzw.

gewährt. Doch das Bedürfnis nach Abwechslung kann individuell verschieden sein. **Abwechslung steht in einer inhaltlichen Beziehung zur Möglichkeit der Wahl.** Wenn Wahlmöglichkeiten geboten werden, kann der Einzelne seinem eigenen Bedürfnis nach Abwechslung folgen. Pädagogisch gesehen hält man es meistens für richtig, nicht zu viele Wahlmöglichkeiten einzuräumen, um die Konzentration nicht zu stören oder zu zerstören. **Abwechslung wird in der Regel geboten, aber selten angeboten.** Man könnte aber weiter gehen und die Abwechslung in die Hand der Schüler geben. Dann würde gelten: **Jeder Schüler kann in regelmäßigen Abständen die Fächer wechseln**, der einzelne Schüler entscheidet in Abständen selbst, ob er neue Fächer haben will oder die alten Fächer weiterführt. Die Schule stellt fachbezogene Kurse bereit und verzichtet vielleicht ganz auf mehrjährige Fächer. Sie kann aber noch weiter gehen und Kurse anbieten, welche die inhaltlichen Grenzen von Fächern ausweiten und Betätigungen zum Inhalt haben, die bisher noch in keinem Fach vorkamen, z. B. Hygiene, Kosmetik oder Autoreparatur.

II. Die Entstehung des Prinzips der Abwechslung in der amerikanischen High School

Mit diesen Überlegungen haben wir uns der amerikanischen Schule genähert, der sog. **High School.** Wir müssen zuerst zurückschauen in die Phase, in welcher die Grundlagen der heutigen Schule gelegt wurden. Zwei Dinge sind aus der Situation der Kolonialzeit heraus verständlich. Zum einen gab es etwa zweihundert Jahre lang ganz überwiegend nur Elementarschulen, denn nur wenige Einwanderer brachten einen Bildungsehrgeiz mit oder sahen in der Verfolgung hoher Bildungsziele einen Sinn. Es waren die Gemeinden, die solche Elementarschulen einrichteten. Sie waren durchweg kostenfrei. Die andere Tatsache betrifft aber den kleinen Kreis von Personen, die nach höherer Bildung strebten. Diese überwiegend aus England stammenden Siedler gründeten konventionelle Lateinschulen bzw. altsprachliche höhere Schulen. Dahinter steckte auch das Bedürfnis mancher Kirchen, bibelkundige Prediger zu erziehen. Im 19. Jahrhundert erlebte man, dass ein Teil der Elementarschulen allmählich bis zur 7. oder 8. Klassenstufe ausgeweitet wurde. **Das Bildungsbedürfnis wuchs an.** Das zeigte auch die Tatsache, dass Sekundarschulen entstanden. Man nannte diese meistens Akademien. Es waren überwiegend kleine private Schulen und sie kosteten im Unterschied zu den Elementarschulen Schulgeld. Sie hatten eine unterschiedliche Bildungshöhe, unterschiedliche Fächer und unterschiedlichen zeitlichen Umfang. Viele von ihnen führten Latein, einige auch Griechisch, weil es eben das Bild der Sekundarbildung war, dass die höhere Bildung mit Latein verbunden ist.

Eine andere Entwicklung im 19. Jahrhundert übte einen Schub im Sekundarschulwesen aus. Das war die wachsende Zahl der Colleges. Im 18. Jahrhundert hatten die Colleges vor allem die Aufgabe gehabt, Theologen auszubilden für die Kirchen. Aber im 19. Jahrhundert traten auch andere Fächer hinzu wie vor allem Mathematik und Englische Sprache, Geschichte und Geographie. Colleges waren zu jener Zeit die höchsten Bildungsinstitutionen. Universitäten traten erst spät im 19. Jahrhundert hinzu. Sie wurden überwiegend neu gegründet, in Regie der Bundesstaaten, oder sie entwickelten sich als private Universitäten aus Colleges. Erst durch die Universitäten wurde Forschung zu einer neuen großen Aufgabe.

Die Colleges führten in der Regel eigene Aufnahmeprüfungen für Bewerber durch. Anspruchslose Colleges ließen Bewerber zu, wenn diese ein gewisses Maß an Schulbildung nachwiesen. Von Colleges ging der Druck aus, ein besseres Sekundarschulwesen zu schaffen, damit die College-Studenten besser vorbereitet waren. Dieses sollte nach Möglichkeit kostenfrei sein. Da die Schulen mit der Bezeichnung »Akademie« in der Regel wenig Anerkennung genossen, bevorzugte man den Namen »High School«, also Höhere Schule, den schon einige Schulen sich zugelegt hatten. Nach der Vorstellung der Colleges sollten diese Schulen wesentlich größer sein als die Akademien und ihre Träger sollten die Gemeinden sein. Zunächst galt als selbstverständlich, dass die High Schools einen festen **Fächerkanon** haben sollten, zu dem in den meisten Fällen auch Latein gehören sollte. Die High Schools verdrängten nach und nach die Akademien und wurden der führende Typ der Sekundarschule.

**Das Erstaunliche ist,
dass die High School sich von dem Gedanken des »Faches« löste
und die Organisationsweise der Kurse annahm,
für die es damals noch kein Vorbild gab.**

Das geschah etwa seit 1890 und setzte sich vollends in dem Zeitraum bis etwa 1930 durch. Diese Entwicklung ist überaus erstaunlich, denn es war doch eine fest gemauerte Überzeugung, dass man in der Kategorie von Fächern denken muss. So war es doch auch in Europa. Ebenso fest gemauert war die Ansicht, dass sich die meisten Fächer über mehrere Jahre erstrecken müssen, um genügend fachlichen Lehrstoff aufnehmen zu können. Wie konnte es kommen, dass man von diesen traditionell gegebenen Auffassungen abrückte? Man muss generell erst einmal sagen, dass die weitere Entwicklung des Sekundarschulwesens seit dem Ende des 19. Jahrhunderts von College-Professoren gesteuert wurde. Sie waren es, welche die öffentliche Meinung zu dieser Thematik prägen konnten, auch wenn sie sich viele Kontroversen lieferten und unterschiedliche Meinungen vortrugen. Bis dahin hatten die örtlichen Schulräte, die »Superintendenten« und einige Schulleiter die öffentliche Diskussion zu diesem Thema bestritten. Aber mit der Zunahme der Zahl der Colleges und ihrer inhaltlichen Erweiterung erlangten College-Präsidenten und College-Professoren die Deutungshoheit über das Sekundarschulwesen. Sie behandelten gleichzeitig auch Fragen des Elementarschulwesens und der Kindergärten. Unter den Colleges waren es besonders die *Teachers Colleges*, die lehrerbildenden Colleges, die die weitere Entwicklung der High Schools mitbestimmten.

Manche der Wortführer der neuen Diskussion über die Sekundarschulbildung hatten feste Meinungen, z. B. dass die alten Sprachen für den weitaus größten Teil der Jugendlichen nutzlos seien und dass die Schule generell auf nützliches Wissen setzen müsse. Andere hielten dem entgegen, dass die Schule das Ziel verfolgen müsse, geistige Disziplin zu bilden. Dieses erreiche man aber nur über längere Fachlehrgänge, und insbesondere solche zu den alten Sprachen. Bis heute gehen solche Kontroversen unter den Erziehungswissenschaftlern in den USA weiter, und inzwischen gesellen sich auch einige bekannte Journalisten zu diesem Meinungsaustausch hinzu. Doch solche Kontroversen reichen nicht aus, um den großen Schritt zu erklären, welcher die Abkehr vom Gedanken des Faches überhaupt bedeutete. Es waren zwei große sozialen Bewegungen, die schließlich dazu führten, dass sich die Abkehr vom Prinzip des Faches so weitgehend durchsetzen konnte. Das war zum einen die Tatsache, dass in dem genannten Zeitraum, also seit ca. 1880, in einer Zeit der Urbanisierung und Industrialisierung, der Einwanderungsstrom enorm anschwoll und damit die Schulbevölkerung rasant anwuchs. Dieses Bevölkerungswachstum ist mit keinem europäischen Land vergleichbar. Zum anderen kamen die Einwanderer aus vielen Ländern, die wenigsten kamen noch aus England oder Irland. Osteuropäer und Italiener stellten die größten Gruppen. Die Einwanderer hatten also sehr verschiedene Bildungsbiographien und sprachliche Hintergründe. In den großen Städten wie New York zählte man damals etwa 70 % der Personen oder noch mehr zu den Einwanderern. Wir würden sie Migranten nennen. Sie waren entweder selbst migriert oder als Kinder von Migranten in den USA geboren worden.

Es war nur noch schwer denkbar, all diesen Menschen mit so unterschiedlichen Hintergründen einen festen Lehrplan vorzusetzen und den bisher gegebenen Lehrstoff als verbindlich vorzugeben. Vielmehr musste man auf die Unterschiedlichkeit der Herkünfte reagieren. Zudem war es das Ziel, die Migranten lange in der Schule zu behalten, also die durchschnittliche Verweildauer in der Schule zu erhöhen, um den Menschen mehr Gelegenheit zu geben, sich in die USA einzuleben und die Zugehörigkeit zu dem neuen Staat zu akzeptieren. Das Streben nach einer breiten Inklusion der jugendlichen Bevölkerung in die Schulen, nicht nur in die Elementarschulen, sondern auch in die High Schools, war die zweite große soziale Bewegung. Angesichts des schnellen Bevölkerungswachstums hätte man dieses Streben für aussichtslos halten können, aber wohl nie in der Geschichte hat es einen solchen Willen gegeben, Jugend mit Schule zu verbinden. Der Anstieg der Schülerzahlen war enorm. Im Jahre 1900, so wird berichtet, gingen nur 10,2 % der 14–17jährigen zur Schule. Dieser Anteil stieg bis auf 31,2 % im Jahre 1920 (Ravitch 2000, S. 99). 1929/30 ging bereits mehr als die Hälfte der jugendlichen Bevölkerung zwischen 14 und 17 Jahren zur Schule, nämlich 51 %. Das starke Anwachsen der Schulbeteiligung erscheint erst dann im richtigen Licht, wenn man berücksichtigt, wie stark in diesem Zeitraum die gesamte Bevölkerung der 14- bis 17 jährigen wuchs. In den vierzig Jahren von 1889/90 bis 1929/30 war die jugendliche Bevölkerung zwischen 14 und 17 Jahren in den USA um 75 % angewachsen (Bremner (Ed.) 1971, S. 392). Aus diesen Zahlen lässt sich die Leistung der High School für die schulische Integration ermessen. Zu der Einwanderungssituation gehörte auch, dass in vielen Schulklassen Schüler saßen, die eigentlich zu alt waren für die betreffende Schulklasse, die aber noch keine Gelegenheit zur Bildung hatten. Auch auf die Altersmischung mussten die Schulen Rücksicht nehmen (Graham 1995).

Wie sollte man es schaffen, die unterschiedlichen Bildungsbedürfnisse zu berücksichtigen und zugleich die Schulverweildauer stetig zu erhöhen? Man konnte keinen Schulzwang ausüben, die Jugendliche konnten nur freiwillig kommen. Die Situation der massenhaften Einwanderung und zugleich der Ehrgeiz einer weitgehenden Einbeziehung der Jugend in die Schulen erforderte in der Tat ein neues Denken, und die Bereitschaft zu einem neuen Denken war groß in den USA. Es war die Zeit, in der Demokratie als der größte Wert erkannt wurde, und diese schloss den Wert Freiheit ein und bis zu einem gewissen Maße auch den Wert Gleichheit. Man rückte sukzessive von dem Fach-Prinzip ab und damit auch von dem Prinzip, dass Lernen kumulativ sein müsse. Lernen musste nicht bedeuten, dass in jahrelangem Voranschreiten ein umfangreiches Fachwissen aufgebaut wurde, **vielmehr maß man zunehmend das Lernen am Bedürfnis**, das bedeutet, man fasste den Gedanken, dass die Schüler mehr entsprechend eigenen Bedürfnissen lernen sollten. Und diese Bedürfnisse vervielfältigten sich durch die immer neue Einwanderung. Dieser Gedanke setzte zunächst vor allem die alten Sprachen unter Druck, so verschwanden die Fächer Latein und Griechisch aus vielen Höheren Schulen. Mehr und mehr High Schools gaben den Schülern die Chance, Fächer abzuwählen und zugleich entstanden viele neuartige Fächer bzw. Kurse, die es zuvor in den Sekundarschulen nicht gegeben hatte. Es kamen Kurse auf in den Bereichen Kunst und Musik, ferner im berufsvorbereitenden Bereich wie Buchführung, Handfertigkeit, Landvermessung, Technisches Zeichnen, ebenso in den Bereichen Gesundheit und Hygiene, die Sportarten fassten Fuß in den Schulen, Hauswirtschaft und Familienleben waren auch Gebiete des nützlichen Wissens.

III. Der »Kurs« als organisatorische und inhaltliche Einheit

Aus dem Prinzip »Wahlfächer« wurde ein generelles Kursprinzip, d.h. der gesamte Unterricht wurde in Kursen organisiert. Freiheit schloss, so meinte man, Pluralismus ein, daher sollte es viele Angebote geben. Die Wünsche, Bedürfnisse und das Leistungsvermögen möglichst vieler Schüler sollten eine Antwort bekommen. Kurse boten zudem die Chance, jedem Schüler schon nach kurzer Zeit ein Ergebnis in die Hand zu geben: die Leistungspunkte für den Kurs. Die vielen jungen Einwanderer hungerten sozusagen nach rascher Bestätigung im neuen Land. Sie wollten sich vergewissern, dass ihre Arbeit anerkannt wurde, und die Schule wollte den jungen Menschen beweisen, dass der Staat, in den sie gekommen waren, verlässlich ist. Er belohnte gute Arbeit. Und die jungen Einwanderer wollten baldigen Lohn für ihre Leistungen. Zudem konnten sie durch das Kurs-System ihr Leistungspunkte-Einkommen steigern. Sie konnten sich ein Guthaben aufbauen. Etwas aufbauen – das war ja ihr Wunsch nach der Einwanderung.

Sehr stark angeregt wurde der Eifer, neue Kurse zu kreieren durch die Bewegung der sog. ***progressive education***, die wir in Deutschland meistens mit der Reformpädagogik gleich setzen. Der philosophische Vorreiter der *progressive education* war der Philosoph **John Dewey**. Er verkündete, Maßstab für die Schaffung der Bildungsinhalte dürften nicht traditionelle Fachkulturen sein, sondern müssten die selbst gewählten Aktivitäten des Kindes sein (Ravitch 2000, S. 57). Die Aktivität der Kinder sollte angereizt und lange erhalten werden. Dazu eigneten sich Kurse, die ein Anwendungselement hatten. Das »Kurs-Modell« wurde fast an allen High Schools übernommen und griff auch auf die oberen Klassen der *Elementary School* über. Eine Modell-Schule wurde die Lincoln-Schule, die 1917 an dem Lehrerbildungs-College in New York gegründet wurde, das später der Columbia-University angegliedert wurde. Die Rockefeller-Stiftung finanzierte dieses *Teachers College*. Es wird gesagt, dass die Lincoln-Schule im Jahre 1930 200 Kurse anbot (Ravitch 2000, S. 186). Die Lehrer der Lincoln Schule verbreiteten ihre Erfahrung mit der Konstruktion von Kursen an vielen weiteren Schulen und Lehrerbildungs-Colleges in den USA und stellten das Material vor, das sie für die Kurse entwickelt hatten. Für die Lehrer erschloss das Kurs-Modell eine neue Ebene der pädagogischen Tätigkeit: die **Konstruktion von Kursen**. Man spricht meistens von Curriculum-Entwicklung. Es wird gesagt, für jedes fallen gelassene Fach entstanden gleich drei neue (Ravitch 2000, S. 189). Allein stehende Fächer wurden in der Regel ganz beseitigt, stattdessen organisierte man die Kurse in sog. »Aktivitätseinheiten« (*activity units*): Sprachen-Aktivitäten, Gesundheit und Glück, Sozialkunde (*Living Together*) und Mathematik und Konstruktion. Zu »Gesundheit und Glück« gehörte z.B. Hygiene, Naturwissenschaft, Kunst, Musik und Inspirierende Literatur. Allgemeines Ziel war

»Gesundes glückliches Leben«. Die Einordnung in *activity units* hielt allerdings nur einige Jahrzehnte an. Die Radikalität der »progressive education« mäßigte sich allmählich. Zugleich mit den Fächern verschwanden viele Lehrbücher aus der Schule und wurden durch Curriculum-Materialien ersetzt, das sind Lesehefte und Aufgabenhefte, Karten und Übersichten.

Es gab immer noch Kurse, die über ein ganzes Jahr liefen, obwohl die übliche Kursdauer ein halbes Jahr war und nicht selten auch Dritteljahres-Kurse angeboten wurden. Ganzjahreskurse wurden bald in zwei getrennte Halbjahreskurse gewandelt. Durch die Aktivitäten der Lehrerverbände standardisierte sich die Schulstruktur für die meisten High Schools. Das allgemeine Schulmodell wurde das 8 + 4 Modell (8 Jahre Elementarschule und 4 Jahre High School). Von einer Middle School sprach man, wenn eine Schule nur die Klassenstufen 5 bis 8 aufwies, also die oberen Klassenstufen der Elementarschule umfasste. In diesem Falle sprach man vom 4+4+4 Modell. Der Umfang eines Kurses war in der Regel auf 5 Wochenstunden über ein halbes Jahr (oder evtl. nur vier Monate) berechnet. Praktisch bedeutete das, dass man täglich eine Unterrichtsstunde des Kurses hatte. Es gab dann für den Kurs 5 *credit points*. 32 Kurse wurden über die vier Jahre der High School vom Schüler erwartet, also war der High School-Abschluss an den Erwerb von 160 *credit points* gebunden. Für die Kurse gab es Hausarbeiten zu erledigen, die benotet werden konnten, in manchen Fällen gab es auch zum Abschluss eines Kurses einen Wissenstest. Da vier Kurse pro Halbjahr auf 20 Wochenstunden hinaus liefen, war die tägliche Schulzeit vermeintlich kurz, aber es kamen sog. extracurriculare Aktivitäten hinzu, die am Nachmittag angeboten wurden, nachdem die Schüler in der Kantine zu Mittag gegessen hatten. Zu den extracurricularen Aktivitäten zählten in erster Linie Sportaktivitäten, ferner Musik und Kunst-Kurse, Schülerklubs, Orchester, Chor, Drama, Debattierzirkel, Exkursionen und Sitzungen der Schüler-Vertretung.

Da sich der Standard von 5 Wochenstunden pro Kurs festgesetzt hat, wird heute pro Kurs in der Regel nur 1 Credit vergeben (nach der sog. Carnegie-Zählweise nur ein halber). So kommt man auf 32 credits im vierjährigen Durchgang. Nicht wenige High Schools begnügen sich mit etwas weniger, weil nicht immer erwartet wird, dass die Schüler jeden Kurs auch erfolgreich abschließen. In der Carnegie-Zählweise müssten es 16 Credits sein, aber in vielen Schulen genügen auch 14–15 Credits, um »graduiert« zu werden. Doch das ist ein Minimum-Standard. Da in der Regel zusätzlich zu den vier Unterrichtsstunden am Vormittag drei weitere Unterrichtsstunden am Tag verlangt werden, werden auch weitere »credits« verdient und verbessern wesentlich den Abschluss. Am Ende wird aus Credits und jeder Note per Kurs ein »Noten-Punkte-Durchschnitt« (Grade-Point-Average – GPA) gebildet.

Im Prinzip konnten sich die Schüler jedes Halbjahr einen neuen Satz von Kursen zusammenstellen. Es gab kaum Kurse, die auf anderen aufbauten. Das war höchstens in der Mathematik der Fall. Insofern machten die Schüler jedes halbe Jahr einen neuen Anfang. Es war fast immer ein neues Gebiet oder ein neuer Themenkomplex, in den sie eingeführt wurden. Fremdsprachen traten durch das Kurs-Modell zunehmend in den Hintergrund. Dieses ist der Grund, warum ich die High School in den USA eine **Schule der Abwechslung** nenne. Es gab immer wieder den Reiz des Neuen. So wurde die Motivation der Schüler gesteigert, in der Schule zu bleiben und die zwölfjährige Schulbildung auch zu Ende zu führen. Allerdings gelang und gelingt das bis heute nicht vollständig, jedoch ist der Grad, bis zu dem es gelingt, Schüler zum Abschluss der High School zu führen, beachtenswert. Im Jahre 1940 wurde gezählt, dass 73 % der 14 – bis 17jährigen in der High School seien und 50 % der Altersgruppe den Abschluss erreichten, also »graduierten« (Ravitch, S. 332. – Graham, S. 6). Das wurde allerdings von der Regierung noch als zu wenig empfunden und so wurden noch einmal die Ideen der »progessive education« belebt, dieses Mal unter dem Schlagwort »life adjustment«, also Anpassung des Curriculum an die Lebensbedürfnisse. Jeder Schüler konnte Kurse finden, die seinen Lernwünschen entgegenkamen. Keiner wurde genötigt, bei einem Stoffgebiet zu verweilen, das ihm nicht gefallen hatte. Alle Kurse waren im Prinzip gleichgestellt, es gab eben fünf *credit points* für jeden Kurs bzw. später einen Credit per Kurs, ob nun Mathematik oder Hauswirtschaft. Es ist keineswegs gesagt, dass die Schüler wenig lernten, denn die Kurse waren in der Regel gut geplant und mit Lernmaterialien unterbaut.

Aus deutscher Sicht liegt die Frage nahe, warum es nicht zur Ausbildung von Berufsschulen kam. Der Eindruck trügt jedoch, denn seit Ende des 19. Jahrhunderts wurden an vielen Orten Berufsschulen eingerichtet, und zwar nicht nur in der Form von Vollzeitberufsschulen, sondern auch von Teilzeitberufsschulen, die Unterricht ergänzend zu einem Ausbildungsverhältnis bei einem Arbeitgeber erteilten, etwa im Umfang von 4 Stunden pro Woche. Aus der Sicht deutscher Pädagogen hätte diese Entwicklung produktiv und zukunftsorientiert sein können. Jedoch gab es in den USA Widerstände gegen diese Entwicklung. So erregte das Vordringen von Berufsschulen z. B. den Zorn des College – Professors John Dewey. Im Jahre 1912 veröffentlichte er in der Zeitschrift »Vocational Education« einen Artikel mit dem Titel »An Undemocratic Proposal«. Damit meinte er einen Vorschlag des Staates Illinois, durch ein Staatsgesetz eine »State Commission of Vocational Education« einzusetzen, also eine Behörde für die berufliche Bildung – neben der Verwaltung für die allgemein bildenden Schulen. Dewey lehrte in Chicago und stellte sich damit gegen seine Staatsregierung. Er nannte diese Absicht ein Übel, das die demokratische Bildung bedrohe. Dewey plädierte für eine Einbeziehung beruflich orientierter Kurse in die High School, damit die berufliche Ausbildungsaufgabe nicht getrennt würde von der staatsbürgerlichen Erziehung, der Intelligenzerziehung und der Charakterbildung.

Es ist erstaunlich, dass die Zeitschrift »Vocational Education« im Jahre 1912 schon im zweiten Jahrgang erschien. Dieses deutet darauf hin, dass die Bewegung der beruflichen Schulen nicht schwach war. In der Tat ging die Diskussion um Berufsschulen auch in den zwanziger Jahren weiter und erst durch die sog. »Große Depression« in den dreißiger Jahren, also die tief greifende Wirtschaftskrise, wurde die Entwicklung von Berufsschulen abgebrochen, weil die beruflichen Aussichten der Jugend schlecht geworden waren (Dewey 1912/13).

Jedoch war der Wandel von traditionellen Fächern zu einer Vielzahl von Kursen in der High School zu tiefgehend, um nicht Kritiker auf den Plan zu rufen. In mehreren Anläufen gab es Bemühungen, die **akademischen Standards** wiederherzustellen, und das hieß vor allem, wieder Fächer zu etablieren. Diese Bemühungen liefen unter Stichworten wie »essentialismus«, also Festschreiben des Wesentlichen, für die Bildung Unentbehrlichen, ferner »Core Curriculum«, also Bewahren eines Kerns von Fächern, schließlich auch »Standards«, also Festlegen fachlicher Mindestleistungen. Seit etwa 1940 setzte sich schließlich eine Differenzierung des Curriculum in drei Züge, sog. »tracks« durch, von denen einer als College-vorbereitend gilt, ein anderer als vorberuflich oder gar beruflich orientiert und schließlich ein dritter unentschiedener, der als »general« bezeichnet wird (Fletcher 2010). Die Züge unterschieden sich darin, dass in den College-vorbereitenden und den berufsvorbereitenden »tracks« die Ableistung einer bestimmten Zahl von Kursen gefordert wird, die geeignet sind für das gesetzte Ziel. Charakteristisch ist jedoch, dass der mittlere, unbestimmte Zug in der Regel die größte Zahl von Schülern aufweist. Dieser Zug lässt die größte Wahlfreiheit zu. Die Gliederung in »tracks« ist bis heute kennzeichnend geblieben. Es ist hinzugekommen, dass in den meisten High Schools für jeden Zug mehrere Kurse in den Fachgebieten Englisch, Mathematik und Soziale Studien gefordert werden. In manchen Fällen werden diese Kurse auch als Englisch I, Englisch II, und Mathematik I, II, III bezeichnet, werden also als aufsteigend ausgewiesen. Man kann vielleicht von einem ersten **Kompromiss zwischen Kurs-Prinzip und Fach-Prinzip** sprechen.

Allerdings zeigt eine Statistik der Frequentierung von Kursen in der High School über einen längeren Zeitraum, dass sich unter den sog. akademischen Kursen keineswegs immer anspruchsvolle Fachkurse verbergen. Glücklicherweise kann man Zahlen zur Frequentierung der Kurse über Jahrzehnte hin verfolgen, da die Bildungsbehörde der Bundesregierung in Washington (U.S. Office of Education) erstmals 1922 Daten dieser Art sammelte und bis 1982 fortfuhr und weitere Daten mindestens bis 1990 vorliegen (Angus/Mirel 1995). Die Datenreihen zeigen deutlich den Abfall der Einschreibungen in fremdsprachliche Kurse von 9,5 %

aller Einschreibungen im Jahre 1928 auf 3,3 % aller Einschreibungen im Jahre 1982. Abnehmende Tendenz weisen die Kurse zu Wirtschaftsthemen (business und commercial studies) auf. Unter den sog. nicht-akademischen Kursen stieg Sport von 4,9 % im Jahre 1928 auf 15,9 % im Jahre 1982. Auch Hauswirtschaft und Soziale Studien verzeichneten einen starken Zuwachs. Dabei nahm auch der Anteil von Kursen zu, die kürzer sind als ein Semester. Viele Kurse, die anfangs nicht als würdig für die Vergabe von *credit points* erschienen, erhielten im Laufe der Zeit *credit points*. Auch Kurse, die im Bereich der *extracurricular activities* angeboten werden, stiegen zur Kreditwürdigkeit auf.

Entsprechend den öffentlichen Diskussionen über den Wert des Schul-Curriculum und die Rückkehr zu anspruchsvollen Kursen lassen sich **deutliche Zuwächse für die Mathematik-Kurse und für die naturwissenschaftlichen Kurse** nachweisen. Diese Tendenz begann um 1960 und hält bis heute an. Insgesamt hat die Gegenbewegung gegen die »progressive education« erreicht, dass viele Schüler die als wichtig geltenden Fachgebiete mehrfach belegen, also nach und nach mehrere Kurse wählen, die in solche Fachgebiete fallen. So werden durchschnittlich 4 Credits in Kursen verdient, die zu »Englisch« zählen und sich in unterschiedlicher Weise mit der englischen Sprache und Literatur befassen. Das bedeutet, dass durchschnittlich jeder Schüler der High School in vier der acht Halbjahre einen auf die englische Sprache bezogenen Kurs belegt. (Genau waren es im Jahre 2005 4,3 Kurse). In »Social Studies« sind es ebenfalls 4 Kurse (2005: ziemlich genau 4), in Fremdsprachen 2 Halbjahreskurse, in Mathematik durchschnittlich 3,5 Halbjahreskurse, in Naturwissenschaften durchschnittlich 3,3.

Jedoch gehören dazu auch viele Anfänger-Kurse und Auffrischungskurse, während es Kurse für ein fortgeschrittenes Wissen seltener gibt. Man unterscheidet in manchen Schulen die Kurse nach

- »core« (= Kernkurse, also minimaler Leistungsanspruch),
- »comprehensive«, also etwa mittlerer Anspruch, kann von allen genommen werden,
- »honors«, also hoher Leistungsanspruch, und
- »advanced placement«, also für Schüler, die ein gutes College anstreben.
  Daneben werden für andere Kurse die Kennzeichnungen
- »remediation« hinzugefügt (ungefähr = zum Aufholen des Rückstandes) oder auch
- »credit recovery« (Ausgleichskurs für den versäumten *Credit-Point*).

Die sog. Anwendungsmathematik nahm unter diesen als akademisch geltenden Kursen zu. Darunter werden Kurse verstanden wie Verbraucher-Mathematik, Mathematik im modernen Leben, Mathematik am Computer-Terminal. In den Naturwissenschaften ging es um Kurse wie Biologie im Haushalt, Naturwissenschaft im modernen Leben, Alltagsphysik, Verbraucherphysik, Physik und die Erde. **Kurse, die Alltagswissen betonen, überrundeten die anspruchsvollen Kurse mit wissenschaftlichem Anspruch.** Trotz Zunahme der Beteiligung an Kursen in den Fachgebieten von Mathematik und Naturwissenschaften sanken die Testergebnisse, auch bei den Schülern, die einen College-vorbereitenden Zug wählten. Die sog. »tracks« werden nicht immer unterschieden, vielmehr wird auch die Meinung vertreten, dass alle drei für alle Schüler da seien. Da generell gilt, den Bedürfnissen der Schüler entgegen zu kommen, werden auch die Bedürfnisse von Schülern mit intellektuellen und wissenschaftlichen Interessen nicht vernachlässigt, aber solche Kurse werden nicht oft gewählt. Die Herstellung von Kursen zielt vorwiegend auf die weniger leistungsbereiten Schüler. Demgegenüber setzen sich einige High Schools, unter ihnen manche private, das Ziel, leistungsbereite Schüler anzusprechen. Abgesehen von interner Differenzierung differenzieren sich die High Schools auch als ganze.

Es ist nicht unpassend, wenn für das Attribut »Schule der Abwechslung« oder »abwechslungsreiche Schule« auch das Wort »**entertaining**« in Anspruch genommen wird. Dieses benutzen die eben genanten Autoren (Angus/Mirel S. 321). Sie sagen, das Ziel, eine möglichst hohe Zahl der unterschiedlichen Jugendlichen für die 12jährige Schulbildung zu gewinnen, werde erreicht, indem das Curriculum weniger anspruchsvoll und mehr »entertaining« gestaltet wird. Dazu gehört auch das Wort von der »curriculum fragmentation« (Angus/Mirel S. 322). Eine solche Fragmentierung sei charakteristisch für die Entwicklung des Curriculum in der Geschichte der amerikanischen High School. Das Wort kann so verstanden werden, dass die Lerninhalte in kleinen separaten Portionen angeboten werden.

IV. Pädagogische Erkenntnisse aus der Schule der Abwechslung in den USA

Mit dem Attribut »**Schule der Abwechslung**« ist nicht gesagt, dass wenig oder nichts gelernt würde in der amerikanischen High School. Es ist auch nicht gesagt, dass das amerikanische Bildungswesen nicht eine intellektuelle Elite heranbilden könne. Elitebildung wird durch die leistungsmäßige Spreizung der High Schools, der Colleges und Universitäten garantiert. Auf keinen Fall darf man die große integrierende Leistung verkennen, welche die High School im Laufe eines Jahrhunderts erbracht hat. Denn die USA sind ein Einwanderungsland geblieben, wenn auch durch rechtliche Bestimmungen die Einwanderung eingeschränkt wurde, zum ersten Mal spürbar im Jahre 1924. Es musste nicht nur gelingen, die unterschiedlichen Einwanderergruppen in das Schulwesen zu integrieren, sondern auch die zwangsweise nach Nordamerika verschleppten Afrikaner und deren Nachkommen, die Afroamerikaner, desgleichen die ursprünglichen Bewohner, die Indianer, die man meistens *natives* nennt. Das Ziel, eine zwölfjährige Schulzeit für alle Jugendlichen zu erreichen, ist sehr hoch gesteckt, kaum ein europäisches Land setzt sich dieses Ziel, und wenn, so erst in jüngerer Zeit. Heute wird gesagt, dass 75 % der Jugendlichen die High School bis zur Graduierung durchlaufen.

»Abwechslung« trug zu diesem Erfolg bei, insofern die Schüler regelmäßige Wahlmöglichkeiten bekamen. Eine Aufmerksamkeitsspanne von mehr als einem halben Jahr schien ein Risiko zu sein für viele Jugendliche, von denen die meisten als Migranten betrachtet werden mussten und auch heute noch viele als solche gelten müssen. Ein Sitzenbleiben war nicht möglich durch das Kurssystem und wäre auch höchst unerwünscht gewesen. Alle, die 12 Jahre an der Schule aushalten, sollen auch den Abschluss, die High School-Graduierung, bekommen. Die Lehrer der High School haben jeweils nur eine kurze Zeit für das, was sie vermitteln wollen, in der Regel ein halbes Jahr. Sie haben dadurch die Chance, einen Kurs intensiv zu gestalten. Der Grundgedanke könnte lauten: **Lieber eine kurze Lernphase, die intensiv und ansprechend gestaltet ist, als eine lange Lernphase, die von den Teilnehmern als zu lang empfunden wird.** Der Grad des Behaltens könnte im ersten Fall höher sein, selbst wenn die Lernzeit kürzer ist. Vor allem geht es keineswegs nur um das Behalten von Wissen, sondern um **das Auslösen von Aktivität**, die nach Möglichkeit auch über den Kurs hinaus reicht. Das schulische Lernen soll ja in das »Leben« hineinreichen. Aus diesem Gesichtspunkt heraus sind viele Kurse geplant. Man hofft das zu erreichen, indem man in den Kursen bereits bei den Aktivitäten der Schüler anknüpft. Unterhaltsamkeit muss kein negatives Urteil über einen Unterricht sein. Das Moment der Anstrengung und Entbehrung, das wir auch mit dem schulischen Lernen verbinden, kann vermutlich nur wenigen zugemutet werden.

Es ist aber auch verständlich, dass viele Erziehungswissenschaftler in den USA dem hohen Maß an Abwechslung kritisch gegenüberstehen. Sie sehen die Gefahr der Zerstreuung, die ihrerseits auch Langeweile auslösen kann. Doch wem es nicht genügend ist, immer wieder Anfänger zu sein in Bezug auf Stoffinhalte, kann durchaus auch mehrere Kurse zu einem gleichen oder ähnlichen Gebiet hintereinander wählen. Die Lehrer und die Schule halten es aus, dass die Schüler unterschiedliche Leistungsbereitschaft und unterschiedliches Leistungsvermögen mitbringen und an den Tag legen. Außerdem gilt, dass die Schüler, die einen höheren Bildungsanspruch haben, nach Durchlaufen der High School noch vier Jahre durch das College gehen können, um danach in ein anspruchsvolles Universitätsstudium auf Master-Niveau einzutreten. Zudem gibt es auch private High Schools mit einem höheren Anspruch.

Vom Gesichtspunkt deutscher Bildungsphilosophie aus war die amerikanische High School nicht zu akzeptieren. Das erste wissenschaftliche Buch, das in Deutschland über das amerikanische Schulwesen geschrieben wurde, stammt von Erich Hylla aus dem Jahre 1928. Er war eine bedeutende Persönlichkeit in der deutschen Pädagogik-Geschichte und arbeitete später auch für die USA. Er sah schwerwiegende Schäden in der Struktur der amerikanischen High School. Sie betrafen besonders die Organisation des Curriculum, das nach seiner Meinung aus Kenntnisbruchstücken zusammengesetzt sei, gekennzeichnet durch Zusammenhanglosigkeit und zu weitgehender Wahlfreiheit (Hylla 1928, S. 78). Ähnlich kritisierte Jahrzehnte später auch ein deutscher Erziehungswissenschaftler, der an der Harvard Universität ein angesehener Professor für Pädagogik wurde: Robert Ulich.

Doch es fragt sich, ob der Blickwinkel aus der deutschen bildungsphilosophischen Tradition heraus angemessen ist. »Bildung« ist für den deutschen akademischen Pädagogen scharf unterschieden von Unterhaltung. Um Abwechslung geht es in der Bildung gar nicht. Aber lange entbehrungsreiche Lehrgänge würden in den USA kaum Resonanz finden. Die Gesellschaft ist insgesamt schneller, Geben und Nehmen müssen einander rasch folgen. Eine Leistung muss schnell belohnt werden. Die Schule und die Arbeitswelt sind sich durchaus ähnlich, die Schule ist keine klösterliche Abgeschiedenheit. Auch die Lehrer dürfen rasch wechseln, nach einem halben Jahr kann man neue Lehrer bekommen. Zu Lehrern besteht ein sachliches, eher geschäftliches Verhältnis. Sie sind nicht geistige Väter oder Mütter. Mit der High School war spätestens nach dem Ersten Weltkrieg die Abtrennung von der europäischen Bildungstradition vollzogen. Bildung diente nicht der Pflege von Tradition, von geistiger Tradition. Man ging in eine noch unbekannte Zukunft hinein, auf keinen Fall zurück in eine Vergangenheit. Über der neuen Zukunft strahlte das Wort »Demokratie«, das in Europa noch kaum buchstabiert wurde. Demokratie bedeutete vieles, unter anderem auch Wahlen. Wahlen sorgten für Wechsel, für Abwechslung. Neues war in jedem Fall spannend und unterhaltsam, auch wenn es schwierig werden konnte. Es ist sicherlich nicht falsch zu sagen, dass die Dynamik der High School auch nach 100 Jahren noch anhält. Zugleich ist sie immer noch ein Laboratorium, neue Organisationsformen werden immer noch ausprobiert.

Literatur:

Angus, David/**Mirel**, Jeffrey (1995): Rhetoric and Reality: The High School Curriculum. In: Ravitch/Vinovskis, S. 295–328.

Bremner, Robert H. (Ed.) (1971): Children and Youth in America. A Documentary History. Volume II: 1866–1932. Teile 7–8. Cambridge/Mass.: Harvard University Press.

Dewey, John (1912/13): An Undemocratic Proposal. In: Vocational Education II (1912–13), pp.374–377. Nachgedruckt in: Bremner (Ed.) (1971), S. 1417–1419.

Fletcher, Edward C. (2010): Demographic Variables, High School Curriculum Tracks, and Occupational Aspirations as Predictors of Employment Status. URL: http://www.public.iastate.edu/~laanan/ACTER/2010/manuscripts/DemographicVariablesHighSchoolCurriculum_Final.pdf (Dieser Vortrag wurde 2010 vor einer Konferenz der Association for Career and Technical Education Research gehalten.)

Graham, Patricia Albjerg (1995): Assimilation, Adjustmant, And Access: An Antiquarian View of American Education. In: Ravitch/Vinovskis, S. 3–24.

Hylla, Erich (1928): Die Schule der Demokratie. Ein Aufriss des Bildungswesens der Vereinigten Staaten. Berlin/Leipzig: Beltz Verlag.

Ravitch, Diane (2000): Left Back. A Century of Battles over School Reform. New York: Simon & Schuster.

Ravitch, Diane/**Vinovskis,** Mairs A. (Eds.) (1995): Learning from the Past. What History Teaches Us About School Reform. The John Hopkins University Press.

12. Vorlesung
Vier Reflexionen zur Vorlesung

An jede Charakteristik eines Schulwesens habe ich eine kurze Reflexion angeschlossen, um die pädagogischen Annahmen zu erschließen, die in dem jeweiligen Schulwesen angelegt sind. Sie werden durch das jeweilige Attribut gekennzeichnet (z. B. Schule der Abwechslung). Die Informationen über das jeweilige Schulwesen haben diese immanenten Annahmen konkretisiert. Ihrerseits sind sie Schlussfolgerungen aus bestimmten historischen Bedingungen. Jede dieser immanenten Annahmen trifft durchaus etwas pädagogisch Berechtigtes und ist diskussionswürdig, auch wenn in manchen Fällen unerwünschte Wirkungen zu verzeichnen sind. Es ist keineswegs daran gedacht, alle pädagogischen Annahmen in der einen idealen Schule zu verbinden, sozusagen in der idealen europäischen Schule. Es sollte durchaus mehr europäische Schulen geben, also Schulen, die von der europäischen politischen Ebene her eingerichtet werden, aber nicht anstelle der nationalen Schulen, sondern neben ihnen. Bewusst wurde auf Vergleiche verzichtet, nur gelegentliche Assoziationen wurden aufgenommen. Wertungen sollten nicht gegeben werden, auch nicht im Falle von zwei anscheinend konträren Attributen. Jedes Attribut sollte aus den Zielsetzungen des betreffenden Schulwesens heraus verständlich werden.

Schlussfolgerungen aus jedem der Attribute können für das national eigene Schulwesen fruchtbar gemacht werden. Für jedes der charakterisierten Schulsysteme ist die Reflexion der pädagogischen Annahmen aller anderen wünschenswert und sinnvoll. Die Reflexion sollte bis zu der Frage reichen: Welche Schlussfolgerungen ergeben sich für unser pädagogisches Handeln? Die tiefer gehende Betrachtung der Schulsysteme, die auf die pädagogischen Annahmen und deren Realisierung zielt, führt durchaus zu Schlussfolgerungen für das schulpädagogische Handeln. Die Vorlesung will allgemein pädagogische Reflexionen aus Analysen der internationalen Vielfalt und ihrer jeweiligen geschichtlichen Bedingtheit gewinnen und diese Gedanken auf das pädagogische Handeln hin fokussieren. So wird ein Gedankenweg beschritten, der geeignet ist, den Horizont des pädagogischen Denkens der Hörer bzw. Leser zu weiten, neues bedeutungsvolles Wissen zu vermitteln, pädagogisches Denken anzuregen und sinnvolles pädagogisches Handeln vorzubereiten. Dieses entspricht dem Vorhaben der Verdichtung der pädagogischen Lehre für Lehramtsstudenten, die nötig ist angesichts der zunehmenden Knappheit der zugeteilten Zeit und der zunehmend eingeschränkten Möglichkeiten.

Welche Reflexionen sind möglich – über die an die einzelnen Charakteristiken anschließenden Reflexionen hinaus, also als Gedanken, die angeregt werden jeweils von mehreren der Charakteristiken? Vier Zusammenhänge können aus den Schul-Charakteristiken herausgehoben werden. Alle vier sind in pädagogischer Hinsicht grundsätzlich und für alle Schulen wichtig.

Der erste Zusammenhang ist derjenige von Lehren und Lernen.
Der zweite ist derjenige des Einzelnen und der Gemeinschaft.
Der dritte ist derjenige von Schule und der weiteren Bildung und Ausbildung.
Der vierte ist derjenige der Schule und ihrer Umgebung.

Reflexion I: Der Zusammenhang von Lehren und Lernen

Schauen wir zuerst auf den Zusammenhang von Lehren und Lernen. Es fällt auf, dass man in den Schulwesen ein unterschiedliches Verhältnis zum Lehren und Lernen hat. In der schwedischen Schule und vor allem in der niederländischen Schule setzt man stark auf **das selbstbestimmte Lernen**, in Deutschland, in Österreich und noch mehr in Frankreich setzt man auf das belehrte Lernen, also **das durch Lehren geführte Lernen**. In England setzt man stark auf ein Lernen, das durch Zielsetzungen gesteuert wird. Die Zielsetzungen werden durch die Prüfungsanforderungen gegeben oder durch das Nationale Curriculum, das indirekt auch auf eine Prüfung bezogen ist, weil es dazu dient, Bewertungen der Lernergebnisse durchzuführen. Wenn Zielsetzungen eindeutig gegeben sind, ist die Frage, wie sich das Lernen vollzieht, zweitrangig, wichtig ist, wie nahe es beim Ziel ankommt.

Die deutschen Schüler kennen vorwiegend das durch Lehren herbeigeführte Lernen. In der deutschen Schule halten wir das durch Lehren geführte Lernen für ein rationelles Lernen, also ein Lernen, das in gegebener Zeit ein Optimum an Ergebnissen erzielt. Wir bilden unsere Lehrer daher primär für die Aufgabe des Lehrens aus. Der Zweck der Schule wird erfüllt, wenn die Schüler das lernen, was der Lehrer darbietet, oder die Aufgaben richtig durchführen, die der Lehrer als Lernaufgaben stellt. Für den Lehrer ist dieses Ergebnis sehr erfreulich, er sieht seinen Unterricht als erfolgreich an. Die deutsche Schule überträgt dem Lehrer daher von Beginn an und unausweichlich ein hohes Maß an Autorität. In der französischen Schule ist die Autoritätsstellung des Lehrers noch höher als in der deutschen Schule.

Dennoch wissen wir, dass sich kein Lehren eins zu eins in Lernen übersetzt. So einfach ist es nicht. Eben deshalb liegen manchen Schulwesen relativ skeptische Annahmen über die Wirksamkeit des Lehrens zugrunde. Das Lernen trifft nur eine Auswahl aus den durch das Lehren dargebotenen Inhalten, und das Lernen überschreitet andererseits die durch das Lehren vorgestellte Linie oder Bahn. Dem Lernen kann etwas wichtig sein, das im Konzept des Lehrens nur am Rande steht, das Lernen kann in andere Assoziationen abschweifen als der Lehrende erwartet. Im Prinzip wünschen wir aber nicht, dass sich das Lernen allzu weit vom Lehren entfernt. Der Lehrer denkt ein Lernergebnis voraus, das er bei den Schülern gern erzeugen möchte. Je nach Unterrichtsfach ist das Lernergebnis eng oder weit gefasst, lässt keinen oder einen größeren Spielraum der Lösungen zu. Wir halten die Führung des Lernens mindestens durch die Zeit des pflichtmäßigen Schulbesuchs hindurch für unersetzlich. Das selbst bestimmte Lernen ordnen wir kaum der Schule zu, eher der Berufsbildung oder der Erwachsenenbildung. Diese Überzeugung schließt nicht aus, dass es in dem durch das Lehren geführten Lernen Phasen des selbsttätigen Lernens gibt. Als die Reform der Gymnasialen Oberstufe geplant wurde, zuerst im Jahre 1972, ging es hauptsächlich um den Übergang vom geführten Lernen in das selbst bestimmte Lernen. Daher wurden die Wahlmöglichkeiten zwischen den Kursen eingerichtet, einschließlich der Möglichkeit, Fächer abzuwählen. Spätestens seit dem Übergang vom neunjährigen zum achtjährigen Gymnasium trat dieses Reform-Motiv zurück und die didaktische Führung wurde wieder selbstverständlich. In Sachsen musste es diese Reform gar nicht geben, weil das Gymnasium von Anfang an achtjährig war. Sogar in der Universität hat die didaktische Führung durch das BA – MA – Format des Studiums stark zugenommen.

In anderen Schulsystemen wie in Schweden, den Niederlanden, Dänemark und auch den USA wird die Führung des Lernens kritischer gesehen. **Zum einen steht man dem damit gegebenen Autoritätsgefälle zwischen Lehrern und Schülern kritisch gegenüber, zum anderen sieht man die Wirksamkeit der didaktischen Führung skeptischer.** Die Lehrer sind in diesen Schulsystemen von vornherein nicht darauf eingestellt, Autorität auszuüben. Vielleicht sind viele Lehrer gar nicht bereit, als Autoritätspersonen aufzutreten. Sie verstehen die Schule nicht als eine Institution, die Druck auf Schüler ausübt. Das mag damit zusammenhängen, dass **der Staat** sich gegenüber dem Schulwesen zurückhält. In Schweden gibt es keine Abschlussexamina, in Dänemark allerdings doch, sie sind jedoch nicht mit definitiven Entscheidungen über die weitere Schullaufbahn verbunden. In Dänemark regieren Eltern die Volksschulen (bis Klasse 9 bzw. 10). In Schweden scheint man den Schülern zu sagen: Die Schule gehört euch. Die Lehrer beanspruchen nicht, das Sagen in der Schule zu haben. Sie sehen sich nicht als Beauftragte des Staates, der z. B. die Lehrpläne festlegen würde. Auch in den Niederlanden hält sich der Staat mit seiner Autorität gegenüber den Schulen sehr zurück.

Zudem hat die **Pädagogische Psychologie** in den vergangenen Jahrzehnten ihr Augenmerk viel stärker auf das Lernen gerichtet als auf das Lehren. Zunächst geschah das im Rahmen der Reiz-Reaktions-Theorie (Behaviorismus), dann der Kognitionstheorie (Problemlösungsverhalten), schließlich der Theorie des Konstruktivismus (Lernen in der Praxis). Immer muss das Lehren modelliert werden in Abhängigkeit von der Lerntheorie. Das Lehren passt sich einem Modell des Lernens an. Entweder setzt es nur den Reiz, oder es zeigt die Methode oder es begleitet die Praxis. Das Wesentliche kommt immer vom Lernen selbst und der Anteil des Lehrens am Lernerfolg ist relativ klein. Unser Nervensystem (Behaviorismus), unser Gehirn (Kognition) oder die soziale Praxis (Konstruktivismus) bringen den Erfolg hervor. So konnte sich die Annahme verfestigen, dass der Effekt des Lehrens nicht hoch zu veranschlagen sei. Die Didaktik will Ordnung schaffen, insbesondere im Fachinhalt, indem sie einen Lernweg Schritt für Schritt aufbaut, möglichst konsequent eines aus dem anderen entwickelnd, aber dem Pädagogischen Psychologen erscheint es fraglich, ob die Lernenden diesem Pfad der Lehre folgen oder nicht eventuell anders mit dem Lehrinhalt »spielen«.

Natürlich wissen wir auch im deutschen Schulwesen, dass die didaktische Führung und das Ausüben von Autorität nicht der letzte Sinn des Unterrichtens sind. Auch deutsche Lehrer hoffen, dass Schüler sich auch unabhängig von der Führung durch das Lehren mit den Unterrichtsfächern beschäftigen, dass sie mithin aus Interesse an der Sache noch weiter gehen und aus eigenem Antrieb weiter lernen, sich selbst Aufgaben stellen oder den Lehrer um tiefer gehende Aufgaben bitten oder aber sich an anderer Stelle einen Lehrer für vertieftes Lernen suchen. Letztlich möchte der Lehrer, dass ein Teil der Schüler sich Gegenstände des Unterrichtsfaches zu eigen macht, also selbständig weiter übt, weiter forscht, weiter liest, weiter experimentiert. Es war in Gymnasien nicht selten der Fall, dass Schüler sich über lange Zeit in kleiner Gruppe zusammen fanden, um noch mehr zu unternehmen als der Unterricht bot.

Selbstbestimmtes Lernen ist daher immer ein hohes Ziel des Lehrens. Aber die Schulwesen unterscheiden sich darin, wann sie den **Übergang in das selbst bestimmte Lernen** für wahrscheinlich oder möglich halten. In der deutschen Schule siedeln wir den Übergang vom geführten Lernen zum selbst bestimmten Lernen zwischen der gymnasialen Oberstufe und der Universität an. Allerdings hat die Universität sich in jüngerer Zeit zu verstärkter Führung entschlossen, so dass der Übergang in selbst bestimmtes Lernen über das Universitätsstudium hinaus verzögert wird. Erstaunlich ist, dass die Schule in Schweden und auch die Schule in den Niederlanden das selbst bestimmte Lernen **schon so früh in der Sekundarstufe** ansetzen. Zum Teil geschieht es aus der Not heraus, nicht genügend Lehrerstunden zur Verfügung zu haben. Doch damit ist nur ein Teil des Zeitumfangs zu erklären, den die Schule für das selbständige Lernen freigibt. Der große Zeitumfang für selbständiges Lernen resultiert auch aus einem pädagogischen Konzept. Man hofft, dass die Schüler die Freiheit, die man ihnen gibt, durch verantwortungsvollen Umgang mit ihr lohnen werden. Freiheit geben erzieht zum guten Gebrauch der Freiheit, so lautet die Annahme. Den jungen Menschen schon als verantwortungsvoll ansprechen, erzieht ihn dazu, sich auch verantwortungsvoll zu verhalten.

Offensichtlich wird in beiden Schulsystemen ein Teil der Schüler überschätzt. Sie können mit dieser Freiheit nicht angemessen umgehen. Andererseits aber gibt es nicht die Großzügigkeit der Freiwilligkeit, die in Dänemark existiert. Die Schüler müssen in den Niederlanden und in Schweden anwesend sein in der Schule auch während der für selbständiges Lernen festgesetzten Zeiten. Damit ist eine Spannung gesetzt, der kaum auszuweichen ist. Leichter wäre es für manche Schüler, wenn sie gehen könnten, sobald sie merken, dass sie für das selbst bestimmte Lernen keine Konzentration haben.

Ist es möglich, die Schüler frühzeitig dahin zu führen, mit der gewährten Freiheit umgehen zu können? Was die Einführung der Ziffernnoten betrifft, so nehmen die schwedische Schule wie auch die dänische Schule an, dass die Schüler einer bestimmten Reife bedürfen, um mit dem Instrument Ziffernnote umgehen zu können. Daher kommt die Ziffernnote erst in der achten Klasse zum Einsatz. Wie ist es mit der Reife, die für selbst bestimmtes Lernen nötig ist? Kann sie mit pädagogischen Mitteln schon früh herbeigeführt werden? Von der dänischen Schule haben wir gehört, dass sie sich bemüht, ihre Schüler zu einer realistischen Selbsteinschätzung zu erziehen. Dazu dienen die zahlreichen Wahlangebote einschließlich der im Leistungsniveau unterschiedenen Wahlangebote. Von der Freiheit guten Gebrauch zu machen, setzt die Fähigkeit der realistischen Selbsteinschätzung voraus. Solch zahlreiche Wahlangebote gibt es weder in der schwedischen Schule noch in der niederländischen Schule. In den Niederlanden gibt es relativ viele reformpädagogische Schulen. Besonders die Montessori-Pädagogik, die Jenaplan-Pädagogik und die Freinet-Pädagogik zeichnen sich dadurch aus, dass sie die Kinder schon sehr früh zur Selbständigkeit und zu einem selbst bestimmten und selbst kontrollierten Lernen führen möchten. Vertreter dieser Schulen würden sicherlich antworten, dass es durchaus möglich ist, die Schüler früh zu einem selbst bestimmten Lernen zu erziehen. Bisher konzentrieren sich diese Pädagogiken aber überwiegend auf die Grundschule bzw. die niederländische Basisschool (Alter: 4 bis 12 Jahre). Die Frage, ob die Reformschulen auch auf dem Niveau der Sekundarstufen I und II Erfolge erzielen, ist wegen der geringen Zahl von Sekundarschulen, die entsprechend diesen Pädagogiken arbeiten, kaum zu beantworten.

Wie stehen **Lehrer** zu der Aufgabe, die Schüler früh zu einem selbst bestimmten Lernen zu führen? In Schweden wird ihr Gehaltsniveau teilweise davon abhängig gemacht, dass ihnen dieses gelingt bzw. dass der Schulleiter ihnen diese Kompetenz attestiert. Sie können diese Anforderung so empfinden, dass sie an einer unlösbaren Aufgabe gemessen werden. In der niederländischen Schule könnte es ähnlich sein. In der englischen Schule gleichen die Lehrer die fehlende Führung aus, indem sie zielorientiert angelegte Aufgabenhefte ausgeben. In allen drei Schulsystemen ist die **Attraktivität des Lehrerberufes** sehr gesunken. Vielleicht möchten diejenigen, die erwägen, den Lehrerberuf zu ergreifen, die Schüler wirklich führen, möchten lehren, nicht nur das Lernen begleiten. Sie haben vielleicht einen pädagogischen Willen, aber sehen nicht, wie sie diesen in der Schule einsetzen können.

In der deutschen Schule und auch der deutschen Berufsbildung und der deutschen Universität wird **ein dialogisches Verhältnis von Lehren und Lernen als das Ideal** angesehen. Der Lehrende weiß, dass er Rückmeldungen der Lernenden braucht, ein Gespräch wäre das Ideale. Beide Seiten, Lehren und Lernen, müssen in einen Dialog kommen. Die Lernenden sind nicht nur Hörende, auch nicht nur Fragende, sondern dürfen auch ihre Lernbedürfnisse vorbringen, sie dürfen auch Widersprechende sein und auch Vortragende ihrer eigenen Erfahrungen und ihres eigenen Wissens. Vorausgesetzt ist, dass beide Seiten prinzipiell die Gleichursprünglichkeit der Bedürfnisse von Lehren und Lernen anerkennen. Der Lehrende hat ein elementares Bedürfnis zu lehren, er möchte das in längerer Zeit erworbene Wissen weitergeben. Er möchte auch weitergeben, welche Bedeutung er diesem Wissen beimisst, welchen Wert er darin sieht. Das Bedürfnis des Lernenden zu lernen ist ebenso ursprünglich. Das menschliche Lernbedürfnis wird als ein elementares Bedürfnis anerkannt. Diese gegenseitige Zusicherung der Legitimität der Bedürfnisse ist Voraussetzung für einen Dialog. Beide Bedürfnisse können sich nur unter der Bedingung der Freiheit wirklich entfalten. Unter diesem Gesichtspunkt ist das Autoritätshandeln des Staates eine Einschränkung. Vielleicht ist es eine notwendige Einschränkung. Auf der einen Seite wird der Lehrer gebunden durch Lehrplan und durch Prüfungszwang, auf der anderen Seite wird der Schüler gebunden durch Schulzwang und durch Prüfungen und Noten. Lehren und Lernen kommen also nicht in Freiheit zusammen, wie es das Ideal der Erwachsenenbildung ist. Beide Seiten müssen sich bemühen, den bestehenden Freiheitsspielraum im Unterricht zu erhalten und nach Möglichkeit zu erhöhen.

Reflexion II
Der Zusammenhang des Einzelnen und der Gemeinschaft

Von Gemeinschaft sprechen wir heute nicht mehr gern. Das Wort klingt nicht nur unwissenschaftlich, sondern für manchen Hörer auch ideologieverdächtig. Wir sprechen von »**sozialer Kompetenz**«. In diesem Ausdruck scheint das Anliegen des Wortes Gemeinschaft hinreichend aufgehoben. Kompetenzen sind immer die Kompetenzen Einzelner. Der Einzelne hat Fähigkeiten, mit anderen höflich, unterstützend und zugleich sachgerecht kommunizieren zu können und kooperativ interagieren zu können. Man kann noch weiter gehen und auch die Fähigkeit dazu zählen, in der Gruppe die Anerkennung vieler zu erlangen, auf Grund dieses Vermögens andere Personen beeinflussen und sich selbst behaupten zu können. Wir möchten, dass möglichst viele Mitglieder der Gruppe diese Fähigkeiten haben, und glauben im Falle des Vorhandenseins an ein gutes Arbeiten dieser Gruppe.

In einer solchen Arbeitsgruppe muss aber niemand sich der Gruppe als zugehörig betrachten. Es ist nicht nötig, sich über die **Zugehörigkeit** anderer Gedanken zu machen und sich für den Zusammenhalt der Gruppe einzusetzen oder Ziele und Haltungen in der Gruppe zu verbessern. Im Konzept der sozialen Kompetenz ist das Verhältnis des Einzelnen zur Gruppe funktional bestimmt, d. h. von den Zielen des Einzelnen abhängig, der in der Gruppe etwas für sich erreichen möchte. Die Schulung der sozialen Kompetenz erhöht diese Fähigkeit. Gruppenmitglieder können wechseln, für den Einzelnen kann die Gruppenzugehörigkeit wechseln, solche Wechsel berühren die soziale Kompetenz nicht. Sie können sogar günstig sein für die Ausbildung der sozialen Kompetenz.

Gemeinschaft setzt demgegenüber voraus, dass die Menschen, die zur Gruppe gehören, im Prinzip nicht auswechselbar sind. Sie gehören dazu. Sie sind dem Einzelnen vorgegeben. Sie sind als Mitglieder der Gemeinschaft zu betrachten, die man nicht ignorieren kann und denen man nicht ausweichen kann. In der Gemeinschaft entsteht ein Bewusstsein gegenseitiger Angewiesenheit. Der Einzelne kann die Gemeinschaft nur aus schwer wiegenden Gründen verlassen. Der Gemeinschaft steht der Einzelne in der Regel nicht mit funktionalem Denken gegenüber, mit der Frage, was sie ihm nützen könne. Im Prinzip will der Einzelne die Gemeinschaft lebbar erhalten, wenn das auch nicht immer für alle Personen in Gemeinschaften zutrifft. In der Gemeinschaft entsteht oftmals ein Bewusstsein der Besonderheit dieser Gemeinschaft. Dieses gibt dem Einzelnen einen Sinn für seine ansonsten zufällige Zugehörigkeit.

Schulklassen können Gemeinschaften sein bzw. zu Gemeinschaften werden. Dieses ist der Fall, wenn die Personalfluktuation gering ist und die Gewissheit besteht, für lange Zeit, in der Regel mehrere Jahre zusammen zu bleiben. Ob Gemeinschaft in diesem Sinne in der Schule möglich ist, hängt in starkem Maße davon ab, wie viel **Wettbewerb** zwischen den Schülern besteht. Noten sind geeignet, den Wettbewerb zu stimulieren. Sie werden oftmals auch dazu eingesetzt. Ein gewisses Maß an Wettbewerb zwischen den Schülern ist pädagogisch erwünscht. Jedoch muss die Schule auch darauf hinwirken, dass die Noten nicht überschätzt werden und ihre Funktion von den Schülern verstanden wird. Eben deshalb gilt in den Schulwesen im Norden Europas die Überzeugung, dass die Schüler erst eine bestimmte Reife erlangen müssen, um mit diesem Instrument umgehen zu können. Die Reife bezieht sich vor allem darauf, das gegenseitige Vergleichen und den Wettbewerb nicht zu überschätzen und darunter nicht die Gemeinschaft in der Schulklasse leiden zu lassen. Die Gemeinschaft soll gefestigt sein, ehe der Wettbewerbsgedanke Einzug hält.

Ein Wettbewerb stellt sich in einer Kindergruppe oder Jugendlichengruppe spontan ein und verändert sich auch immer wieder entsprechend den Situationen. Er reizt in gewissem Maße den **Ehrgeiz** an. Für die Vitalität einer Gruppe können Wettbewerb und Ehrgeiz hilfreich sein, aber die Bewegung darf sich nicht immer auf dieselben Schüler konzentrieren. Eine Gemeinschaft entwickelt die Fähigkeit, Wettbewerb und Ehrgeiz zu akzeptieren und sogar anzureizen und gleichzeitig die Gemeinsamkeit zu verstärken. Die Gemeinschaft erfüllt die Erziehungsaufgabe, die Einzelnen zu einer realistischen Selbsteinschätzung zu führen. Selbstüberschätzungen werden ebenso abgeschliffen wie Selbstunterschätzungen. Die Gemeinschaft vermittelt den Einzelnen **viele Erlebnisse von Erfolgen und Misserfolgen**. Diese werden von vielen Gruppenmitgliedern wahrgenommen und bewertet, sei es verbal oder durch Gesten. Durch die **Außenbewertung** ergibt sich für den Einzelnen ein Zuwachs an Realitätssinn in Bezug auf die eigene Person. Die realistische Selbsteinschätzung stellt für den Einzelnen eine Entlastung dar, denn er muss nicht an unrealistischen Selbstbildern festhalten und diese verteidigen und er kann ggf. ein schwaches Selbstbild, das nicht in Übereinstimmung mit seinem wirklichen Können ist, hinter sich lassen.

Für die dänische Schule habe ich die Formel benutzt »**Freiheit in Gemeinschaft**«, um diese Schule abzugrenzen von einem Freiheitsbegriff, der auf das Eigeninteresse zielt. Die Freiheit des dänischen Schulwesens äußert sich darin, dass in hohem Maße Freiwilligkeit gewährt wird, z. B. in der Abwesenheit einer Schulpflicht, an deren Stelle eine Unterrichtspflicht steht, in der Freiwilligkeit der Abschlussprüfung und der Wahl der Prüfungsfächer, ebenso in der Freiwilligkeit betreffend die Zahl der Wahlfächer ab Klasse 7, nur ein Wahlfach muss wenigstens gewählt werden. Die Freiwilligkeit führt nicht zu einer großen Zahl von Verzichten, vielmehr entscheiden sich etwa 90 % für das Angebot. Freiwilligkeit fordert eine Entscheidung für Ja oder Nein. Damit erzeugt die Freiwilligkeit eine stärkere Prüfung des eigenen Willens als ein gesetzlich erzwungener Schritt. **Im Falles des »Ja« bindet die Freiwilligkeit stärker als eine gesetzlich erforderte Handlung.** Wegen der Tradition des Gedankens der Freiwilligkeit gibt es in der dänischen Schule stärker als in anderen Schulwesen auch eine Bemühung um die Erziehung zur Freiheit. Der Umgang mit der Freiheit erfordert eine persönliche Stärke.

Eine englische Lehrergruppe, die im Jahre 2011 dänische Schulen visitierte, stellte die Freiheit heraus, mit der sich dänische Schulkinder bei den Exkursionen und Gängen in die Natur bewegen (Department for Education 2011). Vielleicht hängt die geringe Ängstlichkeit der Verantwortlichen damit zusammen, dass **Eltern** die Schulen leiten und Lehrer sich vor Klagen der Eltern weniger fürchten müssen. Die Leitung der relativ kleinen Schulen durch Eltern trägt wahrscheinlich auch zur Stärkung der Gemeinschaft in den Schulklassen und in der Schule bei. Es gibt nicht nur das Gegenüber von Schülern und Lehrern, sondern die Eltern können auf den verantwortlichen Umgang miteinander Einfluss nehmen. In dieser Dreiecksbeziehung kann für die Schüler eine Freiheit entstehen, die sich mit **Verantwortlichkeit** für die Gemeinschaft paart, also Verantwortlichkeit für die gesamte Schulgemeinschaft. Die Schüler sind ihren Eltern gegenüber in der Schuld für ein gemeinschaftsförderliches Verhalten in der Schule. Der Klassenlehrer nimmt seinerseits eine Verantwortlichkeit noch zwei bis drei Jahre nach dem Schulabschluss der Schüler wahr, indem er sich nach ihrem weiteren Werdegang erkundigt und Rat gibt den weiteren Ausbildungsweg betreffend oder die Arbeitsfindung betreffend. Um den Einzelnen wird also **eine Gemeinschaft Verantwortlicher** gebildet, die sich z. B. auch darin zeigt, dass Elternvertreter, Lehrervertreter und Polizei sich regelmäßig treffen, um über eventuelles Fehlverhalten Jugendlicher in der Kommune zu sprechen. Der Umgang mit der angebotenen Freiheit steht also im Kontext von Verantwortlichkeit. Freiheit soll als Sache der Gemeinschaft und nicht nur als Sache des Einzelnen erfahren werden.

Das Gemeinschaftsprinzip ist ein evolutives Prinzip. In einer Gemeinschaft können sich neue Gemeinschaften bilden, ohne der Gemeinschaft als ganzer aufzukündigen. So hatte Grundtvig die Kirchenreform gedacht. Gemeinschaft bedeutet also nicht Konfliktarmut, sondern selbst gewählte Verpflichtung. Gegen den möglichen Missbrauch der Freiheit ist die dänische Schule allerdings nicht gefeit, wie an der Zulassung einer Scientology-Schule in Dänemark zu erkennen ist. Die Freiheit kann von Organisationen genutzt werden, die in ihrem Innern keine Freiheit erlauben. Man müsste schon den Staat herbeirufen, um das zu verhindern, aber davor scheut man in Dänemark zurück.

Der Gemeinschaftsgedanke lag auch dem **Genossenschaftswesen** zugrunde, das in Italien zu Schulhilfsgenossenschaften geführt hat. Gemeinschaften zu bilden, war nötig, um die Mangelsituation zu ertragen und zu überwinden. Auch **Danilo Dolci** hat in etwa drei Jahrzehnten eine Gemeinschaft zu schaffen versucht, um danach eine Schule für die Kinder der Gemeinschaft einzurichten. Der Gemeinschaftsgedanke ist jedoch in den bisher betrachteten staatlich gelenkten Schulwesen außerhalb Dänemarks nicht verankert. Leistung wird in der Regel als etwas Individuelles begriffen. Jeder Schüler ist für seine Leistung verantwortlich. Es gibt nicht die Praxis, dass zwei, drei oder vier Schüler, die eine Tischgruppe bilden, eine gemeinsame Note bekommen. Das ist zumindest als zeitweiliges Verfahren sinnvoll, wenn begriffen wird, dass die Leistungen einzelner nur hervortreten können oder auch abfallen können, weil alle sich um eine Leistung bemühen. Ein solches Verfahren kann eine gegenseitige Verantwortlichkeit im Vollbringen von Leistungen erzeugen. Ebenso wie es in der Gesellschaft verführerisch ist, den erworbenen Reichtum für das Ergebnis einzig der eigenen Leistung zu halten, so ist es auch bei geistigen Leistungen, angefangen bei bescheidenen schulischen Leistungen, irreführend, die Leistung ausschließlich auf das eigene Können zurück zu führen. Viele tragen dazu bei, eine Leistungsatmosphäre zu schaffen. **Die gegenseitige Angewiesenheit** fühlbar zu machen, ist eine pädagogische Aufgabe. Das ist erreichbar durch zeitgebundene kollektive Noten, durch rotierende Aufgaben im Klassendienst und auch durch besondere Formen der Erlebnispädagogik.

Literatur:

Department for Education (2011): Teachers International Professional Development: 6-week Dissemination and Evaluation Group Leader report – LA (= Local Authority – D.W.) led short-term Study Visit. URL: http://public.merlin.swgfl.org.uk/establishments/803/QandS/Wellbeing/AllDocuments/DfE%20Group%20Report%20template.doc Eingesehen 19. 8. 2012.

Reflexion III
Das Verhältnis von Schule und weiteren Formen der Bildung und Ausbildung

Manchmal denken wir, es gebe die Bildung nur deshalb, weil es Schule gibt. Das ist gewiss die Sicht der meisten Schüler und vielleicht auch noch der meisten Studenten. Aber es ist in Wahrheit umgekehrt. Wenn es nicht schon lange und immer Bildung gäbe, gäbe es auch die Schule nicht. Es ist eine groteske Einschränkung, von Bildungsforschung zu sprechen und nur an die Schule und vielleicht noch die Universität zu denken. Dabei verwechselt man eine Organisationsform der Bildung mit der Bildung. Bildung geht mit allen Menschen durch das Leben. Und zwar in beiderlei Formen: Lernen und Lehren, Lehren und Lernen. Immer gibt es Menschen, die etwas finden, über das sie nachdenken und das sie erkennen wollen, und immer gibt es Menschen, die etwas gefunden und erkannt haben und dieses zeigen oder mitteilen wollen. Die Erfindung und Verbreitung der Schrift, in welcher Form auch, löst einen enormen Bildungsschub aus. Wir haben es am Beispiel der finnischen Schule studiert. Schule ist historisch gesehen, fast immer an Schrift gebunden gewesen, obwohl das nicht notwendig so ist. Meistens dient die Schule zunächst dazu, Lesen und Schreiben zu lehren. Aber zunächst sind es die Erwachsenen, die sich die Schrift aneignen. Wenn genügend **Erwachsene** mit der Schrift umgehen können, werden auch Wege gesucht, dieses Können methodisch weiter zu geben. Die Schule hat also den Zweck, Werkzeuge zu lehren, mit denen die Menschen in ihrem späteren Leben arbeiten können und vielleicht auch Bildung erwerben können. Ähnlich ist es auch mit dem Rechnen. Ein Teil der Menschen begnügt sich damit, diese Werkzeuge zu beherrschen, um sie für seine Arbeit zu benutzen, ein anderer Teil geht weiter und lässt sich immer tiefer in den Gebrauch dieser Werkzeuge einführen, indem er lernt, Bücher zu schreiben und komplexe Berechnungen durchzuführen. Je mehr kulturelle Güter in der Erwachsenenwelt entstehen, umso mehr kann sich auch der Bildungsinhalt der Schule ausweiten. Die Schulbildung lebt davon, dass es eine lebendige Bildungstätigkeit in der Erwachsenenwelt gibt. Die Schule kann bilden, wenn es in ihrer sozialen Umgebung genügend Bildung gibt.

Wir konnten diesen Zusammenhang am Beispiel Finnlands gut beobachten. Zuerst hat die Erwachsenen die Begeisterung für das **Lesen** in der finnischen Schriftsprache ergriffen. Viele Frauen lernten die finnische Schriftsprache zunächst in der literarischen Form kennen, durch Lesen der Bücher. Die Autoren hatten aus dem Finnischen eine Hochsprache gemacht. Demgegenüber sprachen viele berufstätige Männer noch ein umgangssprachliches Finnisch und waren nicht ganz so begeisterte Leser wie die Frauen. Dann kam die Begeisterung auch in die Schulen und die Lehrerinnen und Lehrer tun bis heute viel dafür, die Lesebegeisterung zu erhalten. Viele Mädchen folgen der Sprachliebe ihrer Mütter und überflügeln nicht nur die Mädchen aller anderer Sprachnationen bei weitem (gemessen an PISA-Ergebnissen), sondern auch die finnischen Jungen, wenngleich auch diese sich als PISA-Sieger fühlen dürfen. Es ging um die 15jährigen Jugendlichen, über andere Altersstufen kann man nicht so viel sagen. Wir konnten diesen Zusammenhang auch in Bezug auf Dänemark beobachten. Denn erst die Gründung von Heimvolkshochschulen, die durch Nikolas Frederic Severin Grundtvig angeregt worden war, führte dank seines Schülers Christen Kold zur Etablierung ähnlich freiheitlicher Schulen. Die Heimvolkshochschulen hatten sich an junge Erwachsene gerichtet, junge Bauern beiderlei Geschlechts, die keine oder nur geringe Schulbildung erhalten hatten, für deren Kinder es dann selbstverständlich wurde, zur Schule zugehen. Wenn heute noch in Dänemark die Elternvertreter die »Volksschulen« (folkeskolen, Klassen 1 bis 9 oder 10) regieren, so ist es ein Überbleibsel dieser Bildungsbewegung von den Erwachsenen zu den Kindern.

Die **Universität** ist eine sehr alte Institution. In Europa entstanden die ersten Universitäten im 13. Jahrhundert. Sie ist eine Institution der Erwachsenenbildung. Ein Teil der Studenten wurde in früheren Jahrhunderten privat vorgebildet für die Universität, durch Hauslehrer bzw. auch Hofmeister. Ein anderer Teil der Studenten kam aus Klosterschulen oder Domschulen, in denen vorwiegend Latein gelehrt wurde. Die Universitäten trugen in späterer Zeit, vor allem im 19. Jahrhundert, dazu bei, dass ein breiteres Sekundarschulwesen durch finanzielle Förderung des Staates entstand. So wurde die Bildung auf Sekundarniveau nach und nach einer breiteren Bevölkerung zugänglich und sie bekam durch das staatliche Engagement feste Regeln. Solches hörten wir von England, wo die Universitäten das Prüfungswesen für die öffentlichen Sekundarschulen einführten. Wir hörten auch aus Frankreich, dass von dem Wettbewerb (*concours*) um die Aufnahme in eine der kleinen Elitehochschulen (*Grandes Écoles*) ausgehend ein Auslesedruck durch das ganze Schulwesen ging, der sich von »oben« also der letzten Stufe, nach »unten« in die Elementarschule hinein ausbreitete und das Sitzenbleiben zur Normalerscheinung machte, seitdem der für demokratisch erachtete Gedanke der Gleichheit eine »Einheitlichkeit« des Schulwesens erzwungen hatte, also fast alle Schüler in dieselbe Schule gezwungen hatte. Aus den USA hörten wir, dass die Colleges wesentlich zur Etablierung der High School als dem vorherrschenden Typus der Sekundarschule beitrugen, seit Ende des 19. Jahrhunderts.

Die Universitäten und auch, was die USA betrifft, ihre Vorläufer, die Colleges, sind spezifische Institutionen der Erwachsenenbildung. Sie hatten in ihrer jüngeren Geschichte auch selbst ein **Umfeld der Erwachsenenbildung**, nämlich in Form von Gesellschaften der Selbstbildung mit einem Anspruch auf hohe Bildung und Gelehrsamkeit. Dazu zählen die Salons gebildeter und z. T. auch vermögender Persönlichkeiten aus Bürgertum und unteren Adelskreisen, die es seit dem 18. Jahrhundert gab. Sie dienten dem Gespräch und der Vorstellung eigener literarischer Erzeugnisse und es war für Universitätsprofessoren durchaus eine Ehre, dazu zu gehören. Selbstbildung und Geselligkeit fanden hier zusammen, z. B. im Gesang, im Musizieren, im Theaterspiel und in der Debattierlust. Einige Salons pflegten vorwiegend wissenschaftliche Interessen.

Wir sehen, dass Schulbildung immer eine Resultante aus dem Gesamt der Bildungsinstitutionen ist. Sie wurde lange Zeit stark durch die Erwachsenenbildung inspiriert und stimuliert. Besonders das Volksschulwesen profitierte von der breiten Bewegung der Erwachsenenbildung im 19. Jahrhundert, sei es als Bauernbildung, als Arbeiterbildung, als bürgerliche Bildung. Dabei gibt es wiederum ein spezielles Verhältnis zwischen der Erwachsenenbildung als »Volksbildung« und der Universität. Manche Universitätsangehörige und auch Professoren engagierten sich in der Volksbildung und popularisierten ihr Fachwissen in allgemein verständlichen Schriften. In England zogen viele Absolventen der Universitäten in Oxford und Cambridge in Städte des Landes, um Erwachsenenbildungkurse zu geben, die eine Wurzel für die Gründung von Sekundarschulen werden konnten. Wir sehen: **Ebenso wie im Falle der Volksschulen gilt auch im Falle der Sekundarschulen, dass es Schulbildung gibt, weil es Bildung außerhalb der Schule gibt.**

Aus Österreich haben wir die Einsicht gewonnen, dass Schulen auch auf die Berufsbildung bezogen sein können und Inhalte aus der Berufsbildung in sich aufnehmen können. **Es muss nicht eine Trennung von allgemeiner und beruflicher Bildung geben.** Dumreicher hatte die höhere berufliche Bildung in Gestalt der Staatsgewerbeschulen an die gymnasiale Bildung angeschlossen, indem er vier Jahre Gymnasiumbesuch zur Voraussetzung für den Eintritt in die Staatsgewerbeschule machte. Er verband auch die niedere berufliche Bildung mit der Volksschulbildung, indem er vorsah, dass die Allgemeine Handwerkerschule an die 6. Klasse der Volksschule anschloss. So wirkte die Staatsgewerbeschule als eine neuartige gymnasiale Oberstufe und die Allgemeine Handwerkerschule als eine neuartige Volksschuloberstufe. **Berufliche Inhalte und berufliche Ausbildung waren inkorporiert in das Schulwesen.** Heute ist die Berufliche Höhere Schule die am stärksten nachgefragte Schulform Österreichs, obwohl sie zugleich auch die schwierigste sein dürfte. Sie erfordert ein Jahr mehr als die Allgemeine Höhere Schule. Aber sie erreicht auch mehr, nämlich nicht nur die allgemeine Hochschulreife, sondern auch, verbunden damit, einen Berufsabschluss auf Technikerniveau. Der Werkunterricht als Technisches Werken und als Textiles Werken ist heute noch in der österreichischen Volksschule bzw. Hauptschule vertreten, und ebenso noch in der Unterstufe des Gymnasiums. Im Gymnasium wird also nicht nur der Gebrauch einiger Werkzeuge und Maschinen erlernt, sondern auch Grundwissen der Mechanik, der Strömungstechnik und der Elektrotechnik. Dazu werden Modelle und Schaltpläne verwendet. Es ist deutlich, dass die ausgebaute Berufliche Bildung, die in Österreich entstanden ist, eine wichtige Umgebung der allgemeinbildenden Schule ist und auch in diese hineinwirkt.

Wir haben meist die Vorstellung, die erste Bildung sei die allgemeine Bildung. Sie daure über die gesamte Schulzeit hin an, entweder bis zur 10. Klasse oder bis zum Abitur. Dann komme eine berufliche Ausbildung, entweder in der Lehre, in einer beruflichen Fachschule oder in einer Hochschule. Dadurch wird eine Berufstätigkeit eröffnet. Die weitere Bildungsperspektive ist die Weiterbildung im beruflichen Wissen oder eventuell eine Umschulung in einen neuen Beruf. Einen anderen Bildungsbegriff haben wir nicht für die lange Phase des Gelderwerbs und der Berufstätigkeit. Es kommt dann schließlich das Rentenalter. Wir haben dafür den Begriff der Seniorenbildung. Aber was bisher über Seniorenbildung gesagt wird, ist noch ziemlich dürftig. Wir könnten vielleicht sagen: Es ist für einen Teil der Senioren die wirkliche Zeit der Allgemeinbildung. Denn wenn sie Geld genug haben, reisen sie viel, gerne machen sie Bildungsreisen mit guten Führungen zu historischen Stätten, gehen in Konzerte und in Kunstausstellungen und kaufen sich Zeitschriften, Bücher und CD's. Das ist der Bildungsstil von Rentnern, die eine akademische Bildung haben. Aber diese Allgemeinbildung ist eine andere als die Allgemeinbildung der Schule. Denn es geht nicht mehr um den Aufstieg zu einem hohen Bildungsabschluss. Das Wort »Bildungsabschluss« ist ohnehin irreführend.

Doch wenn wir den Begriff der **Grundbildung** einführen, sehen die Bildungsetappen im Leben etwas anders aus. Wir würden eine Grundbildung an den Anfang stellen, der dann zunächst eine berufliche Bildung folgt, also eine Ausbildung der Hand, eine Lehre. Die Grundbildung würde uns befähigen, die berufliche Bildung einzugehen, vielleicht würde sie bis zum Alter von 15 Jahren dauern. Nach der beruflichen Ausbildung wären wir 18 Jahre, vielleicht 19, also so alt wie heute viele beim Abitur sind. Wir hätten bereits eine berufliche Befähigung, wir könnten auf eigenen Beinen stehen. Danach würde man sich entscheiden, ob man zunächst Geld verdient, oder ob man sogleich oder schon bald eine neue Ausbildungsstufe angeht, also eine weiterführende berufliche Ausbildung, vielleicht als eine weitere spezialisierte Lehre oder an einer Fachschule oder vielleicht an einer Hochschule. Das bedeutet: Die schwierige Entscheidung, bis auf welche **Ausbildungshöhe** man gehen will, entscheidet sich noch nicht in der Kindheit, sie ist eine Entscheidung, die im Laufe des Arbeitslebens getroffen wird, möglichst in Abschnitten.

Die Grundbildung würde die Kindheit sehr entlasten. Es ginge nicht darum, in den Jahren der Kindheit möglichst die Startposition für das Leben zu schaffen. Die Schule würde nicht unter dem Gesetz der Eile stehen oder gar unter dem Dauerdruck der Prüfungen. Aber die Grundbildung würde vielleicht, anders als es jetzt die Schulbildung tut, **ein Bedürfnis nach weiterem Lernen in unterschiedlichen Gebieten** fördern. Als erwachsene und zugleich berufstätige Menschen würden wir eine Allgemeinbildung erwerben. Sie hätte nicht mehr den Sinn, möglichst viele Fächer durchzunehmen, sondern wäre den individuellen Bedürfnissen und ihrer Entwicklung angepasst. Hier käme auch das Prinzip der Abwechslung zum Zuge. Wir würden individuell oder zusammen mit anderen unsere Bildungsbedürfnisse für den nächsten Zeitraum definieren und unsere Bildungswünsche befriedigen, in Einrichtungen der Erwachsenenbildung, bei denen unsere Vorschläge für Bildungsinhalte gehört würden. Die Einrichtungen würden auch Hilfestellungen zum Selbstlernen und Selbstforschen geben. Der High-School-Gedanke und auch der College-Gedanke kämen hier zu ihrem Recht. Ungefähr so hat sich der Universitätspädagoge Eduard Spranger (1882–1963) in einem Artikel aus dem Jahre 1923 die zukünftige Bildungskurve in der Gesellschaft vorgestellt (Spranger 1923/1965). Er sprach nicht von Grundbildung, sondern von »grundlegender Bildung«. Spranger sah eine Entscheidung für einen Beruf als sehr wesentlich an, denn sie sei der Ausgangspunkt für eine »persönliche Bildungsbahn«. Von der österreichischen ausbildenden Schule hörten wir auch, dass die Berufsfindung und Berufsentscheidung als wesentliches Datum der jugendlichen Bildungsbemühungen angesehen wird.

Die grundlegende Bildung oder die Grundbildung oder auch die Bildung bis zum 15. Lebensjahr in Österreich hätte dann ihren Hauptsinn darin, zur **Reife für eine Berufsentscheidung** zu erziehen. Die Berufsfindung ist ein Einstieg in eine selbständige Entwicklung, unter heutigen Bedingungen gibt es nur noch selten den Lebensberuf. Zu der selbständigen Entwicklung, die an den Erwerb eines Erstberufs anknüpft, gehört dann in weiteren Jahren auch die Gewinnung einer **Allgemeinbildung**. Sie verbindet sich mit der gewachsenen Reife des jungen Erwachsenenalters und weiterhin des Erwachsenenalters, sie wird nicht mehr an eine Lebenszeit gebunden, der es noch an Reife fehlt. Was wir als Erwachsene aus freier Entscheidung über viele Jahre hin lernen, verdient mehr den Namen Allgemeinbildung als die Anhäufung des Wissens, welche die Schule heute den Kindern oder Jugendlichen zur Pflicht macht. Die anfänglichen Überlegungen haben uns dazu geführt, den Anspruch der Schulbildung, die entscheidende Stufe der Bildung im Leben zu sein, zu relativieren, und haben uns erkennen lassen, dass Schulbildung davon zehrt, dass es in der Erwachsenenwelt eine rege Bildung gibt. Wir dürfen die Schulbildung nicht überfrachten mit Entscheidungsdramatik, angefangen bei der sog. Bildungsempfehlung, wir müssen dem Erwachsenenleben mehr Freiheit geben, eine bildende Zeit zu sein. Wir müssen die Schulbildung als eine Kindheitsbildung sehen, der im Adoleszenzalter die berufliche Ausbildung folgt und im langen Erwachsenenleben die Allgemeinbildung als eine persönliche Bildung. Das war Sprangers Utopie. Am nächsten kommt ihr die ausbildende Schule Österreichs. Viele Sperren hindern uns noch, die Schule so zu relativieren und Bildung viel mehr als bisher in die Hand des mündigen Bürgers zu geben.

Literatur:

Spranger, Eduard (1923/1965): Grundlegende Bildung – Berufsbildung – Allgemeinbildung. Besorgt und eingeleitet von Joachim H. Knoll. Heidelberg: Quelle & Meyer. (Reihe: Grundlagen und Grundfragen der Erziehung, 1965, Heft 9/10).

Reflexion IV
Das Verhältnis der Schule und ihrer Umgebung

Vom Ursprung her hat die Schule durchaus den Charakter einer sozialen Insel. Ich gebrauchte auch das Bild der Festung. Auch von klösterlicher Abgeschiedenheit war die Rede, allerdings in dem Sinne, dass es diese bei der heutigen Schule nicht mehr gebe. Die Schule sondert sich in gewisser Weise von ihrer **Umwelt** ab, das ist auch nötig, weil sie viel Konzentration braucht. Die Welt um die Schule ist eher eine Welt der Zerstreuung als der Konzentration. Es stimmt auch, dass die heutige Schule viele Einflüsse, die aus der Umwelt kommen, abwehren muss. Davon war schon die Rede. Die meisten Einflüsse bringen die Schüler selbst mit, denn sie werden von ihrer sozialen Umgebung geprägt. Die Schule kann aber nicht alles Verhalten dulden, das die Schüler außerhalb der Schule praktizieren oder auch nur erleben. Die Ausweitung des Schultages in Richtung der Ganztagsschule resultiert aus dem Bemühen, die Einflüsse der sozialen Umwelt auf die Kinder und Jugendlichen zu reduzieren.

Um mit den Einflüssen fertig zu werden, die Schüler aus ihrer Lebenswelt mitbringen, setzen Schulen zusätzlich zum Lehrpersonal **sozialpädagogisch geschultes Personal** ein. Solche pädagogischen Mitarbeiter heißen z. B. Schulsozialarbeiter, *counselor, assistante sociale scolaire.* Sie werden begriffen als Verbindungsglied zwischen innen und außen *(interface entre l'interne et l'externe).* Das Außen können die Familien sein und auch der Wohnbereich. Von Danilo Dolci hörten wir, dass er zusätzlich zu den Lehrern einen Sozialarbeiter und einen psychopädagogischen Berater in seiner Schule einstellte. Er besetzte damit zwei unterschiedliche Dienste, welche die Schule leisten kann. Zum einen die Unterstützung der Schüler und ihrer Eltern in den Fragen der Lebensführung und der Lebensvorsorge. Zum anderen die Hilfe bei psychischen Belastungen und Störungen. Die Schulsozialarbeit kann Teil des schulischen Angebots sein, sie kann auch bei einem Träger sozialer Hilfe angesiedelt sein. Sie arbeitet präventiv, z. B. durch Freizeitangebote, und intervenierend, z. B. durch fallbezogene Betreuung. Auch Tullio Vinay fügte in seine Schule in Palermo einen »Häuslichen Erziehungsdienst« ein.

Zum Teil ist die Abwehr von Einflüssen so schwierig, dass **Hilfe von außen** geholt werden muss. Von Dänemark ist der Informationsaustausch zwischen Schule und Polizei in Bezug auf Fehlverhalten Jugendlicher im Stadtviertel bekannt. In anderen Schulwesen organisieren Sicherheitsdienste oder Polizei eine ständige Aufsicht im Schulgelände und Schulgebäude als sog. Wachschutz. In mehreren hundert Schulen der USA sind Streifendienste von Polizisten in der Schule eine Alltäglichkeit. In den USA beginnt die Strafmündigkeit schon in einem frühen Alter, in Texas z. B. im Alter von 10 Jahren. Schüler können also bei Fehlverhalten vor Gericht gestellt werden.

Aber die **Abwehrhaltung** allein bringt die Schule in eine schwierige Lage, sie bekommt das Gefühl, dass sich der Ring immer enger zieht. Es muss auch eine nach außen gerichtete Aktivität geben, die auf **Veränderungen in der Umwelt** zielt. Offensichtlich sind aber die Schulen überwiegend hilflos gegenüber dieser Aufgabe. In Frankreich wurden in den achtziger Jahren des vorigen Jahrhunderts die *Zones d'Èducation prioritaire* geschaffen. In sensiblen Stadtbezirken, besonders solchen mit hohem Migrantenanteil, in denen sich Schulen in großen Schwierigkeiten befinden, wurden den Schulen hohe zusätzliche Mittel gewährt, um den Schulerfolg zu verbessern. Sie erhöhten die Lehrerzahl und verkleinerten somit die Schulklassen, bezahlten die Lehrer besser, um Lehrer in diese »Zonen« zu locken, und stellten zusätzlich Sozialarbeiter ein. Auch Schulärzte wurden eingestellt. Im Sinne der offenen Schule hielten diese Schulen ganztägige Angebote bereit, u. a. im Sport. In die Steuergruppen für das Vorhaben der Schulverbesserung sollten nicht nur die Schulleitung, sondern auch Vertreter der Kommune einbezogen werden. Partnerschaften mit Kultureinrichtungen und Wirtschaftsunternehmen sollten gesucht werden. Daher weisen diese »Zonen« eine weitere Facette der **Verbindung der Schule mit der Umwelt** auf, nämlich das Engagement von Firmenmitarbeitern in den Schulen unter der Parole »Ingenieure für die Schule«. Sie sollen die Jugendlichen auf eine Berufswahl vorbereiten und ihnen den Weg von der Schule in die Wirtschaftswelt ebnen helfen. Nach einigen Jahren war die Regierung über den Namen ›Zonen mit Vorrang für die Erziehung' nicht mehr glücklich, weil der Name zu sehr nach ›Ghetto‹ klingt. Sie unterbrach das Programm und legte es später unter neuem Namen wieder auf. Jetzt spricht man von ›Netzen des Erfolgsehrgeizes‹ (*Réseaux Ambition Réussite*) und auch von ›Netzen des Schulerfolges‹ (*Réseaux de réussite scolaire*). Bei allem sozialen Engagement soll also nicht vergessen werden, dass verbesserter Schulerfolg der Schüler das Hauptziel der Schule sein muss.

Man sieht an diesen Bemühungen einerseits, wie schwierig es ist, die Schule in eine Lage zu bringen, positiv auf das soziale Umfeld einzuwirken. Auf der anderen Seite sieht man aber auch, dass es soziale Lagen gibt, in denen eine Verbesserung der Schule nur noch möglich ist, wenn sie sich mit Kräften und Institutionen im Umfeld verbindet und somit auf das soziale Umfeld einwirkt. Die Schule kann ihre Rolle in einem partnerschaftlichen Programm der sozialen Erholung und Erneuerung spielen, und dabei liegt ihre Chance darin, ihre Schüler wirklich zu einem besseren Lernen und besseren Lernergebnissen zu führen. Man sieht an diesem Beispiel auch, dass die französische Lern- und Prüfschule mit der starken Betonung der Leistungsauslese nicht anders kann, als eine besondere Unterstützung für diejenigen zu leisten, die nicht mithalten können. Dieses Unterstützungsmodell geht in die Richtung der »sozialen Schule«.